1인 개발자를 위한

# 처음 시작하는
# 유니티

## ▶ 슈팅 게임편 ◀

이동훈 저

**1인 개발자를 위한** 처음 시작하는
# 유니티

**| 만든 사람들 |**

**기획** IT·CG기획부 **| 진행** 양종엽·신은현 **| 집필** 이동훈 **| 편집·표지디자인** 원은영

**| 책 내용 문의 |**

도서 내용에 대해 궁금한 사항이 있으시면
저자의 홈페이지나 디지털북스 홈페이지의 게시판을 통해서 해결하실 수 있습니다.

**디지털북스 홈페이지** www.digitalbooks.co.kr
**디지털북스 페이스북** www.facebook.com/ithinkbook
**디지털북스 카페** cafe.naver.com/digitalbooks1999
**디지털북스 이메일** digital@digitalbooks.co.kr
**저자 이메일** truthreal@naver.com
**저자 홈페이지** www.14dimension.com

**| 각종 문의 |**

**영업관련** hi@digitalbooks.co.kr
**기획관련** digital@digitalbooks.co.kr
**전화번호** (02) 447-3157~8

# 들어가기 전에

## 서문

이 책을 펼쳐 본 여러분은 모두 게임에 관심이 많을 것입니다. 게임을 즐기는 게이머이든, 게임을 만드는 개발자이든 간에 말입니다.

게임이란 무엇일까요. 그리고 게임을 만드는 것이란 무엇일까요. 이에 대한 답은 각자가 모두 다를 수 있고, 또 달라야 한다고 생각합니다. 물론 저도 제 나름의 답을 가지고 있습니다.

제가 생각하는 게임이란 '또 다른 현실'입니다. 현실이 괴롭고 힘들고 지옥 같을 때, 도저히 눈 뜨고 볼 수 없을 때, 잠시 여행할 수 있는 다른 세계입니다. 그러나 영원히 가상세계에서만 머물러서는 결국 현실도피에 불과하겠지요. 불합리하거나 부당한 현실에는 맞서 싸워서 바꿔야 합니다.

그렇다면 게임을 만든다는 의미는 무엇일까요? 저는 게임을 만든다는 것은 '또 다른 현실을 만드는 것'이라고 생각합니다. 그러므로 이 또 다른 현실은 진짜 현실보다 부조리하거나 불합리해서는 안 됩니다. 자신이 만든 게임을 플레이하는 다른 사람들에게는, 적어도 그 게임을 플레이하는 순간만큼은 게임 속 세상이 곧 '현실'인 것입니다. 다른 사람의 '현실'을 만들어주는 것이 곧 게임을 만드는 일이므로, 이것은 막중하고 큰 영향력을 가질 수 있는 것입니다. 그 새롭게 창조하는 현실이 현실보다 더욱 진(眞), 선(善), 미(美)의 가치를 실현할 때, 게임을 만드는 진정한 의의가 발현된다고 생각합니다.

그럼 여러분이 생각하는 게임이란 어떤 것일까요? 본서가 그 해답을 찾는 길에 조금이나마 도움이 된다면 기쁠 것입니다.

지은이 이동훈

# 목차

## 본서의 활용 및 주의점

본서는 기본적으로 유니티에 관심 있는 모든 독자층을 대상으로 하고 있습니다만, 특히 유니티 엔진 및 게임 개발에 대해 전혀 모르는 독자가 읽는다고 가정하고 있습니다. 따라서 전반적으로 자세하고 처음부터 짚어가는 설명 위주로 구성해 나갈 것입니다. 하지만 중, 고급 독자도 있을 수 있으므로, 다루는 특정 주제에 관해서는 되도록 복잡한 내용까지 다루려고 노력할 것이며 초보자는 물론 그 이상의 독자들에게도 도움이 될 수 있도록 구성하였습니다.

처음 프로그래밍을 하시는 분들은 본서에서 나오는 모든 코드, 즉 프로그래밍 부분은 반드시 직접 하나하나 타자를 치면서 스스로 해야합니다. 그래야 몸과 손에 익어서 남게 됩니다. 그냥 눈으로만 보고 넘어가면 그 순간에는 다 아는 것 같지만, 책을 덮고 아무것도 없는 상황에서 하려고 하면 잘 안 됩니다. 따라서 반드시 한 번은 직접 비쥬얼 스튜디오 상에서 코드를 그대로 따라쳐 보시기 바랍니다. 코드의 의미에 대해 아무것도 몰라도 상관없습니다. 그냥 무조건 책에 있는 대로 계속 따라치다 보면 나중에 그 개념과 의미를 알게 되었을 때 훨씬 빨리 자신의 것이 될 것입니다.

## 본서의 구성

본서는 먼저 게임에 대한 정의부터 다루려고 합니다. 유니티가 게임을 개발하는 엔진인 만큼 과연 게임이 무엇이며 그것을 개발하는 데 있어 어떤 것들이 요구되는지 우선 간략하게 짚어보는 것이 필요하다고 생각합니다. 다음으로 개발환경의 정비로서 각종 프로그램의 설치와 설정에 대해 다룹니다. 그리고 어떤 게임을 만들 것인지 결정하는 게임 기획을 하고 실제 게임제작에 들어갑니다. 이 부분에서 실질적으로 유니티 엔진을 사용하여 게임을 만들어 보고, 스마트폰에 올릴 수 있도록 빌드를 만듭니다. 그리고 구글 개발자 계정을 만들고 개발자 콘솔에 대해 알아봅니다. 마지막으로 게임을 스토어에 올리고 수익화하는 방법까지 익히는 것을 목표로 하고 있습니다.

**본서에서 제작할 게임 예시 이미지**

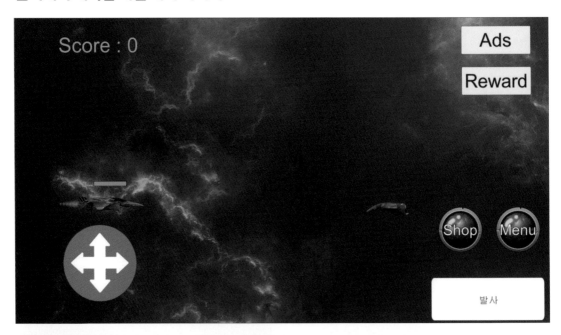

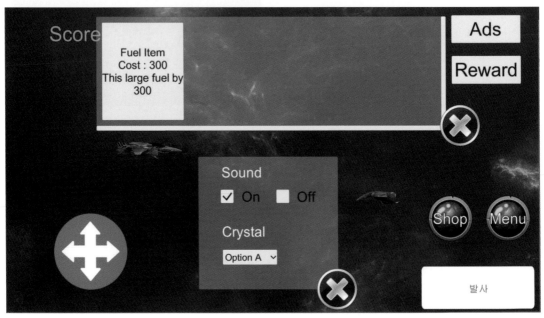

# CHAPTER 01

# 게임의 개요

게임이란 무엇일까요? 또 게임은 무엇으로 이루어져 있을까요. 게임의 최신 경향은 어떤 모습인가요. 이런 의문점들을 간단하게 짚어보고 넘어가는 것이 게임개발을 위해서 필요하다고 봅니다.

# 01
# 게임의 개요

## SECTION 01 | 게임의 정의 ▼

과연 게임이란 무엇인가요? 요즘엔 게임이 이미 우리의 일상생활에 깊숙이 자리하고 있고 게임이 뭔지 모르는 사람을 찾기가 어려울 정도입니다. 그러나 막상 정의를 내려 보라고 하면 쉽지가 않습니다. 예전부터 많은 사람들이 게임에 대한 정의를 내리려고 노력해 왔습니다만 아직까지 통일된 정의는 없다고 해도 좋을 정도로 주장하는 사람에 따라서 내용이 다양합니다.

게임이란 대체로 다음과 같은 특징을 가진다고 할 수 있습니다.

✔ **자발성** - 먼저 게임의 참여자, 즉 게이머는 자발적으로 게임에 참여합니다. 누가 시켜서 하는 것은 그 사람에게는 더 이상 게임이 아니고 일이 됩니다. 보통의 경우 게이머는 스스로 어떤 게임에 재미 혹은 호기심을 느껴서 그 게임에 빠져들게 됩니다.

✔ **규칙성** - 또 게임은 하나의 세계를 이룹니다. 독특한 소우주라고 할 수 있는데, 거기엔 독자적인 룰, 즉 게임의 규칙이 존재합니다. 그런 세계에 게이머는 자발적으로 참여하여 탐험하면서 그 세계만의 룰에 대해 알아가게 됩니다. 이 룰이 어떠해야 한다는 원칙은 없고 기본적으로 자유롭지만, 공정해야 사용자들의 반발을 불러일으키지 않습니다.

✔ **상호작용성** - 그리고 게임만의 특징적인 것으로 상호작용성이 있습니다. 게임은 사용자가 어떻게 하느냐가 중요한 의미를 가질 수 있는 콘텐츠입니다. 사용자의 반응과 결정에 따라 변화하는 세계, 콘텐츠를 가지는 것이 게임입니다.

 종합하면 게임이란,

[사람이 자발적으로 참여하여 어떤 독특한 법칙에 의해 지배되는 세계 안에서 상호작용하는 경험을 주는 매개체]라고 할 수 있습니다. 물론 게임의 정의에 대해서는 이 외에도 더 많은 논의가 있고 관심 있는 분은 더 조사해 보

는 것도 좋습니다만 본서에서는 이 정도로 줄입니다.

이렇게 게임의 정의에 대해 생각해 보는 것은 앞으로 자신이 어떤 게임을 만들지 방향성을 정하는 데 도움이 된다고 할 수 있습니다. 많은 게임을 만들다 보면 자기 자신만의 게임을 바라보는 눈, 게임에 대한 정의가 생길 것입니다. 그것을 계속 추구해 나가면 됩니다.

그럼 이런 게임은 어떤 구성요소로 이루어져 있을까요?

## SECTION 02 | 게임의 4대 구성요소 ▼

게임은 다음과 같은 4대 요소로 이루어져 있습니다. 그것들은 기획, 스토리, 그래픽, 프로그래밍 입니다. 이것들이 모두 합쳐져서 사용자 경험을 창출하게 됩니다.

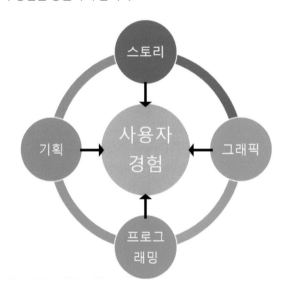

## 1. 게임 기획

### 1-1 게임 기획의 중요성

먼저 게임의 기획입니다. 즉 게임 세계 그 자체의 모습과 룰을 정하는 일입니다. 어떤 모습을 가지며, 어떤 법칙의 지배를 받는지, 무엇이 등장하고 어떻게 변형되고 작용하는지 하나부터 열까지 모든 것을 일일이 결정해야 합니다. 오늘날 대규모의 게임제작에서는 이 게임의 기획에만 수십 명이 달라붙어 수개월, 아니 제작 기간 내내 기획만 하는 경우도 많습니다. 하려고 하면 끝도 없는 일이 됩니다. 이 게임 기획도 일반 게이머들을 대상으로 판매를 계획하고 있는 게임이냐 아니냐에 따라, 그리고 어떤 사람이 게임 제작에 접근하느냐에 따라 논의가 달라질 수 있으므로 이하에서 경우를 나눠서 살펴보겠습니다.

## ✅ 비상업적인 게임 기획의 경우

취미로 남는 시간에 자신이 만들고 싶은 게임을 제작하는 경우나, 게임 제작을 배우는 학생의 경우, 혹은 정부의 과제 등으로 인해 이미 제작해야 할 것이 결정된 경우 등이 있을 수 있습니다.

자신이 만들고 싶은 게임을 만드는 경우에는 사실 크게 고민할 것은 없습니다. 그냥 평소 생각했던 대로 기획을 하면 됩니다. 중요한 것은, 기획하면서 그 내용을 문서화하여 혼자 만들더라도 나중에 참고할 수 있도록 기록을 남겨두는 일입니다. 그래야 중요한 내용을 놓치지 않을 수 있고 기획부터 제작 완료까지 시간이 얼마나 걸렸는지 알 수 있습니다. 자신이 만들고 싶은 게임을 만드는 것이므로, 시장을 신경 쓸 필요가 전혀 없습니다. 오히려 이런 식으로 남을 전혀 신경 쓰지 않고, 자신이 말하고자 하는 바를 표현하고 싶은 대로 만드는 것이 의외로 큰 인기를 끄는 경우도 있습니다. 완전히 독창적인 게임이 나올 가능성이 크기 때문입니다.

게임 기획을 배우는 학생의 경우에는 좀 더 게임 기획의 여러 가지 측면을 경험하고 배울 필요가 있습니다. 이론적인 면과 아울러, 실제로 하나의 게임 기획에 따라서 게임을 제작해 보면서 깨우치는 것이 필요합니다. 또한, 게임 기획 구현에 어느 정도의 기간이 걸리는지, 얼마나 많은 인력이 드는지 등을 알아야 합니다.

정부나 기관, 혹은 클라이언트 등이 있어서 그들의 요구대로 게임 기획을 하는 경우도 있을 수 있습니다. 이런 경우에는 어떤 게임을 제작하려고 하는지 방향이 대략 결정되어 있는 경우가 많으므로 완전 제로부터 할 필요는 없고 시장과도 상관이 없어서 부담이 덜하다고 할 수 있습니다. 이때는 제작 스케줄을 짜는 일이 더 중요하다고 할 수 있습니다. 게임이 제때에 빨리 제작될 수 있도록 일정을 관리하고 연관된 개발자들을 관리하는 일에 더 비중이 있습니다.

## ✅ 상업적인 게임 기획의 경우

게임을 만들어서 시장에 내놓고 게이머들에게 돈을 받고 팔려는 목적으로 만드는 게임의 경우, 기획이 상당히 어렵게 됩니다. 게임 기획이란 아무나 할 수 있는 일이기도 하지만 결코 아무나 할 수 없는 일이기도 합니다. 뭔가를 정하는 것은 누구나 마음대로 할 수 있습니다. 그냥 머리만 굴리면 뭔가가 나오기는 합니다. 그래서 게임의 수많은 변형이 가능합니다. 한 게임의 수백 가지 룰 중에 하나만 바꿔도 그것은 다른 체험을 주는 다른 게임이 될 수 있습니다. 그래서 처음엔 비교적 쉬운 일처럼 보입니다. 뭔가 생각하는 건 누구나 쉽게 할 수 있는 일이니까요.

그러나 이 일에 돈이 걸린 문제가 되면, 게임 기획만큼 어려운 일은 세상에 그렇게 흔하지 않습니다. 프로그래밍은 정답이 있습니다. 어떤 문제가 발생한다면 그것을 해결할 수 있는 답이 있다는 말입니다. 그런데 게임 기획에는 정답이 없습니다. 말 그대로 무한한 가능성이 펼쳐져 있어서 도무지 길이 보이지 않습니다. 어떤 문제가 발생해도 그것을 해결하는 길이 존재하기 힘들며, 해결했다고 생각해도 그로 인해 또 다른 문제가 생길 수도 있습니다. 인간이 게임을 만들어 온 역사가 그렇게 오래되지 않았으며, 아직도 게임 기획에 있어서는 정답을 찾아가는 와중이라고 할 수 있습니다. 뭔가를 생각하기는 쉬운 게 기획이지만 그 뭔가에 대한 발상법, 적용여부, 채택여부, 변형여부, 예상결과검토 등 아이디어 하나의 채택 여부를 두고도 수많은 이슈가 생길 수 있는 게 게임 기획입니다. 이런 '하나의 생각'을 고도로 절제되고 정제된 방식으로 할 수 없는 한, 게임 기획을 제대로 했다고 말하기 힘든 것입니다. 또한 최종적으로 사용자들로부터 상업적인 이익을 거두어야 성공한 게임 기획이 되는 것이므로 결과도 중요합니다.

이렇게 어렵기만 한 게임 기획인데 못하면 그야말로 끝장이 날 수 있을 만큼 중요한 일이기도 합니다. 애초에 잘못된 게임 기획을 해버리면, 최종적으로 만든 게임이 재미가 없거나, 혹은 모순되거나, 내용이 부실하거나 하게 됩니다. 그렇게 되어 버리면 그 게임을 만드느라 들어간 모든 돈과 노력, 시간은 제대로 보상받지도 못한 채로 그냥 묻히게 되는 것입니다. 아무리 거대한 게임회사라도 하나의 게임을 잘못 만들어서 망한 사례는 부지기수입니다. 반대로 게임 기획 하나 잘해서 회사의 규모가 달라질 정도로 크게 성공한 경우도 많습니다. 개인이나 팀, 회사의 규모를 막론하고, 흥망성쇠를 말 그대로 결정짓는 일이 게임 기획입니다.

그러므로 상업적인 게임 기획은 탁월한 사람이 해야 합니다. 경험도 필요하지만 사람에 따라 같은 현상, 같은 체험을 해도 그 사람이 깨닫는 바는 엄청나게 달라질 수 있습니다. 하나를 가르치면 열을 아는 사람이 해야지 하나를 가르치면 하나를 아는 사람이 해서는 고만고만한 결과나 더 못한 결과밖에 나오지 않는다는 겁니다. 게임 기획을 잘하려면 게임만 알아서도 안 되고 게임을 몰라서도 안 됩니다. 경험이 많다고 반드시 되는 것도 아닙니다. 역량 있는 사람을 게임 쪽으로 훈련시키고 인재로 만들어야 합니다. 남을 그렇게 만들 수 없다면 스스로 그런 존재에 가까워지도록 노력을 해야겠지요.

누군가가 게임을 좀 해봤다는 이유로, 게임을 만들어본 경험이 있다는 이유로, 게임회사에 다닌다는 이유로 게임 기획을 하기 때문에 남의 게임을 베낀 게임밖에 못 만들거나 재미없는 게임밖에 안 나오는 것입니다. 자신의 능력과 한계는 누구보다 스스로 잘 알 것입니다. 게임 기획을 잘하려면 그것을 인정한 상태에서 매일 치열하게 노력하는 길밖에 없습니다. 게임 기획과 관련된 훌륭한 책들을 읽고, 게임 기획에 관심 있는 사람들끼리 포럼에서 토론하며, 스스로 생각하여 기획을 해보고, 혹독한 시장상황을 체험해보고, 이런 것들이 다 도움이 될 것입니다. 게임을 많이 하는 것은 오히려 공부할 시간을 빼앗기 쉬우므로 바람직하지 않지만 다른 게임의 핵심적인 게임의 시스템을 체험하기 위해 해보는 것은 필수이기도 합니다. 다만 같은 체험을 해도 거기서 무엇을 더 깨달을 수 있는가는 개인의 역량에 달린 문제입니다.

그리고 게임 기획이란 특히 창조성을 요구하는 경우가 많으므로, 어떤 직감과 영감이 필요합니다. 틀에 박힌 조직사회에 단련된 한국인에게는 힘든 조건입니다. 그런 경험과 그런 환경에 길들어 있는 머리로 뭔가 새로운 것을 생각해내기란 힘든 법입니다. 코어 게이머들보다 한 발 앞서가서 새로운 것을 꺼내지 않는 한, 그리고 기존의 어떤 게임도 따라오지 못할 만큼 게임의 어떤 한 가지 요소에서라도 탁월한 경쟁력을 갖추지 않는 한, 고만고만한 게임밖에 기획하지 못할 것입니다.

결국 시장에서 돈을 많이 벌 수 있는 게임 기획이란, 게임을 전혀 모르는 혹은 거의 경험이 없는 사람이 그 기획의 주요기획, 아이디어를 딱 들었을 때, 혹은 게임 플레이 영상을 봤을 때, 그 즉시 '아, 저 게임을 정말 하고 싶다.'라는 마음을 불러일으킬 수 있어야 합니다. 이 책을 읽고 게임을 사랑하는 여러분들이라면 언젠가 자유자재로 그런 게임을 기획할 수 있고, 또 만들 수 있을 것이라고 믿습니다. 시행착오를 거치고 경험을 쌓고 널리 지식을 구하고 배우는 사람이 성취할 수 있는 경지에는 한계가 없기 때문입니다. 천재도 노력하는 자에게는 못 미치고, 노력하는 자도 즐기는 자에게는 못 미친다는 격언도 있습니다.

### `1-2` 게임 기획의 분류

게임 기획은 넓게는 게임 안의 모든 요소에 대해서도 이루어져야 합니다. 즉 게임 세계의 룰을 정하는 것뿐만이 아닌, 스토리도 만들어야 하며, 3d인가 아니면 2d인가, 리얼 스타일인가 캐쥬얼 스타일인가 등의 그래픽 방향성도 결정해야 하고, 어떤 기술과 툴을 쓸 것인지 등등 프로그래밍의 얼개도 짜야 합니다. 좁게는 게임의 룰을 결정하는 것입니다. 게임의 규칙, 게임에 어떤 것들이 등장하며, 어떻게 상호 작용하고, 승패가 있는지, 있다면 어떻게 결정하는지 등을 결정합니다.

또한 게임 기획은 콘텐츠 기획, 시스템 기획, 밸런스 기획으로도 분류할 수 있습니다. 콘텐츠 기획은 게임 안에 들어가는 내용에 대해 결정짓습니다. 어떤 스토리, 어떤 세계, 어떤 모습을 가지는지 정합니다. RPG 게임을 예로 들면 직업, 아이템, 몬스터, 무기 데이터 등을 만드는 일입니다. 시스템 기획은 게임 세계의 룰과 법칙을 정합니다. 게임의 특유한 시스템이야말로 게임의 재미를 창출하는 주요 요소가 되므로 매우 중요하고 핵심적이라고 할 수 있습니다. 밸런스 기획은 게임의 난이도, 성장곡선, 노력과 보상, 처벌의 균형을 설정하는 일입니다. 게임이 처음부터 너무 어려워서는 사람들이 끝까지 해보기도 전에 떨어져 나갈 것입니다. 들이는 시간과 노력에 비해 얻는 보상이 약해도 재미를 반감시킵니다. 게임이 너무 쉬워도 도전욕구가 사라져 흥미가 사라집니다. 이런 모든 점을 고려하여 적절하게 세팅하는 것이 밸런스 기획에서 해야 할 일입니다.

# 2. 스토리

스토리란 게임에서 전달하고자 하는 이야기입니다. 제작자의 메시지라고도 할 수 있습니다. 이것은 게임에서 등장하는 캐릭터의 대사를 통해, 게임의 전체적인 분위기를 통해, 혹은 직접적인 메시지 전달을 통해서 등 다양한 경로로 표현할 수 있습니다.

게임에 따라서는 겉으로 드러나는 스토리가 전혀 없는 경우도 있습니다. 혼자서 혹은 소규모로 게임을 개발하는 입장에서는 스토리까지 신경 쓰기가 제작 여건상 힘든 점이 많습니다. 따라서 간단하게 표현하거나 아예 생략하는 일도 있습니다. 이때는 게임의 시스템이나 다른 요소들만으로 재미를 주고자 승부하는 것인데 유저 입장에서는 오히려 게임을 플레이 해 나가면서 자신만의 스토리를 다양하게 입힐 수도 있으므로 열려있는 구조로서 장점으로 되는 경우도 있습니다.

혹은 스토리가 중심이 되는 게임도 존재합니다. 비쥬얼 노벨 게임이 그런 경우인데 그래픽과 대사, 스토리만 보면서 죽죽 넘어가는 게임입니다. 여기서 유저의 중간중간 선택지에 따라서 스토리의 분기나 엔딩이 달라지거나 하는 요소가 있는 경우가 많습니다.

이런 스토리의 존재 이유는 무엇일까요? 어차피 무의미하므로 없어도 무방한가요? 사실 게임의 사용자 관점에서는 내가 왜 이 게임을 해야 하는지 동기부여가 힘든 경우가 많습니다. 그 동기부여책의 하나로서 스토리의 존재이유가 있습니다. 또한 게임이라는 세계에 대한 몰입도를 높이기 위해서도 필요합니다. 게임 제작자가 사용자에게 전달하고 싶은 메시지가 있을 경우에도 스토리가 필요합니다.

스토리를 잘 짜고 사용자에게 이야기로서 만족감을 준다면, 그래픽, 기획 등 게임의 다른 요소가 조금 못해도 게임에 대한 전체적인 평가는 올라갈 수 있습니다. 그만큼 스토리란 필수적인 것은 아니지만 활용하기에 따라서는 매우 중요합니다.

대규모 게임제작에서는 스토리 분야에만 전문적인 작가가 여러 명 붙어서 작업을 하며, 배경스토리, 캐릭터 스토리, 게임설명, 몬스터 설명, 스킬 설명 등 스토리에 속할 수 있는 작업은 굉장히 많습니다. 반면 소규모 제작에서는 혼자서 모든 것을 다해야 하므로 간략화할 수밖에 없습니다.

# 3. 그래픽

## 3-1 그래픽의 중요성과 한계

게임에서 사용자에게 보이는 모든 요소를 의미합니다. 게임에서 그래픽은 게임성에 영향을 미칠 수 있을 정도로 중요합니다. 처음에 사용자의 눈길을 잡아 끌어 게임을 시작하게끔 만드는 역할도 그래픽이 담당할 수 있습니다. 게임의 첫 이미지부터 전체적인 분위기를 통한 메시지 전달, 게임의 구조와 성립 그 자체에까지 영향을 미치는 등 그래픽은 게임에서 중요한 역할을 맡습니다.

게임에서 보이는 부분이 없다면 게임은 게임으로서 성립하기가 힘듭니다. 게임의 중요한 특징으로 상호작용성이 있다고 위에서 서술했는데, 사용자는 지금 어떻게 반응해야 할지 그래픽을 보고 판단하며, 그리고 자신의 반응에 따른 결과 역시 그래픽을 통해 확인하는 경우가 대부분이기 때문입니다. 즉 상호작용성 그 자체에 그래픽이 깊게 관계하고 있습니다.

그러나 한편 보이는 것은 끊임없이 변화하지 않으면 언젠가는 질리게 마련입니다. 사람의 눈은 한 번 익숙해진 것으로부터는 더는 감흥을 느끼기 힘들기 때문입니다. 이 점이 그래픽의 한계점이기도 합니다. 이 부분은 게임 기획 등 다른 요소로 보완해야 합니다.

## 3-2 그래픽의 분류

✔ **그래픽** - 배경, 인물, 물체, 이펙트, 모델링, 애니메이션, UI 등으로 크게 나눌 수 있습니다.

✔ **배경** - 말 그대로 게임의 배경을 시각화하여 보여주는 것을 말합니다. 산과 바다, 성곽, 던전 등 게임의 주무대를 표현하는 것입니다.

✔ **인물** - 게임의 캐릭터, 즉 주인공, 아군 및 적군입니다. 유저가 감정이입을 하는 대상이 되므로 매우 중요하고 각 문화권과 나라마다 선호하는 캐릭터의 스타일에 차이가 드러나기도 하는 분야입니다.

✔ **물체** - 인물을 제외한 기타 소품, 동식물, 등을 말하며 게임의 분위기 형성에 관계합니다.

✔ **모델링** - 이러한 배경, 인물, 물체 등을 3d화 하여 입체감을 만들어내는 작업입니다. 2d 게임의 경우는 모델링을 생략할 수도 있으나 보다 풍부한 표현을 위해 먼저 3d 모델링 후 그것을 다시 2d 이미지화 하기도 합니다.

✔ **애니메이션** - 만들어진 캐릭터, 물체 등을 살아서 움직이게 하는 작업입니다. 게임성에 크게 영향을 미치는 분야입니다.

✔ **UI** - 유저 인터페이스(User Interface)의 약자이며 게임의 현재 상황을 일목요연하게 사용자에게 보여주는 그래픽입니다. HP게이지 바, 각종 아이콘, 메인 메뉴, 상점메뉴, 메시지 창, 캐릭터 창 등이 모두 UI에 해당한다고 할 수 있습니다. 이 UI는 잘못 만들면 유저에게 불편함을 주게 되어 게임성을 떨어트리게 되므로 주의해야 합니다. 최대한 직관적이면서도 편하게 만들어야 합니다. 최소한의 조작으로 목적을 달성할 수 있도록 제작할 필요가 있습니다. 될 수 있는 한 글자보다는 아이콘 등 그림으로 표시하면 직관적입니다.

## 3-3 그래픽 작업의 특성

어떤 게임 개발자들은 그래픽 작업을 속칭 노가다로 얘기하기도 합니다. 그만큼 힘이 많이 들며, 시간이 많이 필요합니다. 반면에 결과물은 금방 나오지 않습니다. 그래서 게임제작 인력 중 가장 많은 인원을 차지하는 분야가 그래픽인 경우가 꽤 많습니다. 게임이 필요로 하는 그래픽 리소스를 한정된 시간 안에 만들어내기 위해서는 결국 많은 사람을 동원할 수밖에 없기 때문입니다.

개인 혹은 소규모 팀의 개발자인 경우, 스스로 그리거나 해서 그래픽을 직접 만들어내는 경우도 있지만 대부분 이미 만들어진 것들을 사서 하는 경우가 많습니다. 그러나 이 경우에는 전체적인 그래픽의 스타일이 맞지 않는 문제도 있고, 다른 게임에서 사용 된 똑같은 그래픽인 경우가 많다는 점이 문제입니다.

# 4. 프로그래밍

**4-1** 프로그래밍은 게임의 필수조건

프로그래밍이란 게임의 스토리와 그래픽을 엮어서 게임 기획에서 결정된 그 게임의 룰에 맞게 돌아가도록 실제로 게임을 만드는 일입니다. 영문으로 된 코드를 에디터에서 직접 타이핑해서 넣습니다. 그러면 기계가 이해하는 언어로 변환되어 사람이 의도한 대로 기계가 일을 처리해주는 것입니다.

실제로는 이 프로그래밍이야말로 게임의 필수적인 핵심요소입니다. 다른 모든 게임의 요소는 없거나 조금 못해도 게임은 성립할 수 있으며 만들 수 있습니다. 그러나 프로그래밍이 없으면 게임은 절대로 만들어지지 않습니다. 게임 기획도 프로그래머가 하면 됩니다. 스토리? 간단하게 혼자 지어내면 됩니다. 그래픽? 에셋을 사서 하면 됩니다. 그러나 프로그래밍을 모르면 게임은 못 만듭니다. 프로그래밍 에셋도 팔기는 하지만 그것만으로 자신이 원하는 게임을 정확하게 만들 수 없으므로 바꿔야 하는데 그러려면 프로그래밍을 알아야 합니다. 따라서 혼자서 개발하는 사람은 반드시 스스로 프로그래밍을 공부하지 않으면 안 됩니다.

프로그래밍 언어에도 수십 가지가 있습니다. 그 많은 프로그래밍 언어 중에 유니티에서 주로 사용되는 C#을 본서에서는 다루게 됩니다. C#은 마이크로소프트가 개발한 언어로 고급문법과 프로그래머를 편하게 해주는 여러 가지 기능들을 제공합니다.

**4-2** 프로그래밍의 분류

게임개발에서 프로그래밍은 크게 2가지로 나뉩니다. 클라이언트 프로그래밍과 서버 프로그래밍이 그것입니다.

클라이언트(Client)란 고객이란 의미로서 여기서는 요청하는 단말기, 즉 사용자 바로 앞에 놓인 컴퓨터, 사용자의 손에 쥔 스마트폰을 지칭합니다. 게임이 설치된 단말기에서만 돌아가는 프로그램을 만들 때 클라이언트를 만든다고 합니다. 혹은 로컬(Local)이라고 칭하기도 합니다. 개별적이고 혼자서 정보를 수용, 플레이한다는 이미지를 가지고 있습니다. 일단 이것이 있어야 뭔가가 게임으로서 구체화 되어 존재하는 것이므로 필수적인 것이 됩니다. 또 클라이언트 프로그래밍이 일반적으로 더 어렵다고 얘기합니다. 게임은 계속 새로운 시스템을 장착할 것을 요구받는데, 그것을 구현해내려면 코드가 계속 변형되어야 하고 끝없이 새로운 노하우를 익혀야 하기 때문입니다.

서버(Server)란 개발자가 지정한 컴퓨터와 저장장치에 세팅된 데이터베이스, 수많은 클라이언트들의 요청을 받아 데이터를 주고받는 서버 프로그래밍을 합쳐서 지칭합니다. 게임에 접속하면 그날의 이벤트를 보여주고, 출석체크를 하며, 이전에 구매했던 유료아이템을 다시 세팅해주며, 여러 클라이언트를 연결해서 멀티플레이를 할 수 있게 해주는 등의 역할을 서버에서 주도적으로 클라이언트의 요청을  받아서 제공해주는 것입니다. 소규모 개발에서는 mysql 등 무료 데이터베이스로도 충분하고 php 등의 언어를 써서 유니티 클라이언트 게임과 통신하는 경우가 많습니다.

이렇게 서버와 클라이언트는 서로 협력하며 유기적으로 연결됩니다. 게임 제작에서 프로그래밍을 시작할 때는 서버 쪽을 어디까지 구현할 것인지, 어떤 기술을 쓸 것인지 정해야 합니다. 그에 따라서 클라이언트 쪽의 코드도 바뀌어야 하기 때문입니다. 비교적 간단한 게임을 만들 때는 서버는 아예 신경 쓰지 말고 그냥 클라이언트만 만들어도 충분합니다.

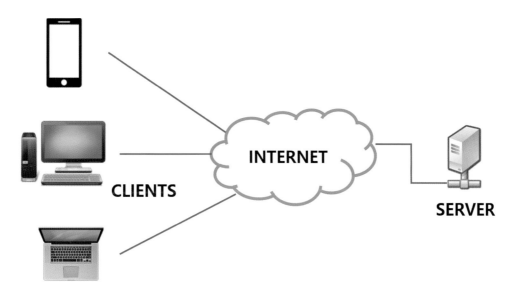

게임을 만든다는 것은 클라이언트를 만든다는 것을 의미합니다. 서버만 있어서는 게임으로서 성립하지 않지만 클라이언트만 있으면 게임으로서 성립은 합니다. 1인용 게임이 되는 것입니다. 따라서 나 홀로 혹은 소규모로 개발할 때에는 서버는 필요 최소한만 구현하거나 아니면 아예 생략할 수도 있습니다. 게임으로서의 본연의 재미를 구현하는 클라이언트에 집중하는 게 시간 효율 면에서 더 낫다고 할 수도 있습니다. 요즘은 자동으로 멀티플레이를 구현해주는 서비스를 이용하거나 하이스코어, 랭킹 등의 시스템을 이미 구축해 놓은 것을 가져다 쓰기만 하면 되는 경우가 많아서 게임 서버 제작부담은 많이 줄었다고 할 수 있습니다. 하지만 게임 내 아이템 결제나 서비스 등을 위해서는 자신만의 서버를 만드는 것이 필수적입니다. 즉 자신의 게임에 맞게 데이터베이스를 설정하고 셋업하며, 서버의 로직을 코드로 작성해야 한다는 것입니다.

### 4-3 프로그래밍 공부방법

프로그래밍은 기술적인 분야에 속합니다. 기술을 모르면 아예 자신이 원하는 게임을 만들 수가 없게 됩니다. 어떤 게임을 만들지 정해져도 그것을 어떻게 프로그램으로 짜는지 알아야 만들 것 아니겠습니까. 이를 위해서는 우선 기본개념과 문법을 익힌 후 수많은 코드 예제를 볼 수밖에 없습니다. 남이 짜놓은 코드를 보면서 견문을 넓혀야 합니다. 처음에는 코드를 보기에만 그쳐서는 안되고 반드시 스스로 직접 코드를 작성해 보아야 합니다. 한 글자씩 실제로 코드를 에디터에 쳐보면

서 많은 것을 배우게 됩니다. 그리고 모르는 과제가 나올 때마다 자료를 검색해야 합니다. 대부분이 영문 자료이므로 영어를 필수적으로 잘 알아야 합니다. 자료를 해석해야 하므로 영어공부도 동시에 해야 합니다. 영어에 너무 겁먹지는 않아도 됩니다. 프로그래밍 자료에서 나오는 언어는 대부분 비슷한 어휘가 반복되므로 막히더라도 사전을 찾아가며 하나하나 해석해가는 경험이 쌓이다 보면 어느 순간부터는 해석이 빨라질 것입니다. 구글 번역기의 도움을 받는 것도 한 방법입니다. 책도 봐야 합니다. 인터넷에는 단편적인 자료만 있습니다. 폭넓고 자세한 정보는 책을 통해서 습득할 수밖에 없습니다.

혼자서 개발하려면 가장 많은 시간을 우선은 프로그래밍의 습득에 투자하고 이후에 어느 정도 알게 되었다면 그다음에 게임 기획에 투자하는 것이 좋습니다.

## 5. 사용자 경험

이와 같은 게임의 4대 요소들은 결국 협력하여 최종적으로 사용자 경험을 만들어냅니다. 사용자. 즉, 게이머에게는 결국 이것이 가장 중요합니다. 종합적으로 자신에게 와 닿는 경험으로 게임을 판단합니다. 사용자는 오직 자신이 경험한 바, 느낀 바가 중요할 뿐이지, 제작자의 사정은 알아주지 않고 신경 쓸 바도 아닙니다.

게임 시장은 냉정합니다. 요즘엔 하루에도 수백 종의 게임이 모바일, 콘솔, PC를 전방위적으로 넘나들며 그야말로 쏟아지고 있습니다. 이미 많은 게이머들, 일반 사용자들은 어떤 게임이 출시되고 있는지 다 알 수도 없고 체험할 시간도 없습니다. 그래서 점점 더 사용자들의 주목을 얻으려는 개발사들간의 경쟁은 치열해지고 게임 개발은 대규모화되어 갑니다. 사용자들의 주목을 받으며 살아남기 위해서는 많고 많은 게임 중에 1등이 되거나 적어도 순위권에 들어야 하기 때문입니다.

상위권 개발업체들은 그들끼리 경쟁하며 더 높은 퀄리티의 게임을 만들어내기 위해 진검 승부를 벌이고 있으며 그 경쟁의 강도는 상상을 초월합니다. 자본 대 자본, 인력 대 인력이 자존심과 조직의 명운을 걸고 고군분투하고 있습니다. 서로 지지 않기 위해서 더 많은 인력으로 뭉치고 그것을 유지하기 위해 더 많은 돈을 투입하고 있습니다. 그리고 광고에도 돈을 아낌없이 쓰고 있습니다.

그러나 게임 시장의 냉정함은 그들도 피해 갈 수 없습니다. 아무리 광고를 많이 하고 게이머를 억지로 끌고와도 그들에게 새로운 체험을 주지 못한다면, 재미를 주지 못한다면 크게 성공하기는 힘듭니다. 사용자들은 항상 새로운 체험을 원하거나 혹은 같거나 비슷한 체험이라면 더욱 퀄리티 높은 체험을 원합니다. 사용자들의 눈은 시간이 지날수록 점점 더 높아져 갑니다. 그에 맞추기 위해서 출시되는 게임의 퀄리티도 점점 더 높아져만 갑니다. 여기에 편승하지 못하는 수많은 업체는 탈락할 수밖에 없습니다.

그러나 게이머는 새로운 체험을 원한다는 점에서 인디게임, 즉 소규모 개발업체가 만든 게임에도 희망이 있습니다. 자신만의 틈새시장을 찾아내 차츰 고객을 확보해갈 수도 있습니다. 게임의 종류는 그야말로 천차만별이라 대규모 업체가 대규모 자본과 인력을 들여서 만들기에는 적당하지 않은 장르나 게임의 종류도 분명히 있는데, 그런 게임을 원하는 고객층도 있기 때문입니다.

고객은 자신이 경험하는 바가 중요할 뿐이지, 그 게임을 누가 만들었느냐는 중요한 문제가 아닙니다. 게임을 하면서 재미있고 보기 좋고 즐거우면 그만인 것입니다. 결국 인디 개발자들은 대기업 게임들과 같은 시장에서 경쟁하고 있는 것과 마찬가지이며, 따라서 몇 가지 요소에서는 그들의 게임보다 더 뛰어난 점을 보유하지 못한다면 살아남기 힘듭니다. 게임의 4대 요소 중에 그래픽이나 프로그래밍에서 인력과 조직의 힘을 이기기는 어려우므로, 결국 인디 개발자들은 스토리나 게임 기획에서 승부를 내야 합니다. 게임 기획에서도 조직의 힘은 막강합니다. 대규모 프로젝트에서는 게임 기획 인원만 수십 명이 넘기도 합니다. 그들이 만들어내는 기획을 어떻게 이길 것인가? 어떻게 내 게임만의 재미를 창출해 내고 그것을 고객들에게 설득할 것인가? 참신한 게임 혹은 흥미 있는 스토리로 새로운 재미를 창출해야만 살아남고 또 성공할 수 있는 확률이 올라갈 것입니다.

# SECTION 03 | 게임의 장르

전통적인 게임의 장르로는 퍼즐, 슈팅, FPS, 어드벤처, RPG, 카드, 액션, 스포츠, 레이싱, 전략, 시뮬레이션, 리듬, 캐쥬얼, 비쥬얼노벨 등이 있습니다. 비슷한 문법과 규칙, 특징을 가진 게임들을 편의적으로 장르로 구분 짓습니다만 사실 어떤 장르의 게임은 반드시 이래야 한다는 법칙이 있는 것은 아닙니다. 어떻게 만들든 간에 사용자에게 재미와 감동을 주면 되는 것입니다. 또 새로운 장르라고 할만한 게임들도 계속 개발되고 있습니다.

특히 요즘은 수많은 게임이 나오고 있고 장르를 넘나드는 게임들도 많이 출시되고 있습니다. 즉 2가지 이상의 장르를 결합한 게임들이 그것입니다. 아무래도 전통적인 게임의 문법과 장르에 맞는 게임으로는 더 이상 사용자들에게 새로운 체험을 주기 힘들기 때문이겠지요.

최근에 대규모 자본과 인력이 투입된 게임들의 장르로서는 오픈 월드(Open World)와 샌드박스(Sandbox) 형식이 주목받고 있습니다. 오픈 월드나 샌드박스식의 게임이란 정해진 루트와 스토리를 따라가기보다는, 어떤 세계를 던져주고 그 안에서 게이머들이 자유롭게 알아서 노는 형식의 게임입니다. 점점 다양해지는 게이머들의 취향을 모두다 맞춰줄 수 없으므로 이런 쪽의 게임을 선호하는 게이머들도 있습니다. 그러나 무엇을 해도 좋다는 자유도가 오히려 불편하게 느껴져서 정해진 루트대로 따라가는 형식을 좋아하는 게이머들도 있습니다.

이렇게 다양한 게임 중에 소규모로 개발 할 때는 피해야 할 장르는 있습니다. 게임 세계가 거대하거나 콘텐츠 양이 많으면 제작기간이 그만큼 길어지기 때문입니다. MMO, RPG, 어드벤쳐, 오픈 월드 같은 요소가 그것입니다. 반면 비쥬얼노벨이나 퍼즐게임은 비교적 간단하므로 소규모 개발에 맞는 장르라고 할 수 있습니다. 물론 이것은 대략적인 이야기일 뿐, 실제로 어떤 장르의 요소를 어떻게 압축적으로 집어넣느냐에 따라서는 예외도 가능합니다.

# CHAPTER 02

# 게임 개발의 개요

이제 게임을 개발하는 것에 관한 이야기를 해보겠습니다. 결국 여러분은 게임을 만들려고 하므로 제작 측면에서의 여러 가지 사정에 대해 알아야 할 필요성이 있습니다.

# 02
# 게임 개발의 개요

## SECTION 01 | 게임 개발의 모습 ▼

요즘엔 나 홀로 개발하는 1인 개발자에서부터 거대 게임기업인 닌텐도, 블리자드에 이르기까지 게임 시장에 뛰어들어 있는 제작자들의 형태가 다양합니다. 양극단 사이의 중간영역에 속해있는 중소규모 업체들도 부지 기수입니다. 각자 나름대로 개발 형편에 따라서 개발하는 모습은 많이 차이가 날 수밖에 없습니다. 소위 AAA 급 게임이라고도 칭해지는 대작게임 같은 경우는 200명~500명의 인원을 동원하여 1년~3년에 이르기까지 오 랜 기간 동안 개발을 합니다. 그러면 비용도 수백억에 이르는 천문학적인 수준이 됩니다. 반면 1인 혼자서 일 주일 만에 게임을 만들어내기도 합니다. 대부분은 이 양극단 사이의 어딘가에 위치할 것입니다. 보통 콘솔 게 임은 대작 아니면 인디게임이 많고, PC나 모바일 게임 쪽은 굉장히 스펙트럼이 넓습니다. 기본적으로 어떤 게 임을 만들던 10~20명의 인원은 필요한 경우가 많습니다. 기획, 프로그래밍, 그래픽 등 제작에도 인원이 소요 되지만, 제작 외에 그 인원들에 대한 인력관리, 사무실 관리, 예산관리 등 행정적인 업무도 있습니다. 여기에도 인력이 필요하며, QA (Quality Assurance)라고 하여 제작된 게임을 플레이하면서 검증하고 버그를 찾아내며 각종 수정할 점을 건의하는 일에도 인력이 필요합니다. 또 게임이 출시된 후 마케팅, 광고활동, SNS관리는 물 론 사용자들의 불만, 질문, 요구사항에 대해 응대를 하는 일도 있습니다.

## 1. 중, 대규모 개발의 경우

개발팀을 이뤄서 많은 사람들이 참여할수록, 분업화되고 각 분야에 특화된 전문가를 필요로 합니다. 각자가 자 신의 분야에서 최고로 퀄리티를 높일 수 있습니다. 게임의 다른 부분은 다른 팀원들이 맡아서 하므로, 자신은 자신의 분야에만 집중하면 되기 때문입니다. 이런 형태에서는 프로젝트 관리가 중요합니다. 수십 명, 수백 명 에 이르는 거대 팀원들을 관리하고, 일정을 짜고, 그들이 한 일의 결과물을 합치는 일이 굉장히 큰일이 됩니다.

보통 개발의 처음에는 상대적으로 적은 수의 사람들만 모여서 우선 게임 기획을 합니다. 어떤 게임을 만들 것인지 결 정하고 시장조사를 하며, 전체의 개발 스케줄을 설정하는 일을 합니다. 이 단계에서 게임의 프로토타입을 만들어 게 임의 재미와 기능에 대해 검증하기도 하며 여러 가지 예측과 조사를 합니다. 여기서 최종 기획서를 만들어 경영진 혹은 투자자에게 제작 여부를 문의합니다. 그래서 제작 결정이 나면 본격적으로 인력을 늘리고 개발에 착수하게 됩니다.

개발 후에는 제작 인력을 줄여 버그수정과 업데이트, 고객 응대 등에 필요한 최소인원만 남기고 나머지 인력은 다른 게임의 제작에 참여하게 되는 식입니다.

## 2. 소규모 개발의 경우

소규모로 개발을 할 때는 핵심적인 업무에 집중하는 것이 요구됩니다. 모든 업무를 다 할 수는 없습니다. 이를 위해 핵심이 아닌 업무들은 과감하게 생략해야 합니다. 게임 기획과 그래픽, 프로그래밍 외에 모든 업무는 사실 부수적인 것들에 해당한다고 할 수 있습니다.

이 때 중요한 점은 자신의 팀이 물리적으로 다 끝낼 수 없는 분량의 게임 기획을 해서는 안 된다는 점입니다. 대개의 경우 게임 기획을 할 때, 자르고 자르고 또 잘라서 게임의 핵심만 남겨놓고 모두 다 잘라내야 겨우 완성할 수 있는 정도의 게임이 됩니다. 이렇게 해서 개발에 걸리는 기간을 최대한 단축시키는 것이 중요합니다. 대략 한 게임을 개발하는 데에 소규모 팀의 경우 3~4개월이 적당하다고 봅니다. 게임 시장의 트렌드는 굉장히 빨리 변하므로 어느 한 게임을 오래 붙잡고 있으면 트렌드를 놓치기 쉽기 때문입니다. 물론 어떤 게임이 히트할 것이라는 확신만 있다면, 기간을 길게 잡아도 됩니다. 이를 위해서는 미래를 보는 눈과 경험이 필요하겠지요.

소규모로 제작을 하면 최종적인 게임의 모습이나 콘텐츠의 양도 굉장히 소규모로 될 수밖에 없는데 그럼에도 불구하고 사람들에게 어느 정도의 재미와 흥미를 주어야 한다는 조건을 만족시키지 못하면 당연하게도 게임의 수익화로 연결되지 않습니다. 규모가 최대한 작으면서도 사용자들을 만족시킬 수 있는, 이 2가지 조건을 모두 갖춘 게임을 만들어내야 인디게임은 살아남을 수 있습니다. 개발 기간을 짧게 하면서도 이 조건을 만족시켜야 하므로 여기서도 마찬가지로 게임 기획이 최대의 난제가 됩니다.

게임 개발이란 결국 소프트웨어 개발이며, 이는 전통적으로 시간이 오래 걸리는 일입니다. 일단 만들고 나서도 버그를 잡아야 하고 또 테스트를 많이 해야 하기 때문입니다. 또한 개발 과정에서 수많은 문제와 이슈가 생기게 됩니다. 그럴 때마다 기간은 더 늘어날 수밖에 없습니다. 따라서 위에서 쉽게 이야기했듯이 모든 과정을 통제하거나 컨트롤 할 수는 없는 것이 현실입니다. 결국 최종적으로 개발에 걸리는 기간은 초기에 상정했던 기간의 약 2배에서 3배 정도 걸리게 되는 경우가 많습니다. 따라서 이것까지도 감안하여 스케줄을 잡아야 할 것입니다. 현실적으로 1달 내에 개발을 끝낼 수 있는 게임을 기획해야 최종적으로 2~3달 정도 걸리면서 끝낼 수 있다는 얘기입니다.

# SECTION 02 | 나 홀로 하는 게임 개발의 방법 ▼

게임 시장이 재미있는 것은 꼭 대작게임에만 사람들이 열광하지는 않는다는 점입니다. 개인 개발자가 만든 게임도 얼마든지 성공할 가능성은 있습니다. 중요한 것은 기존의 게임들이 놓치고 있거나 약한 부분, 혹은 주지 못하고 있던 경험을 사용자들에게 주는 것입니다.

그럼 어떻게 게임을 개발하는 것이 좋을까요. 우선 자신의 현재 상황을 냉철하게 분석해야 합니다. 자신의 경제상황, 개발에 대한 지식과 경험의 정도, 시장의 상황, 만들고자 하는 게임의 모습 등을 고려해야 합니다. 게임이 최종적으로 완성되었다고 가정했을 때 그것이 재미있는 것인지도 먼저 판단해야 합니다. 타인의 도움도 받아야 합니다. 블로그나 SNS 등을 통하여 만들고자 하는 게임에 대한 정보를 조금 공개하여 다른 사람들의 반응을 살펴볼 수도 있습니다.

## 1. 개발자금의 문제

우선 게임개발에는 돈이 필요합니다. 혼자 개발하려고 해도 혼자 생활을 할 수 있을 정도의 돈이 필요합니다. 그래서 대부분의 경우 다른 직업을 가지고 부업으로 개발을 하거나 혹은 모아둔 돈을 쓰면서 하게 됩니다. 보통 게임개발이란 아무리 간단한 게임을 만든다고 해도 전업으로 해도 몇 달, 부업으로 하면 그 이상의 기간이 소요되는 일입니다. 사실 가장 좋은 것은 투자를 받는 일입니다. 게임의 기획서만 가지고 투자를 받을 수 있다면 그 이상 도움이 되는 일은 없습니다. 그러나 인맥 혹은 과거의 실적이 없는 대부분의 경우 투자를 받는다는 것은 힘든 일입니다. 나 혼자가 아닌 팀원이 늘어나면 더더욱 돈 문제가 커집니다. 우선 팀원들 모두 개발 기간 동안 경제적으로 생활이 가능해야 하는 문제가 있습니다. 누군가 돈을 벌기 위해 다른 일을 해야 한다면 다른 누군가는 프로젝트에 더 많은 시간을 쓰게 되는데 그럼 그 사람이 게임의 지분을 더 많이 가져가야 할 것입니다. 지분을 가지기로 하고 진행되는 프로젝트는 기간이 짧아야 합니다. 길어지면 서로 지치게 되고 흐지부지 되기 십상입니다. 이 개발자금을 어디서 조달할 것인지가 우선 결정이 되어야 합니다.

혼자서 혹은 팀원을 구해 협업으로 개발을 진행하게 되었다고 쳐도, 게임을 만들다 보면 외부의 리소스를 구입해야 되는 경우도 있고 외주를 맡겨야 하는 경우도 있습니다. 여기에는 반드시 돈이 들어가게 됩니다. 이 돈을 누가 어떻게 부담할지도 정해야 합니다. 정말 전혀 돈이 없는 경우라면 리소스도 무료로 쓸 수 있는 것을 가져다 쓰거나 직접 만들고, 외주는 아예 없이 진행하면 개발이 불가능한 것은 아닙니다. 그러나 이런 식으로는 게임의 그래픽 퀄리티는 좋을 수가 없습니다. 결국 디자이너가 돈으로든 지분으로든 끼어야 제대로 그래픽이 나올 것입니다.

## 2. 소규모 개발 시의 주의점

보통 혼자서 게임을 개발하려면 우선 클라이언트 프로그래밍에 관해서 공부하고, 게임엔진에 대해 알아야 합니다. 많은 게임엔진 중에서 본서에서는 현재 전 세계에서 소규모 개발에서 가장 많이 쓰이고 있는 유니티를 게임 엔진으로 선택하였으므로 유니티를 기준으로 설명합니다. 그리고 어떤 게임을 만들지 기획을 하고 그 후 유니티로 제작을 하고 프로그래밍을 짜면 됩니다. 이렇게 한 두 문장으로 적으면 굉장히 간단한 일입니다만 실제로는 프로그래밍과 게임엔진을 공부하는데 시간이 굉장히 많이 소요됩니다. 기존에 다른 프로그래밍 언어를 알고 있거나 다른 게임엔진을 다뤄봤다면 그 시간이 굉장히 단축될 수 있지만 그렇지 않고 새로 모든 것을 시작하는 분들의 경우에는 힘듭니다. 따라서 이런 경우에는 많은 것을 한꺼번에 알려고 하는 욕심을 버리고 딱 지금 현재 만들려고 하는 부분에 관계된 지식만 습득한다는 생각으로 차근차근히 나아가야 합니다. 유니티 엔진의 모든 부분을 먼저 공부하고 난 후에 게임을 만든다고 생각하면 1, 2년이 지나도 게임을 하나도 못 만들 수도 있을 만큼 공부할 양은 많습니다.

혼자서 한다면 말 그대로 기획, 그래픽, 사운드, 프로그래밍, 등록 및 고객 상대, 마케팅 및 홍보까지 모든 것을 혼자서 다해야 합니다. 따라서 몇 가지는 포기할 수밖에 없으며 특히 마케팅이나 홍보는 한계가 있습니다. 그래픽과 사운드는 사서 한다고 생각해야 하며 결국 기획에서 승부를 보고 프로그래밍만 익혀서 만드는 수밖에 없습니다. 그래픽이나 사운드를 직접 제작하는 경우도 있으며 이렇게 할 수 있다면 이쪽이 더 좋습니다. 자신의 의도대로 통일감 있는 리소스를 제작할 수 있기 때문입니다.

결국 스스로 훌륭한 게임 기획자 겸 게임 클라이언트 프로그래머가 되어야 합니다. 게임 기획이든 프로그래밍이든 전문적으로 한 분야에만 수십 년 올인 해도 모든 것을 다 알고 모든 것에 통달한 경지를 성취했다고 말하기 어려울 정도로 둘 다 끝이 없는 분야입니다. 절대로 만만하지 않으며 끝도 없는 독서와 전문가, 동료와의 교류 등을 통한 간접경험과 직접체험 및 수행을 통한 시행착오를 통한 배움이 필요한 분야들입니다. 모든 것을 다 잘하려고 욕심 낼 필요는 없으며 결국 둘 다 조금씩 알아야 하며 혼자 만들 때는 아무래도 기획보다는 프로그래밍에 더 중점을 둘 수 밖에 없습니다. 기획은 번득이는 영감이나 아이디어로도 어느 정도 커버가 되지만 프로그래밍을 모르면 정작 그것을 어떻게 구현할지 감이 잡히지 않기 때문입니다.

이렇듯 게임을 만들어서 출시하는 데에는 굉장히 많은 일이 필요하므로 팀원을 구하여 협업하는 것도 좋습니다. 이 경우는 지분 문제와 노동력의 문제를 잘 정해야 합니다. 일을 많이 하거나 기여도가 큰 사람이 지분을 더 많이 가져가야 합니다. 여기서 서로 조율이 되지 않으면 팀은 깨질 수밖에 없습니다.

소규모로 개발할 때 가장 주의해야 할 점이 게임 기획을 최대한 단순하고 간단하게 해야 한다는 점입니다. 기획하는 것이 한 개 늘어날 때마다, 그것을 다듬는 기획시간, 문서로 만드는 시간, 프로그래밍으로 구현하는 시간, 기존 기획과 결합하는 시간, 밸런스를 잡는 시간, 유저에게 설명하는 부분을 제작하는 시간, 매뉴얼에 넣는 시간, 홍보물에 넣는 시간, 등등 처리해야 할 일이 최초에 생각했던 것의 거의 5배, 10배의 양이 되어 같이 따라오게 됩니다. 그러니 그동안 수없이 강조했던 것처럼, 게임 기획은 정말 다 쳐내고 애초에 생각했던 아이디어의 핵심을 표현할 수 있는 것만 남겨야 합니다.

# SECTION 03 | 게임 개발 프로젝트의 관리 ▼

개발기간을 어떻게 설정하고, 개발자금을 어디서 조달하며, 실제의 개발을 어떤 순서로 어떤 스케쥴에 따라 수행할 것이며, 어떤 인력을 추가로 쓸 것인지 등을 결정하고 관리하는 일이 있습니다. 혼자서 하거나 소규모로 제작을 한다고 해도, 이런 사전계획은 반드시 필요합니다. 이런 계획도 없이 그냥 무작정 개발을 시작할 경우 개발 기간이 한없이 늘어지거나 필요 이상의 돈이 들어가거나 하게 됩니다.

## 1. 개발 기간의 산정

어떤 게임을 만들고자 게임 기획을 했다면, 다음으로 그것을 만드는데 어느 정도의 기간이 걸릴 것인지 따져봐야 합니다. 현재 자신이 가지고 있는 개발 여력이 어느 정도인지, 팀원은 존재하는지, 몇 명인지, 여기에 기반해서 제작기간을 산출하기 위해서 만들려고 하는 게임의 각 요소를 쪼갭니다. 최대한 세세하게 분할합니다. 가령지금 만들고자 하는 A라는 게임은 RPG 게임으로서, 캐릭터 몇 개, 몬스터 몇 개, 배경 몇 장, 모델링 몇 개, 일러스트 몇 장이 필요하며, 게임 시스템의 종류 및 기능의 세부 명세서를 작성하여 이를 구현하는 프로그래밍에 걸리는 시간, 게임 기획에 걸리는 시간 등등 게임을 완성하는 데 요구되는 작업의 구체적인 종류와 개수를 세세하게 분할한 다음, 각 요소별로 작업하는데 얼마의 시간이 걸릴 것인지 산출합니다. 이것을 정확하게 하려면 많은 제작경험이 필요합니다. 처음에는 그냥 대강의 감으로 산출할 수밖에 없습니다. 이렇게 각 요소별로 소요되는 시간을 산출했다면 그것을 모두 합치고, 이 수치를 자신이 혹은 자기 팀이 개발에 투자할 수 있는 하루중의 평균적인 시간으로 나누면 개발기간이 나올 것입니다. 이 수치에서 다시 곱하기 2~3을 하면 실제로 걸리는 기간이 됩니다. 곱하기 2~3을 하는 이유는 실제 개발하면서 여러 가지 예상치 못했던 문제들이 생기게 마련이고, 또 팀원의 개인신상에도 여러 가지 일들이 생기며 이럴 때마다 기간은 지연될 수밖에 없기 때문입니다.

다음으로는 이렇게 산출된 제작 기간이 과연 자신이 혹은 자신의 팀이 부담할 수 있는 수준인지 따져봐야 합니다. 그 기간 동안 제작비는 어떻게 조달하며 자신과 팀원의 생활비는 어떻게 할 것인지 등 개발자금의 문제가 있습니다. 또한 이 개발시간은 기회비용이기도 합니다. 이것을 개발할 때 다른 모든 것은 못하게 되므로, 이것이 그 정도로 가치 있는 일인지도 따져봐야 합니다. 이 부분은 개인마다 가치 판단이 달라질 수 있습니다.

만약 산출된 제작 기간이 자신이 부담할 수준이 아니라면, 그 게임 기획을 포기하거나 축소 수정해야 합니다. 이는 굉장히 고통스럽고 힘든 결정을 요구합니다. 기획을 잘못 축소하면 핵심재미를 구현하지 못하게 되고 그럼 결국 사용자들의 인기를 끌지 못하는 결과로 이어질 수 있기 때문입니다. 그렇다고 해서 축소하지 않으면 완성하지 못할 게임을 기획하는 것이 되어버립니다. 그러니 제작기간과 여력의 문제를 첫 번째로 놓고 냉정하게 고려해야 합니다. 자신의 여력 하에서도 만들 수 있는 게임은 무한대에 가까울 정도로 많습니다. 상상력의 문제일 뿐입니다.

## 2. 실제 개발 시의 프로젝트 관리

이렇게 하여 어떤 게임을 만들지 결정이 되었다면 남은 것은 실제로 그 기획대로 제작하는 일입니다. 이는 유니티 엔진과 프로그래밍 기술의 문제가 되는데 여기서도 난관이 수도 없이 발생합니다. 특히 자신이 지금까지 만들어보지 않았던 게임을 만들 때는 더 그렇습니다. 만들어보지 않았던 시스템, 코드, 문법을 구현해야 하므로 시행착오가 발생할 수밖에 없습니다. 정말 사소하게 보이는 문제 하나라도 그것의 구현방법을 모르면 자료를 인터넷 검색 등으로 찾아야 하는데 쉽게 못 찾는 경우도 있습니다. 이러면 그 문제 하나를 해결하는 데에만 며칠씩, 심하게는 몇 주씩 소요되는 경우도 비일비재합니다. 최악의 경우는 이 문제 때문에 개발 중단이 될 수도 있습니다. 이런 경우에는 타협을 해서 해당 시스템을 수정하거나 삭제하는 식으로 게임 기획을 수정하는 수외에는 없습니다. 따라서 제작 기간의 단축이 중요하다면, 최대한 자신이 예전에 만들어봤던 게임과 비슷한 게임을 만드는 것이 유리합니다.

혼자서만 만드는 것이 아니라 여러 사람하고 공동작업을 하거나 외주를 맡기게 되었다면 그들의 관리도 필요합니다. 큰 조직이라면 프로젝트 관리자가 전담하여 관리만 맡아야 할 정도로 일이 많습니다. 소규모에서는 결국 프로젝트 책임자가 관리까지 맡아야 합니다. 구체적으로는 작업자들에게 작업해야 할 일을 정해주어야 합니다. 가령 그래픽 외주를 맡겼다면, 그림 일러스트 몇 장, 3d 모델링 몇 개를 언제까지의 기한으로 작업 하라고 지시해야 합니다. 게임의 전체적인 기획과 그래픽 방향을 설명해주는 일도 해야 합니다. 또한 행정적인 일도 있습니다. 예산계획을 수립하고 예산을 지출하며 지출내역을 정리, 기록해야 합니다.

이런 프로젝트의 관리를 계획대로 잘 해내야만 게임의 개발이 순조로워집니다. 그러나 너무 여기에만 신경을 써도 실제 게임개발에 필요한 노력이 분산될 수 있으므로 주의해야 합니다. 조직에서 이 일만 전담하는 경우가 아니고 다른 개발도 병행하고 있는 경우라면 특히 더 그렇습니다.

결국 개발을 실제로 수행하다 보면 계획대로 가는 경우는 거의 없고 현실에 맞춰서 가기 쉽습니다. 기간은 점점 늘어지고 예상치 못했던 일상의 사건들도 계속 발생합니다. 사실 더 심각한 문제는, 게임이 점점 만들어져 가는데 게임이 재미없다고 혹은 재미가 애초에 생각했던 것보다 떨어진다고 판명이 되는 경우입니다. 이런 경우를 피하기 위해서 프로토타입을 만들고 다른 게임을 참고로 하고 해왔지만 결국 이런 일이 생기는 경우도 많습니다. 게임 기획의 실패입니다. 이러면 개발을 계속 끌고 가기도 애매하고, 중단하자니 지금까지 투자해온 시간과 돈이 아쉽습니다. 이 문제 때문에 게임 기획이 그렇게나 중요하고 아무나 해서는 안 되는 일인 것입니다. 혼자 개발할 때는 차라리 대처가 쉽습니다. 그냥 과감하게 포기하고 원점에서 다시 시작하면 됩니다. 시장성이 없는게 명백한 게임은 끝까지 만들어봤자 결국 손해일 뿐입니다. 그 게임에 대한 특별한 애정과 사명감이 있다면 모를까 그렇지 않다면 다른 게임을 만드는 것이 좋습니다. 실패에 대한 경험이 쌓일수록 이런 문제가 생기는 여지도 더 줄일 수 있게 될 것입니다.

# SECTION 04 │ 게임의 상업성 판단 ▼

게임제작에 있어서 가장 중요한 판단이 상업성 판단입니다. 하루에 수백 개씩 게임이 쏟아지고 있는 현재 상황에서 어떻게 내 게임을 팔리게 만들까요. 이 난제를 어떻게 극복해야 할까요. 이하에서 다각도로 살펴보고자 합니다. 취미로 게임을 만들거나 비상업적인 게임을 만드는 경우에는 아래 내용에 그다지 신경 쓸 필요는 없습니다.

## 1. 게임 시장

이 게임이 과연 시장에서 먹힐 만한지, 즉 돈이 될만한지 판단해야 합니다. 결국 어떤 게임을 만들었는데 그게 재미가 없거나 크게 흥미를 끌지 못한다면 상업적으로는 실패입니다. 게임의 재미는 스토리, 그래픽, 시스템 등 여러 측면에서 사용자가 느낄 수 있는 것이며, 그 수준도 매우 다양합니다. 아직 만들지도 않은 게임이 과연 최종적으로 만들어졌을 때 어떤 재미를 얼마만큼 줄 수 있을지 정확하게 판단하기는 매우 어렵습니다. 그렇지만 별로 재미없는 게임이라면 만들어봤자 크게 반향을 일으키지 못하고 묻힐 것입니다. 그런 게임은 만들지 않는 것보다 못하다고 생각할 수도 있습니다. 따라서 게임의 최종적인 형태에 대한 평가, 그것이 시장에 나왔을 때 돈이 될 것인지 아닐 것인지 예측하는 것이 가장 중요한 일이 됩니다. 이것을 완벽하게 할 수 있다면 더할 나위 없는 것이지만 게임 시장의 트렌드와 선호 역시 계속 변하고 있으므로 앞으로 무엇이 흥행할지 예측하는 것은 경험도 필요하고 직관력도 필요한 일입니다. 미래를 완벽하게 예측하는 것은 신의 영역입니다. 하지만 인간의 노력과 성취의 수준에 한계가 있다고는 생각하지 않습니다.

처음에 공부 겸 연습 삼아 몇 개 만들어보고 출시해 볼 때는 이런저런 문제로 고민할 필요는 없습니다. 그냥 자기 좋을대로 만들면 그만입니다. 그러나 이 일을 직업으로 삼는다면, 게임을 어떻게 하면 수익으로 연결시키느냐에 대한 문제는 매우 심각하며 피해갈 수 없이 부딪혀야 할 문제입니다.

게임 시장은 처절하게 냉정합니다. 여기에는 그 어떤 비합리적인 요소나 감정적인 요소가 끼어들 여지가 없습니다. 유저는 제각각 게임에 대해 반응하며 게임을 평가합니다. 그리고 과연 돈을 지불할 것인지에 대해 나름대로 수많은 판단을 하게 됩니다. 종합적으로 게임의 어떤 요소든 최소한 뭔가가 마음에 들어야 돈을 지불합니다. 어떨 때 유저가 게임에 돈을 쓰는지, 특히 자기 게임에 돈을 쓰게 할 수 있는지, 나름대로 직접 부딪혀 경험을 얻고 통찰력을 기르며 다음 게임의 개발에 반영시켜야 합니다.

시장이 냉정하다는 게 무슨 의미일까요. 가혹하고 차갑고 엄격하다? 그런 면이 있습니다. 그런데 재미있는 게임에 대해서는 열광적일 정도로 긍정적으로 반응하는 것 또한 시장입니다. 시장이 냉정하다는 것은, 게임의 가치에 대한 판단이 무서우리만치 정확하고 그것은 곧 판매량으로 돌아온다는 점입니다. 게이머 입장에서 게임을 만드는 사람에 대한 것은 일절 고려대상이 아니고, 오직 게임은 그 자체로서만 저울에 달듯이 평가한다는 것입니다. 또한 시장은 시시각각 변하고 있습니다. 유저들의 취향도 변하고 있고, 또 계속 기존의 게임과 그 시스템, 문법과 스토리에 노출되고 있고 그것들에 질리고 있습니다. 비슷비슷한 것들만이 나오고 있기 때문입니다. 시장은 살아있는 생물과도 같습니다. 게임 시장에서 아무리 과거의 흥행작을 보아도, 그것이 다음 흥행작을 보증해주는 것은 아닙니다. 시장이 냉정하다고 해서 무조건 겁먹을 필요는 없습니다. 참신한 기획이나 나름의 재미를 보여준다면, 소규모로 만든 게임이더라도, 큰 규모의 게임보다 더 재밌다는 유저들의 평가가 돌아오는 곳이기도 합니다.

아무튼 어떤 방법을 쓰든지 최단시간 내에 재미있는 게임 기획을 발견하거나 만들어 내는 것이 중요합니다. 시장을 나름대로 체험하고 그 와중에 자신만의 게임의 성공요소에 대한 철학을 확립해 나가는 것이 중요합니다. 결국 시간이 흐르는 것에 따라서 시장은 계속 변하고 게임도 계속 변해갈 수밖에 없습니다. 여기에 과거의 지식은 참고만 할 뿐 결정적인 것이 될 수는 없습니다.

## 2. 게이머

그럼 어떤 때 유저는 게임에 돈을 쓸까요? 먼저 게임에 접해야 하겠죠. 어떤 게임이 있는지 모르면 이야기가 시작이 되지 않는 것입니다. 이건 당연한 전제조건입니다만 소규모 개발에서는 대부분 이 벽에 가로막힙니다. 홍보도 거의 다 돈이 있어야 하는데 그런 돈이 없기 때문이죠. 결국 많은 사람들에게 알려지지도 못한 채 묻힙니다. 그러나 예외는 있어왔습니다. 게임 그 자체의 남다른 재미와 기획 등으로 소수의 유저들로부터라도 입소문을 타거나 하는 경우입니다.

아무튼 게이머가 게임을 접했다면, 다음으로는 그 게임을 좋아하게 되어야 합니다. 그 게임의 세계와 사랑에 빠져야합니다. 거기에 직접 뛰어들어 체험해보고 싶다는 감정을 불러일으켜야 합니다. 그럼 돈을 쓰는 것은 자연스럽게 따라오게 되어 있습니다. 그럼 어떻게 이런 감정을 불러일으킬까요? 겉으로 드러난 게임의 요소를 보고, 게이머가 생각하게 되는 지점, 생각을 펼쳐가는 부분, 여기에 해답이 있습니다. 게임을 보고, 접하고 게이머는 무슨 생각을 할 것인가? 그 게임에서 얻을 것이 있다고 생각할 것인가? 그 세계가 열려있고 게이머 자신의 개입으로 변할 것이라고 생각할 것인가? 실제로 게임이 그렇게 변하는가? 그리고 그 변화가 생각만으로도 흥분되고 빨리 체험해보고 싶다는 마음을 들게 하는가? 이런 지점이 핵심적인 포인트입니다.

그리고 게이머들에 대한 기본적인 통계는 조사해볼 필요가 있습니다. 현재 게임 시장에서 게임을 주로 어떤 사람들이 플레이하고 있는지, 성별, 연령대, 국적, 선호 장르 등에 대한 정보는 널리 공개되어 있기도 하고, 쉽고 빠른 시간내에 얻을 수 있는 정보들이므로 참고하여 자신의 게임 기획에 활용하면 됩니다. 아래에서 필자가 조사한  몇 가지 정보를 첨부합니다.

## 모바일 게이머의 나이대 분포

■ 16~24세  ■ 25~34세  ■ 35~44세  ■ 45~54세  ■ 55~64세

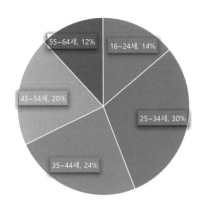

## 성별에 따른 가장 선호하는 게이밍 기기

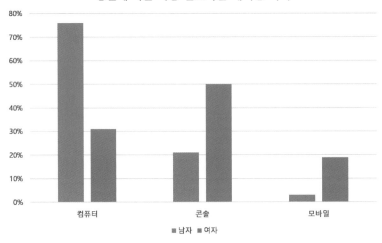

## 폭력적 혹은 비폭력적 게임에 대한 선호도

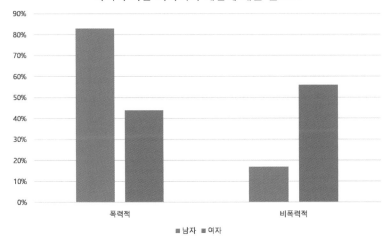

성별에 따른 가장 선호하는 모바일 게임 장르

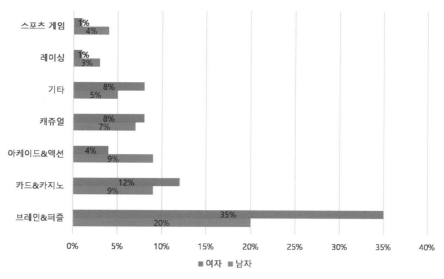

## 3. 게임의 재미

결국 게임은 재미가 있어야 하는 건데 게임의 재미란 과연 뭘까요? 여기에도 수많은 경우와 요소가 있습니다만, 소규모에서 구현할 수 있는 것으로는 역시 기획입니다. 먼저 게임의 테마나 소재의 면에서 수많은 다른 게임들이 주지 못하고 있는 체험, 경험, 소재를 제일 먼저 제공하면 됩니다. 또한 게임의 시스템의 면에서, 게임이 변화무쌍하고 유동적일수록 좋습니다. 게이머가 게임 안에서 할 수 있는 일이 많을수록 좋다는 말입니다. 게임 안에서 뭔가 기존에 없던 새로운 것을 만들어낼 수 있는 게임일수록 유저가 빠질만한 좋은 게임이 될 확률이 높아집니다. 결국 유저가 게임에 재미를 느낄 때란 사실 매우 다양하며 사람에 따라서도 다릅니다만, 필자가 생각하기로는 사용자가 자기 자신을 게임에 감정이입하고 자신의 뭔가의 노력으로 인해서 게임 안에서 어떤 성취를 이뤄냈을 때, 자기 자신에 대해서 뿌듯함과 자랑스러움을 느끼는 경우에 재미를 느끼는 것 같습니다. 이런 체험이란 반드시 게임이 거대하거나 치밀해야만 느낄 수 있는 것은 아닙니다. 극히 단순한 게임도 충분히 이런 경험을 제공할 수 있습니다.

그런 예로 테트리스 게임이 있지요. 테트리스는 소규모 개발이면서도 성공한 게임으로서의 완벽한 예시입니다. 테트리스는 게임 아이디어 하나로 성공하는 것이 가능하다는 것을 보여주었습니다. 그러나 주의해야 하는 것은, 지금와서 테트리스나 흔해빠진 3-매치 퍼즐(같은 모양 3개를 맞추면 터지는 게임류들)을 따라 만들어서 그와 같은 성공을 할 수는 없다는 겁니다. 테트리스가 나왔을 시점에 그런 게임은커녕 그런 류의 게임도 존재하지 않았다는 사실이 핵심입니다. 이 점을 놓치면 전체를 놓치는 것이 됩니다. 즉 지금 만들어서 테트리스처럼 성공하려면 테트리스와 마찬가지로 지금까지 없었으면서도 단순하게 만들 수 있는 것이어야 한다는 겁니다. 또한 그게 최종 사용자 입장에서 재미가 있어야 하는 것은 언급할 필요도 없이 당연한 일입니다. 그럼 어떻게 그런 게임을 생각해내고 만들까요? 이건 누구도 가르쳐 줄 수 없는 문제고 스스로 부딪혀 풀어가야 할 과제입니다.

이 외에도 재미에 영향을 미치는 많은 요소들이 있습니다. 스토리나 그래픽도 그런 요소 중의 하나가 될 수 있습니다. 스토리가 뛰어나거나 그래픽이 탁월하거나 애니메이션, 그래픽 이펙트가 화려하면 게임을 할 때 더 재미를 북돋아 주기도 합니다. 그러나 이런 요소들은 영화나 소설 등에서도 동일하게 활용되는 요소입니다. 그리고 시각적인 부분은 반복적으로 플레이하다 보면 곧 질리게 됩니다.

유저의 개입을 가장 큰 특징으로 하는 게임에서는 게임성이라는 단어로 표현되는 게임만의 독특한 특징이 가장 중요하며, 이 점을 중점적으로 부각시켜야 유저로 하여금 지속적인 재미를 느끼게 만들 수 있습니다. 이 유저의 개입을 어떻게 더 풍부하고 의미 있게 만들 수 있느냐가 게임성에 곧 직결되는 문제입니다. 유저의 개입의 정도도 게임에 따라 천차만별이지만, 일반적으로는 이 개입이 게임의 여러 요소에 전방위적으로 가능할수록, 더 깊게 가능할수록 좋다고 할 수 있습니다. 그러나 이런 선택지를 전부 다 일일이 만드는 것은 그만큼 제작부담도 커진다고 할 수 있으므로, 제작부담을 최소한으로 줄이면서도 유저의 선택의 폭과 깊이는 크게 할 수 있도록 궁리하는 것이 필요합니다.

# 4. 프로토타이핑

아무튼 게임을 재미있게 만들어야 하는데, 아직 미완성의 게임을 가지고 게임의 재미를 머릿속에서만 예측하는 것은 힘든 일이므로, 프로토 타입을 만들어 실제로 게임을 해보면서 예측해보는 일을 업계에서는 많이 합니다. 프로토 타입이란 시험적으로 만들어낸 원형으로서 게임의 핵심적인 뼈대만 만들어서 이것을 가지고 플레이 테스트를 하는 것입니다. 그래서 이 단계에서 별로 재미가 없다면 게임 기획을 수정합니다. 다 만들고 나서 재미가 없다고 판명되어 게임을 수정하는 것보다 일찍 발견할 수 있으므로 훨씬 더 쉽게 수정이 됩니다.

프로토 타입을 제작하는 데 걸리는 시간은 소규모 게임의 경우, 약 1~3일 정도로 끝낼 수 있도록 해야 합니다. 프로토 타입 제작도 한 번으로 끝나는 일이 아니며 여러 번 반복될 수 있고, 또 그것이 그대로 실제 제작으로 이어질지도 확실하지 않은 상황에서 많은 시간을 투입하는 것은 부담이기 때문입니다.

아무튼 프로토 타입을 만들어서 실제 플레이를 해보면 상상만 하던 때와는 다르게 다양한 세부 사항들이 파악됩니다. 이 단계에서도 재미가 느껴지지 않는다면 과감히 그 기획은 포기하거나 수정해야 합니다. 그래서 보통 프로토 타입도 여러 번에 걸쳐서 만드는 경우가 많습니다.

그런데 이 프로토 타입을 만드는 일조차 시간과 노력이 요구됩니다. 소규모 제작팀에서는 힘들 수 있습니다. 그래서 이미 출시되어 있는 게임 중에서 핵심적인 시스템이나 장르의 문법을 그대로 차용하되 자기들만의 시스템이나 기획을 수정, 추가하는 식으로 개발하면 비교적 안전하다고 할 수 있습니다. 그러나 기존 게임의 시스템의 핵심을 그대로 차용한다는 점에서는 마이너스입니다.

프로토타이핑이란 결국 게임의 룰에 대한 검증작업입니다. 게임의 어떤 룰이 재미있을지 확신할 수 없다면 보드게임 형태나 혹은 주사위나 종이 등을 가지고서라도 뭔가 형태를 만들어 기획자 여러 명 혹은 베타테스터 등에게 공유하여 플레이하게 하고, 피드백을 받는 것입니다. 이런 과정에서 다양한 의견을 수렴하고 게임이 너무 복잡하다든지 너무 단순하다든지, 혹은 이렇게 수정해야 더 재밌게 될 것 같다든지 하는 다양한 의견을 얻을 필요가 있는 것입니다. 이런 과정을 거쳐야 게임의 룰이 더 세련되어지고 풍부해지며, 그렇게 될수록 게임이 최종적으로 완성되었을 때 높은 평가를 받고 또 수익으로 연결될 가능성도 그만큼 커지는 것입니다.

## 5. 결론

결국 게임의 시장성 판단은 어떻게 해야 할까요? 우선 생각해봐야 할 점은 유저는 개발자의 의도대로 게임을 플레이하지는 않는다는 겁니다. 개발자가 한 생각과 추측은 완전히 실제와 다른 경우가 많습니다. 따라서 경험해보지 않은 문제를 섣불리 판단해서도 안 됩니다. 철저하게 자신의 기대와 감정은 배제시켜야 합니다. 개발자는 개발하면서 스스로 알 것입니다. 스스로 플레이해봤을 때 그다지 재미가 없다면, 유저도 마찬가지로 그 점을 지적할 것이고, 어떤 부분에서 재미가 떨어지면, 역시 유저도 그 점을 느낄 것입니다. 즉 개발자 스스로 게임을 플레이 하면서 '재미있다.' 내지는 '계속 플레이하고 싶다.'라는 생각이 진짜로 들어야 할 것입니다. 자신의 게임이니까 그런 생각을 하고 싶어서 착각하고 있는지 아니면 진짜 객관적으로 그런지는 스스로 알 것입니다.

주변 사람들의 의견도 많이 들어봐야 합니다. 어떤 게임을 좋아하는지, 왜 좋아하는지, 어떤 게임을 만들어야 될지, 등등의 주제에 대한 의견이 참고 되는 경우가 많습니다. 하지만 결국은 개발 측이 주체적으로 정할 수밖에 없습니다. 성공적인 게임은 항상 그 시대 사람들의 기대보다 약간 앞서는 것이었고 사람들이 예전에 모르던 것이었습니다.

게임을 만드는 길은 길이 없는 와중에 스스로 길을 찾고 만들어 가야 합니다. 그렇지 않고 남이 이미 닦아놓은 길만 가려고 하면 이미 그 자리에 있던 손님들은 다 떠나고 없을 뿐입니다. 이 길은 과거를 쫓고 돈을 쫓고 두려움을 쫓는 길입니다. 그러면 손님들은 개발자의 그 생각의 냄새를 맡고 진저리치며 떠나겠지요. 앞서가는 게임을 베낀 게임은 거의 대부분 이런 결말을 맞이했습니다. 그럼에도 불구하고 그 길을 선택할 수밖에 없는 게 대부분 게임제작의 현실입니다. 여러분께서는 어느 길을 선택하시겠습니까?

돈 문제는 전혀 생각지 않고, 순수하게 게임의 재미에 집중한 게임 기획과 그 기획에 대한 과감한 투자가 오히려 인기를 끌고 결국 돈은 자연스럽게 따라오는 사례도 많습니다. 이것이 진정한 게임 개발의 정도(正道)겠지요. 먼저 기획자는 자기 자신에 집중해야 합니다. 남이 뭘 원하는지 시장이 뭘 원하는지 아무리 따져보고 생각해봐야 새로운 것은 절대로 나오지 않습니다. 자기 자신에 집중하고 뭘 만들고 싶은지 진지하게 자문해볼 때, 답은 구해질 것입니다. 그 이후에는 그것을 믿고 따르느냐 마느냐의 문제가 남겠지요. 말은 쉽지만 정도(正道)는 가기가 매우 힘든 길입니다. 실패라는 죽음을 각오해야 하는 길이니까요. 돈이 없으면 곧 죽음과 동일시되는 현 사회에서 그것을 극복하기란 매우 힘든 일입니다. 하지만 불가능도 아닙니다.

상업성 판단이란 곧 경영판단과도 유사합니다. 데이터나 책, 타인의 의견에서 답을 구하는 것이 아니라, 그것들을 참고로 하여 최종적으로는 비논리적인 어떤 자신의 직감, 영감에 의존해야 하는 경우가 많습니다. 왜냐

하면 데이터들은 모두 과거의 죽은 지식에 불과할 뿐이고, 자신이 싸워야 할 대상은 항상 현재, 미래이며 이는 끊임없이 실시간으로 변화하고 있기 때문입니다. 경영은 실전이며, 실제 현장에서 벌어지고 있는 전쟁입니다. 자신이 어떤 제품을 내놓았을 때, 그것을 어떻게 팔리게 할 것인가라는 중차대한 문제는 미래를 보는 혜안과 사람들의 심리를 정확히 꿰뚫는 지혜를 갖추지 않으면 안 됩니다. 또한 그 비물질적인 감을 믿고 자신이 가진 돈, 시간 등 물질적인 투자를 아낌없이 할 수 있는, 죽음을 각오하는 용기도 필요합니다. 그것이 최종적으로 실패했을 때 오는 결과에 대한 책임도 감수할 준비가 되어 있어야 합니다. 그 결과의 엄중함에 망설여진다면 아직 준비가 안 된 것입니다.

이상을 추구하는 것은 좋지만 항상 자신의 두 발로 딛고 서있는 그 자리에서 시작할 수밖에 없습니다. 이상만 쫓다가는 현실이 무너지기 십상입니다. 돈의 힘에 무너지는 것이지요. 자신을 믿고 지지하고 함께 일을 해나갈 동료들이 필요한 순간입니다. 진짜 이상을 좇았고 그리고 그 결과물을 내놓을 수만 있다면 그 이후는 시장이 판단하고 평가해줄 것입니다. 정말 이상을 추구하고 있는 중이라면 만드는 와중에 이 게임을 시장에 내놓으면 평가가 긍정적일 것이라는 것을 완벽하게 예측할 수 있는 시점이 올 수도 있습니다. 그럼 상업적 성공에 대한 확신도 100%가 됩니다. 그럼 결과는 이미 보장된 것이나 다름없으니 진정으로 그 너머를 추구할 수 있습니다. 바로 이 지점이 그 괴물 같은 힘을 가지고 있는 돈을 앞서나갈 수 있는 지점입니다. 그리고 그 지점을 넘어서면 이미 돈은 문제가 아니게 됩니다.

궁극적인 상업적 판단은, 결국 게임을 기획하는 사람, 만드는 제작자 스스로 자기 자신에게 물어볼 수밖에 없습니다. "만약 이 세상 모든 사람들이 다 없어지고 이 게임을 만들고 있는 우리들만 살아남는다면, 그래서 이 게임을 할 수 있는 사람이 우리밖에 없다면, 그때에도 우리는 이 게임을 재미있게 플레이할 수 있을 것인가? 이 게임을 사줄 사람이 우리밖에 없다면 우리는 이 게임을 살 것인가?" 이 질문에 Yes인가요 No인가요. 그런 게임을 만들기 위해서는 어떻게 해야 할까요? 바로 이게 궁극적인 상업성 판단이라고 보면 될 것입니다. 그리고 세상 모든 사람들을 속일 수는 있어도 자기 자신은 절대로 속일 수 없다는 사실만 염두에 두고 있으면 됩니다.

게임 산업에서 일본뿐만이 아니라 세계에서 손꼽히는 대기업을 일으킨 닌텐도의 창업주인 야마우치 히로시는 게임 산업에 대해 이렇게 말했습니다.

僕たちのビジネスというのは、勝ったら天に昇るけれども、負けたら地に沈む。
"우리의 비즈니스라고 하는 것은, 이기면 하늘로 올라가지만 지면 땅속으로 꺼져 버린다."

# CHAPTER 03

# 게임 개발 환경의 정비

프로젝트의 계획을 수립하고 제작을 결정했다면 실제로 게임을 만들어야 합니다. 이때 사용하는 툴로서 유니티 엔진을 설치합니다. C#코드를 작성하는 에디터로서 비쥬얼 스튜디오도 설치합니다. 그리고 개발 시에 참고해야 할 여러 사이트, 포럼, 자료검색 방법 등에 대해서도 알아봅니다.

# 03
# 게임 개발 환경의 정비

## SECTION 01 │ 유니티의 개요 및 장단점

유니티(Unity)는 게임엔진의 한 종류입니다. 게임엔진이란 게임을 만드는 툴 프로그램입니다. 먼저 게임엔진을 실행시킨 후에 여기서 게임을 만들게 됩니다. 유니티는 현재 전 세계에서 가장 많은 개발자들이 선택하고 사용하고 있는 게임엔진이며 공식 사이트는 www.unity3d.com입니다. 유니티는 상대적으로 쉬운 사용 방법과 무료라는 획기적인 가격 정책 덕분에 인기를 끌게 되었습니다. 현재 게임엔진 시장의 45%를 점유하고 있으며 유니티를 도구로 채택하고 있는 개발자의 비율도 45%를 차지하고 있습니다.[1]

## 1. 유니티의 장점

유니티는 멀티 플랫폼을 지원합니다. 즉 하나의 게임을 만들어 놓으면 그것을 모바일, PC, PS4, XBOX, Nintendo 등 여러 플랫폼으로 쉽게 컨버팅하여 출시할 수 있다는 뜻입니다. 또 툴 자체가 직관적이고 쉽게 사용할 수 있도록 되어 있으며, 다른 게임엔진에 비해 크게 복잡하거나 하지는 않습니다.

또한 에셋 스토어라고 하는 유니티에서 사용할 수 있는 각종 그래픽, 사운드 에셋, 미들웨어 시스템 등을 파는 장터가 있습니다. 여기에는 전 세계의 누구라도 에셋들을 제작하여 유니티 측의 심사를 거쳐 등록할 수 있고(심사 결과 반려되는 경우도 있습니다) 또 누구라도 이런 에셋들을 돈을 주고 구입하여 자신의 게임을 만드는데 사용할 수 있습니다. 현재 이 시장이 굉장히 활성화가 되어 있어 어떤 종류의 에셋이라도 구하기가 쉬우며 이는 소규모로 게임제작을 하는데 큰 도움이 됩니다. 외주를 맡기거나 사람을 고용해서 제작하는 비용에 비해 10분의 1, 100분의 1정도의 낮은 가격으로 리소스들을 구할 수 있기 때문입니다. 이 부분이 유니티의 결정적인 장점이라고 해도 좋을 정도입니다.

유니티 커뮤니티가 활발하게 활동하고 있다는 점도 장점입니다. 전 세계에서 사용자가 많다는 것은 포럼이나 카페 게시판에서 많은 개발자들이 질문이나 토론 글을 올리면서 교류하고 있다는 것입니다. 포럼에 질문을 올

---

1 더 자세한 정보는 http://unity3d.com/kr/public-relations 참조

리면 상당히 빠른 시간 내에 답변이 달립니다. 이는 개발을 하면서 부딪히게 되는 수많은 의문점과 문제들을 해결하는데 결정적인 도움이 됩니다. 그리고 구글(Google)에서 유니티 관련 문제에 대해 검색을 하면 의외로 많은 사람들이 이미 예전에 겪었던 문제들인 경우가 많으며 그에 대한 자료나 해결책도 많이 쌓여 있습니다. 이런 자료 찾기의 용이성도 큰 장점입니다.

## 2. 유니티의 단점

그럼 유니티는 좋기만 한 엔진인가 하면 꼭 그렇지는 않습니다. 유니티는 프로그래밍 언어로 C#을 쓰며 이는 마이크로소프트 사의 .net(닷넷) 프레임워크 위에서 돌아가는 언어입니다. 즉 기계가 C#을 이해하기 위해서는 중간에 해석하는 단계를 하나 더 거쳐야 하므로 C++이나 C언어보다 속도가 느립니다. 이 점은 C++을 프로그래밍 언어로 쓰는 언리얼(Unreal) 엔진에 비해서 게임의 속도가 느린 원인이 됩니다. 유니티가 지원하는 또 다른 언어인 자바스크립트(Javascript)를 써도 역시 마찬가지로 유니티 엔진 자체에서 한 단계 중간언어를 거쳐서 기계와 연결되게 되므로 느린 것은 동일합니다. 속도가 느리다는 것은 게임엔진으로서는 치명적일 수 있습니다. 게임이 낮은 사양의 디바이스에서도 빠르게 돌아가는 것은 게임성을 논하기에 앞서 기본적인 문제이기 때문입니다. 물론 간단한 게임을 만들 때에는 이런 차이를 느끼기 어렵기 때문에 상관없지만 항상 간단한 게임만 만들게 되는 것은 아닙니다.

또 그래픽 퀄리티가 그렇게 훌륭하지는 않습니다. 언리얼 엔진으로 만든 게임과 비교해보면 격차가 확연히 드러날 정도로 그래픽은 뒤떨어져 보입니다. 유니티도 최근에 업데이트를 통해 그래픽 퀄리티 향상을 눈에 띄게 이루어 왔으나 아직까지 언리얼에 비해서는 못 미칩니다. 그래서 그래픽 퀄리티를 중요시하는 대작게임에서는 언리얼 엔진 혹은 자체개발 한 엔진을 쓰곤 합니다.

그리고 유니티는 게임 엔진 자체에서 지원하는 툴이나 기능이 그렇게 많은 편이 아니라서 게임에 꼭 필요한 기능은 직접 만들어 쓰거나 에셋을 구입해야 하는 문제가 있습니다. 가령 2d 맵을 제작하거나 캐릭터들의 대화 장면, 컷 씬, 영화와 같은 카메라 움직임 등이 필요한 경우 유니티는 엔진 자체에서 이런 기능들을 지원하지 않습니다. 이런 기능이 필요하다면 개발자는 직접 프로그래밍을 통해 구현하여 써야 합니다. 반면에 언리얼 엔진은 엔진 자체에서 지원하는 기능이나 툴이 비교적 충실한 편입니다.

## 3. 결론

이런 단점에도 불구하고 개발자들이 유니티를 많이 사용하는 이유는 장점이 그만큼 확실하기 때문이고, 또 소규모로 간단한 게임을 만들 때는 위에서 든 단점들이 크게 문제 되지 않기 때문입니다. 쉽게 말해 언리얼은 대작 게임, 고퀄리티인 소위 AAA급의 게임을 만들 때, 그리고 인력과 자금이 충분한 업체에서 많이 사용하고 있으며, 유니티는 상대적으로 넓은 사용자층이 다양한 게임을 만들 때 사용하고 있다고 보시면 됩니다.

또 위의 스크립트의 속도와 관련해서는 IL2CPP라고 해서 유니티가 구축하고 있는 것이 있습니다.[2] 이것은 쉽게 말하면 C#으로 최대한 편하게 코드작성을 하게 해주는 현재의 사용환경을 그대로 유지하면서, 단점으로 지적되던 C#의 속도 문제를 해결하고자 하는 중간단계의 라이브러리, 컴파일링 시스템입니다. 현재 일부 플랫폼(안드로이드, iOS, XboxOne, PS4, 윈도우 스토어 앱)에서 지원하고 있습니다. 이것을 쓰면 속도가 약 2~3배 정도 빨라진다고 합니다. 유니티 개발자 입장에서 이것에 대해 특별히 신경 써야 할 점은 없으며, 그냥 최종 빌드를 만들 때 IL2CPP 사용에 선택만 해주면 적용되게 되어 있습니다

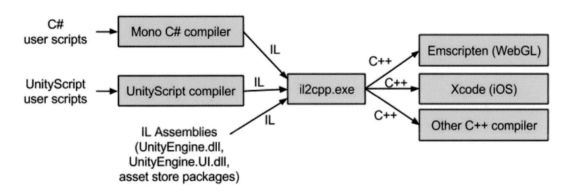

[위 다이어그램에서 IL은 Intermediate Language, 즉 닷넷 기반의 코드를 기계가 이해할 수 있는 언어로 자동으로 바꿔주는 중간역할을 하는 언어를 의미한다]

이렇듯 유니티도 자신들의 단점을 충분히 인지하고 있고 그것들을 해결하기 위해 많이 노력하고 있습니다. 향후 유니티와 언리얼 엔진의 미래가 어떻게 될지는 조금 더 지켜봐야 하겠습니다만 두 엔진 다 각자의 영역을 확보하고 지키지 않을까 조심스럽게 예상해 봅니다.

# SECTION 02 | 유니티 설치 및 실행 ▼

## 1. 유니티 무료판과 유료판

유니티는 과거 2가지 형태로 제공되고 있었습니다. 무료버전(PERSONAL)과 유료버전(PRO-FESSIONAL)이 그것인데, 잠깐 이 둘에 대해서 설명하면, 기본적으로 게임을 만들 때의 기능상의 차이는 없습니다. 그럼 가장 큰 차이는 스플래시 화면을 유저가 마음대로 바꿀 수 있느냐 없느냐입니다. 스플래시 화면이란 게임을 만든 후

---

2 더 자세한 정보는, http://blogs.unity3d.com/2015/05/06/an-introduction-to-ilcpp-internals/

에 게임을 실행시키면 맨 처음에 나오는 화면인데 무료버전의 경우는 유니티 로고가 먼저 나오게 됩니다. 유료버전은 이것을 제작자가 원하는 대로 다른 것으로 바꿀 수 있습니다. 이 외에도 유료버전은 유니티가 제공하는 게임관련 서비스들의 모든 기능을 사용할 수 있습니다.

그러던 것이 최근에, 1년 계약 혹은 월 단위 결제로 바뀌었습니다. 또 퍼스널, 플러스, 프로, 기업 버전으로 세분화되었습니다.

즉 플러스 버전의 경우 매월 40,250원을 내야 하고 1년 단위로 계약해야 합니다. 중간에 해지할 수 없습니다.

퍼스널과 플러스버전의 주된 차이는 결국 예전과 같이 스플래시 화면에 대한 커스터마이징 가능 여부입니다. 이 스플래시 화면의 교체 여부가 아무것도 아닌 것 같아도 유니티를 전문적으로 하려는 개인이나 기업에게는 필수적입니다. 유저는 스플래시 화면을 무조건 봐야 하는데 이 시간에 자신의 게임이나 기업에 대한 내용을 넣지 못하므로 아예 빼거나 아니면 유니티 스플래시 화면 이후에 넣어야 하는데 그러면 게이머 입장에서는 몇 초간 의미 없는 시간 지연을 겪어야 하기 때문입니다. 또한 연 수익이 10만 달러, 즉 약 1억 1천만원이 넘는 개인이나 기업은 플러스버전 이상의 유료 라이선스를 구매해야 합니다. 기타 여러 가지 차이점에 대해서는 https://store.unity.com/kr 이 페이지를 참조하면 됩니다.

처음 개발을 시작하는 경우에는 무료버전으로도 충분하므로 본서에서는 무료버전인 퍼스널 버전으로 진행하도록 하겠습니다.

# 2. 유니티 엔진의 다운로드 및 설치

**2-1** 유니티 공식 릴리스 버전의 설치

그럼 이제 본격적으로 유니티의 설치부터 시작해 보겠습니다.

먼저 인터넷 브라우저를 통해서 유니티 공식 사이트에 접속합니다. 주소는 http://unity3d.com/kr입니다.

여기서 화면 가운데의 지금 Unity 다운로드 부분을 클릭합니다.

그리고 PERSONAL EDITION 하단에 있는 [지금 다운로드] 버튼을 클릭합니다.

그럼 다음 화면에서 설치 프로그램 다운로드 버튼을 클릭하면 됩니다. 현재 시점 기준으로 최신 유니티 버전은 5.5.0입니다.

**시스템 요구 사항** - Unity 버전: 5.5.0, 릴리스 일시: 30 November 2016
**OS:** Windows 7 SP1+, 8, 10; Mac OS X 10.8+.
**GPU:** DX9(셰이더 모델 3.0) 또는 기능 수준 9.3을 지원하는 DX11 그래픽 카드

그러면 인터넷 브라우저의 하단에 다음과 같은 메시지(이 형식의 파일은 컴퓨터를 손상시킬 수 있습니다....)가 뜨며(크롬 브라우저의 경우) 여기서 [계속] 버튼을 눌러 다운로드를 받으면 됩니다.

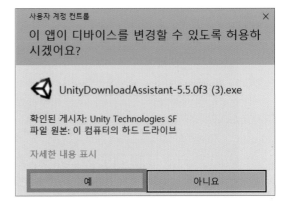

다운로드 받은 파일을 실행시키면 프로그램 실행 윈도우 알림창이 뜨며 계속 실행을 눌러주면 됩니다.

그럼 다음으로 뜨는 창에서 [Next >] 버튼을 누릅니다.

여기서도 라이선스 동의에 체크하고 [Next >] 버튼으로 넘어갑니다.

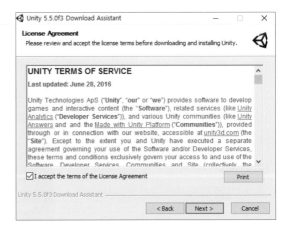

그리고 현재 사용하고 있는 컴퓨터의 운영체제의 비트수를 32비트 혹은 64비트 중에서 선택해 줍니다. 요즘은 보통 64비트로 많이 운영체제를 설치하고 있으며 윈도우10이 대세입니다. 가급적 윈도우 10, 64비트로 운영체제를 설치하시기 바랍니다.

자신의 컴퓨터의 비트수를 확인하려면 바탕화면에서  내 피시 아이콘에 마우스를 올린 후 마우스 우클릭을 하면 별도의 메뉴가 나오는데 거기서 제일 하단의 속성을 클릭하면 됩니다.

그러면 위와 같이 시스템 정보 창이 나오는데 여기서 [시스템 종류] 다음에 현재의 비트수를 확인할 수 있습니다. 비트수를 선택하고 다음으로 넘어가서 이 화면에서는 유니티와 같이 설치할 구성요소를 고르게 됩니다. 여기서 각 항목에 대해 간략히 설명하면,

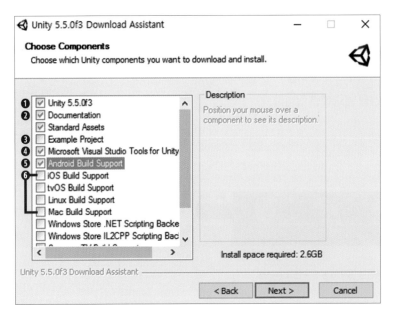

❶ **Unity 5.5.0f3** : 유니티 엔진 자체이며 반드시 처음 한 번은 설치해야 합니다.

❷ **Documentation** : 유니티 설명 매뉴얼과 스크립트 참조문서입니다. 온라인으로도 확인할 수 있지만 오 프라인에서도 바로 확인하고 싶을 경우에 체크하여 설치합니다.

❸ **Standard Assets** : 유니티 회사 자체에서 제작해둔 기본적인 에셋들입니다. 게임을 만들 때 많이 쓰이 고 유용한 것들을 모아놓은 것이라고 보면 됩니다.

❹ **Example Project** : 위의 스탠다드 에셋으로 제작한 샘플 게임입니다. 설치하여 프로그래밍 소스나 에디 터 구성 등을 분석해보면 많은 도움이 됩니다.

❺ **Microsoft Visual Studio Tools for Unity** : 유니티에서는 기본적으로 모노디벨롭(Monodevelop) 이라는 프로그래밍 코드 작성용 에디터를 제공합니다. 본서에서는 비쥬얼 스튜디오(Visual Studio)를 에디터 로 사용할 예정이므로 체크하여 설치합니다. 비쥬얼 스튜디오가 모노디벨롭 보다 훨씬 더 많은 기능을 제공하 므로 코드를 작성하기가 더 편리합니다.

❻ **XXXXXX Build Support** : 이렇게 Build Support라고 되어있는 모든 항목들은 해당 플랫폼의 빌드를 만들 때 필요한 파일들만 분리해 놓은 것입니다. 예전에는 유니티 안에 이런 모든 빌드를 만들 수 있게 다 들어 가 있었습니다만 어차피 자기가 게임을 내지 않을 플랫폼이라면 해당 플랫폼에 관련된 파일은 필요가 없는 것 이므로 전체적인 유니티 설치시의 용량을 줄이기 위해 이런 식으로 원하는 플랫폼만 선택하도록 변경되었습 니다. 지금 만들려고 하는 게임을 가령 윈도우용, 안드로이드 스마트폰용으로만 출시하고 싶다면, Windows Build Support, Android Build Support 항목에만 체크하고 나머지 Build Support 항목들은 체크해제 한 채로 설치하면 되는 것입니다.

다 선택했다면 Next > 버튼을 눌러 다음으로 넘어갑니다.

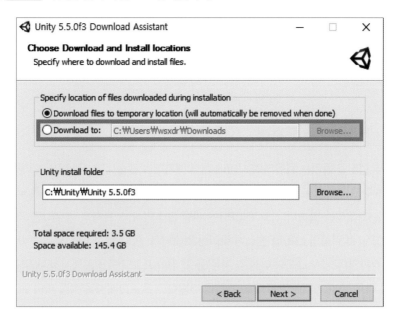

여기서는 설치파일의 저장여부와 설치할 경로를 지정할 수 있습니다. 상단 선택항목에서 Download to:를 체크하고 저장 폴더를 지정하면 유니티 설치파일을 보관할 수 있으며 언제라도 다시 설치할 필요가 있을 때 다운로드 없이 바로 설치할 수 있습니다. 하단에서는 유니티의 설치경로를 지정할 수 있습니다. 이때 설치경로는 영문으로 적는 것이 향후 있을지도 모를 에러를 방지하는 데에 바람직합니다. 프로그래밍과 관련한 거의 모든 기술이 미국에서 나오고 있고, 아직까지 한글은 '개발의 세계'에서는 완전히 지원되지 않는 경우가 많기 때문입니다. 또한 되도록 HDD 보다는 SSD 드라이브에 설치하는 것이 더 빠른 실행과 퍼포먼스 향상을 위해 좋습니다. 경로지정 후 Next > 버튼을 누르면 설치파일 다운로드하고 또 자동으로 설치하는 과정이 시작됩니다. 이제 설치가 다 될 때까지 기다리면 됩니다.

## 2-2 유니티 베타 버전의 설치

정식버전을 사용하고 싶으면 이렇게 하면 되지만 베타버전을 사용하고 싶다면 유니티 다운로드 부분에서 하단의 Unity 베타 버전 릴리스 링크를 클릭해서 다음 화면으로 넘어가면 됩니다.

> 제가 만든 콘텐츠를 소유해도 되나요?

> 다른 등급으로 다운그레이드해도 될까요?

> Unity를 구독하면 어떠한 혜택이 있나요?

> 구독 플랜을 취소할 수 있나요?

> 사용 가능한 결제 방식요?

> 구독 기간은 어느 정도

## 이미 Unity를 보유 중이신가요?

Unity 최신 버전을 다운로드하세요:

다운로드

## 참고자료

- Unity 이전 버전
- 시스템 요구사항
- 엔진 기능

- 패치 릴리스
- Unity 베타 릴리스
- Web Player 다운로드

- 최신 릴리스
- 구독 FAQ

이 베타버전은 특별히 문제가 있는 버전은 아니며 새로운 기능이나 향상된 기능을 많이 포함하고 있습니다. 또한 곧 공식적으로 배포를 예정하고 있습니다. 본서에서는 가능한 한 최신 유니티 버전을 이용하려고 하므로 본 베타버전을 설치하고 이것을 기준으로 앞으로 서술해 나가려고 합니다. 구체적인 설치방법은 [설치 프로그램 다운로드] 버튼을 누른 후부터 앞에서 이미 서술한 정식 릴리스 버전의 설치방법과 같으므로 반복하지 않습니다.

### 2-3 유니티 엔진 프로그램의 사양

여기서 잠시 유니티 엔진을 돌리는 컴퓨터의 사양에 대해 얘기해 보겠습니다. 유니티는 그렇게 무거운 프로그램은 아니지만 그렇다고 저사양 프로그램도 아닙니다. 일반적으로 웬만한 데스크탑 PC를 맞추면 대부분의 경우 유니티를 돌리는데 무리는 없습니다. 이때 CPU는 인텔 i3급 이상, 노트북의 경우라면 역시 인텔 i3급으로 CPU명 뒤에 U자 붙은 것 이상의 CPU라면 크게 무리는 없습니다. 좀 더 빠른 CPU를 쓰면 비쥬얼 스튜디오로 프로그램 작성 후 컴파일(작성한 코드의 해석 및 적용)을 할 때나 프로그램을 실행시킬 때 약간 더 빨라질 수 있습니다. 이 약간이 비록 1~수 초정도라고 해도 게임을 개발하고 프로그래밍을 직접 짜다보면 수없이 많이 코드의 컴파일링 작업을 반복적으로 하게 되므로 다 합치면 무시 못 할 시간을 벌 수 있는 것입니다. 따라서 예산이 허락한다면 CPU도 가능한 한 최고사양인 i7급을 장착하는 것이 좋습니다. 그런데 노트북의 CPU를 볼 때에는 주의해야할 점이 있습니다. 같은 i7이라고 해도 i7-6500U처럼 이름 뒤에 U자가 달린 것이 있고 i7-6700HQ, 6820HK처럼 HQ나 HK가 달린 것이 있습니다. U가 붙은 것은 듀얼코어, 즉 하나의 CPU안에 코어가 2개 들어있다는 것이고 저전력용으로 나와서 얇고 가벼운 노트북에 적합하도록 인텔에서 만든 것입니다. 그만큼 발열제어, 전력소모 억제라는 장점을 위해서 성능을 희생한 CPU입니다. 반면 HQ나 HK가 붙은 것은 쿼드코어, 즉 코어가 안에 4개 들어있어서 훨씬 빠른 속도와 고성능을 자랑합니다. 데스크탑 CPU와 비교해서도

상당한 수준의 성능을 보여줍니다. 유니티로 2d등의 간단한 게임을 만들 때에는 저전력 CPU인 U시리즈도 무방하지만 복잡하거나 3d그래픽 에셋 등을 많이 사용하는 프로젝트 등을 작업할 때에는 가급적 HQ급 이상의 고사양의 CPU로 하는 것이 더 원활합니다.

그러나 그래픽 카드의 경우는 주의할 필요가 있습니다. 일반적으로 2d게임을 만들 때는 저사양의 그래픽카드나 요즘 출시된 인텔 CPU의 내장된 그래픽 기능만으로도 충분합니다. 내장 그래픽이란 CPU 안에서 그래픽을 담당하는 부분인데 이것을 활용하는 것입니다. 이 경우에는 별도로 그래픽 카드를 살 필요가 없습니다. 그러나 3d게임, 특히 3d 모델링을 많이 쓰며 한 화면에 등장하는 물체의 수가 많고 그래픽 이펙트 효과가 많거나 배경과 지형도 복잡한 3d로 되어있거나 하면 고사양의 그래픽카드를 써야 합니다. 요즘 많이 사용하는 지포스 그래픽카드의 경우 그래픽카드에 붙은 이름 중에서 950, 960, 970, 980, 1070 등 번호가 높아질수록 고성능을 의미합니다. 복잡한 3d 게임을 만들 때에는 고성능의 그래픽카드 일수록 유니티 에디터 안에서 게

임을 돌렸을 때 성능의 향상이 느껴지므로 예산이 허락하는 한 고성능의 그래픽칩셋을 가진 모델을 구입하는 것이 좋습니다. 950 → 960 → 970 → 980 → 1070 → 1080 등 한 단계씩 업그레이드 할수록 개발하는 3d 게임을 돌릴 때 차이를 체감 할 수 있습니다.

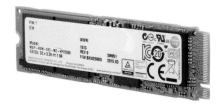

[SSD 중 최신 인터페이스 규격인 NVME SSD]

램(RAM)은 8기가 이상이면 됩니다. 또한 유니티, 비쥬얼 스튜디오 프로그램과 프로젝트 파일을 저장하고 실행하는 하드드라이브는 속도가 빠른 SSD를 추천합니다. 일반 HDD 드라이브에 비해서 속도가 월등히 빨라집니다. SSD에도 일반적인 2.5인치 SSD가 있고 그것보다 크기가 작은 M.2 형식이 있으며 이보다 더 빠른 NVME 형식이 있어서 선택의 폭이 넓습니다. 일반적으로는 SSD면 어떤 식이든 충분합니다.

개발을 본격적으로 하다 보면 막상 작업용 컴퓨터는 최고사양으로 맞추는 것이 가장 좋다는 것을 알게 됩니다. 이동하면서 작업할 일이 많다면 노트북, 그렇지 않으면 데스크탑을 선택하면 됩니다. 데스크탑은 이동성이 거의 없는 대신 상대적으로 노트북보다 저렴한 가격으로 더 높은 사양을 맞출 수 있는 점이 장점입니다. 그러나 이동하면서 작업할 일이 많다면 노트북을 선택할 수밖에 없습니다. 데스크탑이면 CPU는 인텔 스카이레이크 i7-6700 이상, 그래픽카드는 지포스 GTX 1060 이상이면 매우 좋습니다. 노트북이라면 CPU는 i7-6700HQ 이상, 그래픽카드는 지포스 GTX 960m 이상을 갖춘 것을 추천합니다. 램은 DDR4 16기가 이상, SSD는 용량 256기가 이상을 추천합니다. 특히 유니티로 게임을 개발하면서 만약 그래픽도 스스로 작업하는 경우라면 3ds max 등 유니티보다 더욱 고사양을 요구하는 무거운 프로그램을 돌려야 할 경우가 있습니다. 이런 경우라면 더더욱 컴퓨터의 사양에 민감하므로 될 수 있는 한 위와 같이 사양이 높은 컴퓨터를 추천합니다.

위의 내용에 기반하여 최소사양과 권장사양을 표로 만들어보면 다음과 같습니다.

| 항목 | 최소사양 | 권장사양 |
|---|---|---|
| CPU | 데스크탑용 : 인텔 코어i3-6100<br>노트북용 : 인텔 코어i3-6100U | 데스크탑용 : 인텔 코어i7-6700K<br>노트북용 : 인텔 코어i7-6700HQ |
| 그래픽카드 | CPU 내장 그래픽 (HD530) | Geforce GTX 1060급 이상 |
| 램 | 4기가 이상 | 16기가 이상 |
| 디스크타입 | HDD 100기가 이상 | SSD 256기가 이상 |
| 주로 작업하는 게임 | 간단한 2D 게임 | 복잡한 3D 게임 |

# SECTION 03 | 비쥬얼 스튜디오 설치

비쥬얼 스튜디오는 마이크로소프트사가 만든 코드작성 에디터입니다. 각종 편의기능을 갖추고 있으며 특히 인텔리센스 기능으로 코드 작성을 매우 편하게 도와줍니다. 현재 많은 개발자들이 사용하고 있으며 유니티에서도 공식적으로 지원하는 에디터가 되었습니다. 비쥬얼 스튜디오의 무료버전인 Community 버전으로도 소규모로 개발하기에 무리가 없으므로 무료버전으로 시작하면 됩니다.

그럼 비쥬얼 스튜디오를 설치해 보겠습니다. 먼저 인터넷에서 www.visualstudio.com으로 접속합니다.

여기서 좌측 하단의 Visual Studio IDE 밑에 있는 자세히 보기 ➡ 버튼을 클릭합니다.

그러면 다음과 같은 화면이 나옵니다.

여기서 Visual Studio 다운로드 버튼을 누르면,

이 화면으로 넘어가고, 여기서 무료 다운로드 ⬇ 버튼을 눌러 다운로드 합니다.

그럼 이와 같은 화면이 나오고 다운로드가 시작됩니다. 크롬의 경우(이 형식의 파일은 컴퓨터를 손상시킬 수 있습니다….)라는 메시지가 뜨지만 무시하고 계속 버튼을 눌러 다운로드를 하시면 됩니다. 그리고 다운이 끝났으면 파일을 실행합니다.

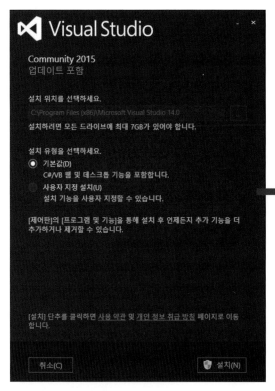

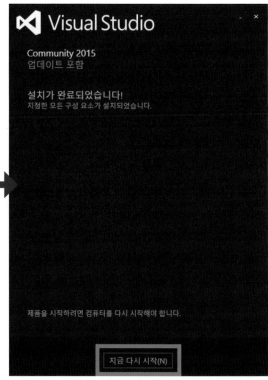

그러면 위와 같은 화면이 나옵니다. 설치 위치는 SSD 드라이브에 하는 것이 빠른 동작속도를 위해서 좋습니다. 설치유형은 기본 값 그대로 놓고 설치버튼을 클릭하면 자동으로 설치가 시작됩니다.

설치가 완료되면 컴퓨터를 재시작하면 됩니다.
재부팅 후 비쥬얼 스튜디오를 실행시키면, 다음과 같은 초기화면이 나옵니다.

여기서 상단 메뉴의 도구-옵션을 선택하여 전체적인 컬러의 변경이나, 폰트 선택 등을 할 수 있습니다. 여기의 설정은 말 그대로 옵션이므로 사용하면서 자기에게 맞는 쪽으로 변경하면 됩니다.

# SECTION 04 | 개발 시 참고할 여러 리소스들

여기에서는 개발을 하면서 참고할 국내외 여러 사이트에 대해 소개하려고 합니다.

## 1. 유니티 공식홈 | WWW.UNITY3D.COM

당연하게도 여기가 출발점입니다. 공식 홈페이지의 상단 메뉴에서 [교육자료]를 클릭하면 각종 동영상 강의를 볼 수 있습니다. 유니티 매뉴얼, 스크립트 API, 포럼, 커뮤니티 등 유니티 관련 모든 정보들에 접근하기 위한 허브이기도 합니다. 기타 유니티 최신정보 확인 등도 가능하므로 자주 들어올 곳입니다.

## 2. 유니티 스크립팅 API | HTTP://DOCS.UNITY3D.COM/KR/CURRENT/SCRIPTREFERENCE/INDEX.HTML

우리는 유니티로 게임을 만들면서 프로그래밍을 짜게 됩니다. 그 때 유니티에서 쓸 수 있는 코드의 문법과 예제에 대해 종합적으로 서술해놓은 곳입니다. 항상 이곳을 참조하면서 코드를 작성하게 됩니다. 그러나 공부를 위해 처음부터 여기만 보고 있어서는 대체 어떤 때 쓰이는지 감을 잡기 힘든 경우가 많으므로 동영상이나 책, 기타 다른 개발자들의 조언 등을 통해서 어떤 유니티 특유의 코드문법 키워드가 등장했을 때, 그것을 찾아보고 확실하게 익히는 용도로 활용하면 좋습니다.

## 3. 유니티 포럼 | FORUM.UNITY3D.COM

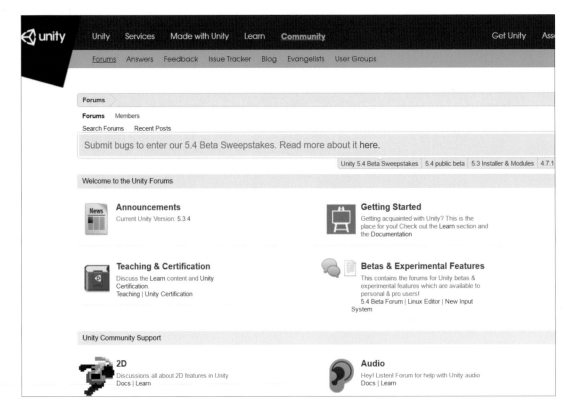

전 세계 거의 모든 유니티 개발자들이 모이는 포럼입니다. 개발자들은 여기서 서로 활발하게 교류를 하고 있습니다. 궁금한 점이 해결되지 않거나 많은 사람들의 생각을 들어보고 싶을 때 이 사이트가 제격입니다. 많은 사람들이 활동해온 만큼 이미 많은 질문, 답변 글들이 축적되어 있으며 웬만한 의문점은 이미 다 해결되어 있을 정도입니다. 이런 해결책들은 사이트 내 검색으로 찾아볼 수 있습니다. 사람들이 많으므로 자신이 어떤 질문을 올렸을 때 비교적 빠른 시간 내에 답변이 달립니다. 이는 항상 시간에 쫓길 수밖에 없는 개발 시에 큰 도움이 됩니다.

당연하게도 본 사이트는 영문으로 서로 소통합니다. 질문 글을 올릴 때에도 영어로 올려야 합니다. 영어를 모른다고 해서 기피하면 앞으로 발전은 없습니다. 클라이언트 프로그래머가 되려면, 게임을 만들려면, 영어는 피할 수 없는 과제입니다. 억지로라도 이 사이트를 주로 활용하면서 영어를 자주 쓰시기를 권합니다. 문법도 몰라도 되고 단어가 조금 안 맞아도 됩니다. 그냥 구글 번역기를 써서 한글로 질문 글을 작성한 후 번역기로 돌린 영어를 붙여 넣기 식으로 글을 올려도 영어권 외국인들은 웬만하면 질문의 의미를 이해합니다. 영어에 자신이 없어도 이런 식으로라도 억지로 활용하면서 영어실력을 동시에 키워야 합니다. 6개월~1년 이상 이 사이트에서 영문으로 해외개발자들과 소통하다 보면 어느 순간 영어실력이 크게 늘어나게 됩니다.

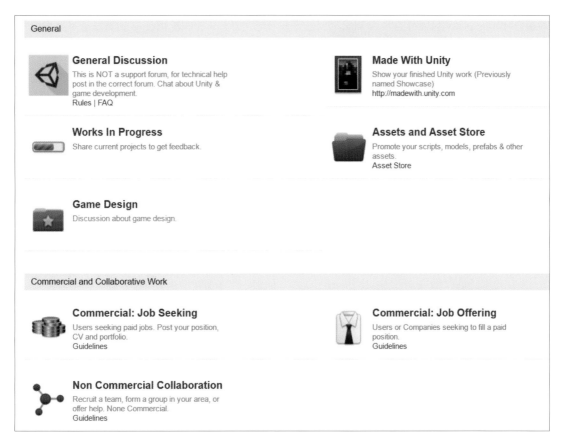

공식 포럼사이트는 여러 개의 주제로 게시판이 나뉘어져 있습니다. 질문을 올리려고 할 때는 주제에 맞는 게시판에 글을 올려야 합니다. 몇 가지 중요한 게시판에 대해 좀 더 자세히 살펴보면, 프로그래밍, 코드 관련 질문이 있을 때에는 Scripting 게시판을 활용하면 됩니다. 유니티 에디터 자체에 대한 질문은 Editor & General Support입니다. 안드로이드나 iOS등 특정 플랫폼 특유의 문제점에 대해서는 Platforms 하단의 각 플랫폼 게시판을 활용하면 됩니다. 유저 인터페이스, 즉 UI관련 질문은 Unity UI 게시판입니다. 그리고 밑에 General 섹션에 내려가서 General Discussion 게시판에는 기타 일반적인 이야기들, 게임개발관련 주제, 게임시장에 관한 이야기, 기타 온갖 흥미로운 이야기들을 볼 수 있고, 또 글을 올릴 수 있습니다. 게임 기획에 대한 이야기를 하고 싶을 때에는 Game Design 게시판을 활용하면 됩니다. 그리고 가장 밑의 섹션인 Commercial에서는 유니티와 관련된, 돈이 오가는 일을 구하거나(Job Seeking) 제공할 수 있고(Job Offering), Non Commercial Collaboration 게시판에서는 처음에는 돈을 주지 않고 게임이 나온 후 지분에 따라 돈을 가져가기로 하고 일을 하는 협업식의 팀원을 구할 수 있습니다.

## 4. 구글링 | GOOGLE.COM

구글 검색은 매우 중요하고 활용적인 수단입니다. 한
국에서 www.google.com으로 접속하면 구글 코리

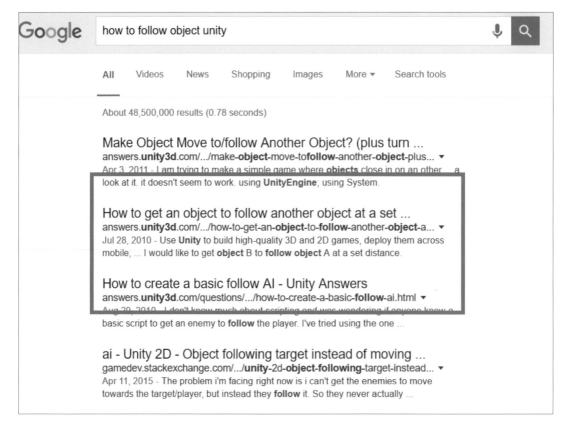

아의 첫 화면이 나옵니다. 여기서 우측 하단의 "Use Google.com"을 클릭해서 영어권 검색결과로 바꾸는 것
이 좋습니다. 구글코리아에서 검색 시 나오지 않는 자료가 영어권으로 구글을 바꾼 후 나오는 경우가 종종 있
기 때문입니다.

이제 구글 검색창에 현재 자신이 궁금한 주제를 영문으로 쳐 넣습니다. 가령 유니티에서 어떤 물체가 다른 물
체를 따라가게 하고 싶을 때 어떻게 만들어야 할지 모르겠다면 어떻게 할까요? 우선 해당 주제로 구글링을 해
보고, 그래도 답이 안 나오거나 찾기 힘들면 유니티 포럼에 질문 글을 올리는 식으로 하면 됩니다. 이 경우의 영
문 검색어라면 여러 가지가 가능합니다만 가령 이렇게 할 수도 있습니다. "How to follow object unity?" 즉
영문법에 맞을 필요도 없고 핵심 키워드만 넣어주면 알아서 검색이 됩니다. 실제로 이 검색어로 구글에서 검색
을 해보면, 다음과 같이 나옵니다.

바로 관련 질문/답변 글들이 나옵니다. 여기서 첫 번째 링크는 오래 돼서 글이 나오지 않고, 두 번째와 세 번째
링크에는 관련 답변들이 있습니다. 물론 다 영문입니다. 이런 식으로 궁금한 점에 대한 해결책도 다 영문으로
나오므로 영어를 피하기만 해서는 답이 없습니다. 게임을 만든다는 것은 끝없는 공부의 길이고 또 사소하지만

결코 사소하지 않은 문제들과의 끝없는 싸움입니다. 하나의 게임을 만들기 위해서 수백, 수천 개의 이런 이슈, 의문점들이 생깁니다. 이런 식으로 하나하나씩 의문점을 찾아내고, 해결책을 찾아내는 경험이 쌓이다 보면 요령이 생기고 실력이 느는 것입니다. 또한 이런 자료들은 자기만의 노트나 문서로 모아두는 것이 좋습니다. 막혔던 문제는 다음에도 또 막힐 수 있으며 한 번 해결해봐도 나중에 기억이 나지 않으면 또 찾는 수고를 들여야 하기 때문입니다.

클라이언트 프로그래머란 이런 문제들하고 씨름해서 해결해 내며 이를 위해 자신의 모든 시간을 바쳐 지식과 경험을 쌓아 올려야 할 전문직입니다. 하루 이틀에 되는 일도 결코 아닙니다. 이런 실력에 대해서는 정당하게 평가 받아야 하고 또 대우받아야 합니다.

## 5. 유니티 앤서즈 | HTTP://ANSWERS.UNITY3D.COM

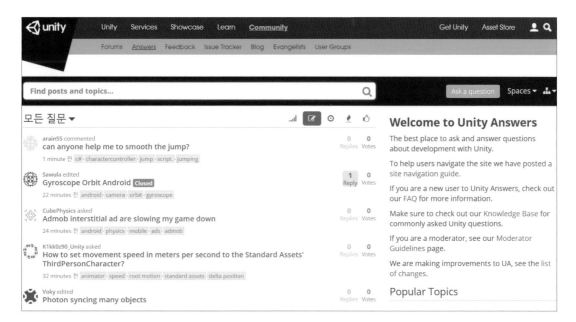

여기는 유니티 관련 질문/ 답변들만 전문적으로 올려놓은 곳입니다. 구글링해서 유니티 관련 검색을 하다 보면 자주 등장하는 사이트로 어떤 문제에 봉착했을 때 찾아봐야 할 곳 가운데 하나입니다. 유니티 공식 포럼에서 검색하기 어려울 때, 여기서 검색하면 쉽게 찾아지는 경우도 있습니다. 구글링하면 어차피 유니티 앤서즈의 자료도 포함되어 있으므로 굳이 이곳에 직접 들어가서 검색할 일은 그렇게 많지 않습니다.

# 6. 스택 오버플로우 | HTTP://STACKOVERFLOW.COM

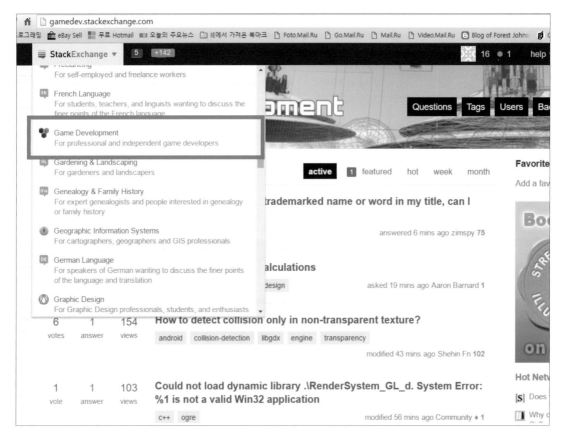

프로그래밍 관련 질문들만 올릴 수 있는 곳입니다. 유니티 관련 질문을 올릴 수도 있습니다. 또한 유니티로 게임을 개발하는 와중에 마주치는 C#, php, mysql, .net 등 모든 프로그래밍 관련 질문들을 올리거나 검색할 수 있습니다. 여기도 전 세계에서 많은 사람들이 이용하고 있는 곳이라 질문 글에 대한 답글이 빨리 달리는 편입니다. 구글링 했을 때 검색결과로 자주 등장하는 곳이기도 합니다. 유니티 포럼보다 조금 더 프로그래밍을 전문적으로 하는 사람들이 많이 이용하는 곳이라고 할 수 있습니다. 그러나 전반적으로 질문 자체에 대한 평가가 까다롭습니다. 가치 있는 질문 혹은 카테고리에 맞는 질문이 아니라고 생각될 경우에는 질문을 본 유저가 그 질문에 대한 보류나 비추천 투표를 할 수 있으며 이것이 일정 수치 이상이 되면 답변이 달릴 수 없게끔 막히는 등 제재가 가해지는 경우도 있습니다.

위 사진에서처럼 사이트 상단에 있는 [StackExchange]를 클릭하면 좀 더 특화된 다른 다양한 주제로 이동할 수 있습니다. 스택오버플로우는 전체적으로 카테고리의 주제의 통일성에 민감한 편이라 현재 카테고리와 조금이라도 맞지 않는 질문 글을 올리면 바로 제재나 수정이 들어오므로 주의해야 합니다. 만약 프로그래밍이 아닌 게임개발 쪽에 조금 더 특화된 질문을 하고 싶다면 위의 사진에서 Game Development 카테고리로 이동하면 됩니다.

## 7. MSDN | HTTPS://MSDN.MICROSOFT.COM/KO-KR/DEFAULT.ASPX

마이크로소프트사의 개발자 네트워크 사이트입니다. 유니티는 C#을 주 프로그래밍 언어로 지원하고 있는데 이 C#은 마이크로소프트의 닷넷(.net) 프레임워크에서 돌아가는 언어입니다. 닷넷은 마이크로소프트사가 개발한 소프트웨어 프레임워크로서 C#에서 코드를 작성할 때 닷넷에서 이미 구축된 코드나 기능을 가져다 그대로 쓸 수 있는 것입니다. 현재 유니티는 닷넷 2.0을 공식지원하고 3.5의 일부 기능도 이용할 수 있다고 되어있습니다. 현재 최신의 닷넷버전과는 약간 떨어져 있지만 유니티도 향후 업데이트를 할 것이라고 합니다. 곧 닷넷 4.6 버전을 지원하는 유니티가 릴리즈될 예정입니다.[3]

MSDN 사이트에서 우측상단 돋보기 모양으로 된 아이콘을 클릭하면 검색창이 나옵니다. 여기에 검색하고자 하는 C# 문법관련 키워드를 넣으면 됩니다. 가령 C#의 List 클래스에 대해 예제문법 등 자세히 알고 싶다면 위 검색창에 list를 쳐서 검색하면,

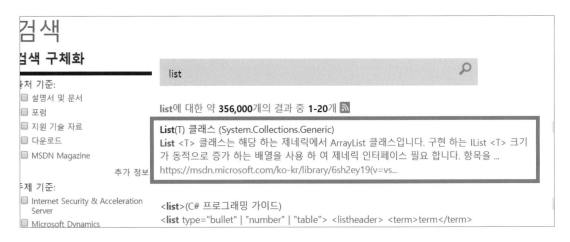

다음과 같은 화면이 나옵니다. 여기서 '상단 List(T) 클래스' 항목을 클릭하면 list 관련 지원되는 메써드와 코드 예제를 볼 수 있습니다.

---

3 https://forum.unity3d.com/threads/upgraded-mono-net-in-editor-on-5-5-0b9.438359/

이런 식으로 기본적인 문법은 질문을 하기 전에 검색을 통해 사용법을 알 수도 있습니다. 물론 어떤 문법이 있는지조차도 모른다면 어떠한 것을 하려고 한다고 포럼이나 게시판에 질문을 할 수 밖에 없습니다. 누군가가 list.Contains라고 언급했는데 이것이 무슨 의미인지 모른다면 msdn에서 위와 같은 식으로 문법을 찾아볼 수 있는 것입니다. 유니티 특유의 문법은 유니티 공식홈의 스크립트 문서사이트를 자주 이용하듯이 닷넷이나 C#의 문법을 찾아보기 위해서 msdn을 많이 이용하게 됩니다.

## 8. 유니티 한국 공식 카페 | HTTP://CAFE.NAVER.COM/UNITYHUB

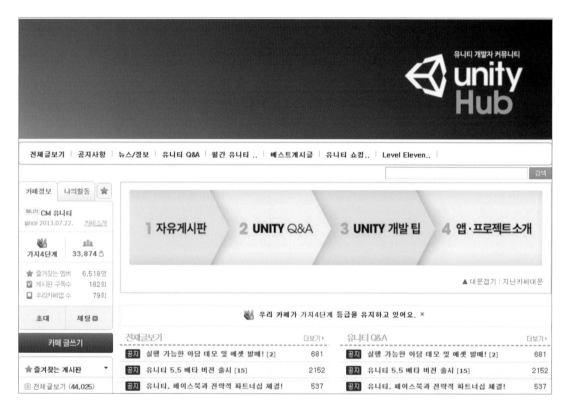

유니티 코리아에서 공식적으로 운영하는 네이버 카페입니다. 국내 최대규모로 비교적 활발하게 운영되고 있습니다. 영어로 영문포럼에서 소통하기 힘들 때 이용하면 됩니다. 하지만 사용자의 수나 자발성 면에서 영문포럼보다는 떨어지므로 어떤 질문 글을 올렸을 때 답변이 달리는 것이 늦거나 혹은 아예 안 달리기도 합니다. 이럴 때는 어쩔 수 없이 해외자료를 직접 찾아보거나 영문포럼을 이용할 수밖에 없습니다.

이외에도 개발에 도움이 되는 각종 블로그나 사이트가 많으며 여기서는 그 중 필수적이고 자주 이용하게 되는 것들만 소개했습니다. 사실 이 사이트들만 이용하면서 개발공부를 하기에도 시간이 벅찰 정도입니다. 다른 사이트들은 네이버나 구글에서 검색하면 여러분 나름대로 발견할 수 있을 것입니다. 이렇게 다양한 사이트와 자료를 보면 사실상 여러분이 필요한 거의 모든 정보는 이미 다 인터넷에 있는 것이나 다름없습니다. 이제 중요한 것은 이런 정보의 바다에서 여러분이 필요한 것들을 어떻게 찾고 발견하고 활용하는가일 것입니다.

CHAPTER **04**

# 게임 기획

그럼 이제 개발환경은 준비가 되었으니 실제로 게임을 만들어 보겠습니다. 먼저 게임을 만들려면 어떤 게임을 만들지 게임 기획부터 해야 합니다. 그냥 "어떤 게임이 만들고 싶다."라고 하나의 생각을 떠올리는 것도 곧 게임 기획입니다. 그러나 앞에서도 언급했듯이 가장 어려운 일이 게임 기획입니다. 그럼 어떻게 게임 기획을 해나가야 할까요? 비상업적인 게임을 만드는 경우에는 어떻게 기획을 하든 큰 문제가 없으니 아래 내용은 그냥 참고로 보면 됩니다.

# 04
# 게임 기획

## SECTION 01 | 좋은 게임 기획의 방법 ▼

좋은 게임 기획이란 어디에 가치를 두느냐에 따라 사람마다 조금씩 차이가 날 수 있는 주제입니다. 재미있는 게임, 돈을 많이 버는 게임, 감동을 주는 게임, 교훈적인 게임, 교육적인 게임 등등 수많은 게임 중에 어떤 게임을 좋은 게임으로 생각하느냐는 각자 다를 것입니다. 그러면 자신이 생각하는 좋은 게임을 만들려면 어떻게 해야 할까요. 우리는 대체 어떤 게임을 만들어야 할까요.

여기엔 이렇다 할 정답이 없으며 아직도 활발히 연구되고 있는 어려운 문제입니다. 그리고 이것은 매우 민감한 주제이기도 해서 쉽게 공유되지 않습니다. 왜냐하면 어떤 게임 회사가 "차기작으로 이런 게임을 만들려고 한다."라는 것을 공개하면 다른 회사나 개발자가 먼저 그것을 만들어낼 수도 있기 때문입니다. 그리고 또한 이 부분은 게임 기획이자 개개인의 노하우이기도 해서 쉽게 배우기도 힘든 주제입니다. 좋은 게임 기획이 있다면 그것을 자기나 자기 회사에서 만들어서 돈을 벌면 되니까 남에게 가르쳐줄 이유가 없기 때문이지요.

따라서 이미 출시된 게임들을 보고 거기서 힌트를 얻는 것도 좋은 방법입니다. 무엇보다 직접 많이 게임을 만들어보는 것이 좋습니다. 사용자의 반응, 독서 등을 통해 스스로 노하우를 터득하고 발전시키는 것도 중요합니다. 게임을 많이 만들기 위해서는 역시 개발기간을 짧게 가져가고 많은 사람들과 협업을 하는 것이 도움이 됩니다. 또는 조직에 소속되어 만들어 볼 수도 있습니다.

게임을 어떻게 만들면 좋으냐에 대해서는 수많은 방법론이 있습니다만, 우선 여기서는 앞서 살펴본 게임의 정의로부터 시작하고자 합니다.

## 1. 자발성

앞서 말했듯 게임은 사용자가 자발적으로 참여한다는 특징을 가지고 있습니다. 그럼 언제 게임을 하고 싶을까요? 물론 사람마다 게임을 하려는 이유는 다를 것입니다. 피곤해서, 지루해서, 심심해서 기분전환을 위해서 일수도 있고, 색다른 체험을 하기 위해서 일수도 있습니다. 또는 어떤 게임이 매우 재미있어서, 친구나 사람들이 추천을 해서, 광고를 보고 재미있을 것 같아서, 자신이 해놓은 게임 상의 어떤 작업의 결과물을 확인하기 위해서 등. 이런 이유 하나하나가 게임을 만들 때 참고해야 할 힌트가 되는 것입니다.

피곤해서 쉬기 위해 게임을 하는 사람을 위해서는 큰 고민이나 어려움 없이 진행할 수 있는 게임을 제공해야 할 것이고, 지루하거나 심심한 사람을 위해서는 흥분되고 긴장되는 체험을 주어야 할 것입니다. 색다른 체험을 원하는 사람에게는 기존의 게임과 다른 세계, 테마를 만들어야 할 것이고 친구나 사람들의 추천을 통해 게임을 하는 사람을 늘리려면 우선 게임이 재미있고 퀄리티가 뛰어나야 할 것입니다. 뭔가 머리를 쓰는 것을 원하는 사람에게는 좀 더 복잡하고 전략적인 시스템을 만들어줘야 합니다. 이렇듯 다양한 사용자들의 요구에 최대한 맞추고 그들이 원하는 것을 제공하는 것이 중요합니다.

다른 모든 문화콘텐츠도 그렇지만 게임은 사람의 자발성과 연관된 매체이므로, 사람의 심리를 잘 알아야 합니다. 이를 위해 심리학을 공부하는 사람도 있습니다만, 어쨌든 게임을 접하고 플레이하고 종료한 후에 이르기까지 모든 면에서 사용자의 심리를 면밀하게 관찰하는 것이 중요합니다. 다른 게임을 참고하고, 다른 개발자들과 의견을 교류하며, 사용자들의 의견에서 배워야 합니다.

남의 의견을 듣는 것도 중요하지만 더욱 중요한 것은 자신의 목소리에 귀를 기울이는 것입니다. 자신은 무엇을 만들고 싶습니까? 어떤 체험을 하기 원합니까? 자신이 사용자라면 무엇을 원할 것 같습니까? 자신은 어떤 게임을 자발적으로 플레이하기를 원합니까? 그런 자신이 플레이하고 싶은 게임, 자신이 재미있다고 생각할 수 있는 게임을 만들면 됩니다. 다만 여기서 거짓말은 통하지 않습니다. 자신이 기획하거나 만든 게임이 정말로 냉철하게 재미있는지 아닌지는 본인이 잘 압니다. 재미가 실제로 느껴지지 않음에도 불구하고 자신이 기획했으므로, 혹은 만들었으므로 재미있다고 억지로 생각하고 그대로 밀고 나가서는 안 됩니다.

## 2. 규칙성

또 게임의 특징으로 규칙성이 있습니다. 각 게임은 그 게임만의 룰, 법칙에 의해 지배 받고 있습니다. 이 룰을 잘 만드는 것이 곧 좋은 게임 기획이라고 할 수 있습니다. 그럼 어떻게 해야 잘 만든 룰이 되는 것인가요?

우선 게임의 규칙은 공정해야 합니다. 같은 것은 같게 취급해야 하고, 다른 것은 다르게 취급해야 합니다. 플레이 하는 사용자가 부당하다는 느낌이 들면 사용자는 더 이상 그 게임을 하지 않게 됩니다. 사용자의 노력에는 보상을 주어야 하고, 규칙의 남용이나 악용의 여지는 없애야 합니다. 이러한 정당성이 확보하면서도 구체적으로 나올 수 있는 룰은 무한대에 가까울 정도로 다양하게 가능합니다. 어떤 룰을 만드는가, 어떤 수치조정을 행하는가 등의 점이 제작자의 독창적인 정의에 대한 감각을 드러낼 수 있는 기회이기도 합니다.

게임의 규칙은 이해하기 쉬워야 합니다. 너무 어려운 규칙을 사용하면 그것을 만들기도 힘들지만 그것을 사용자들에게 이해시키기도 힘듭니다. 제작인원이 많거나, 규모가 어느 정도 된다면 조금 어렵거나 복잡한 규칙을 만들어도 충분히 전달할 수 있을 수 있습니다만 소규모 제작에서는 규칙의 복잡성은 최대한 피해야 합니다. 이 때 규칙은 심플할수록 좋습니다. 그래야 제작 부담이 많이 경감되기도 합니다. 심플한 규칙만으로 최대한의 재미와 변화를 이끌어낼 수 있는 게임 디자인을 만들어내는 것이 중요합니다.

또한 게임의 규칙은 풍부해야 합니다. 게임에 너무 단순한 규칙만 존재하고 아무런 변화가 없다면 그 게임에는 쉽게 질리게 됩니다. 이러면 사용자들은 일찍 게임을 그만두고 좋은 게임으로 평가 받기도 힘듭니다. 처음에 쉬운 규칙으로 시작해서 점점 복잡성을 조금씩 증가시켜 가는 것이 좋습니다. 그래야 서서히 사용자들을 게임에 익숙해지게끔 만들 수 있고 빠져들게 할 수 있습니다. 게임의 규칙을 풍부하게 만드는 것 자체가 제작부담의 증가를 의미하므로 제작여력과의 균형점을 잘 찾아야 합니다.

테마와의 조화도 필요합니다. 게임의 전체적인 테마에 규칙은 들어맞아야 하고, 잘 어울려야 합니다. 게임의 테마나 전체적인 분위기와 전혀 맞지 않는 규칙은 오히려 게임의 주제전달과 유저의 경험을 해치는 요소가 됩니다. 진지한 판타지 게임에 갑자기 유치한 아동용 게임의 문법이 나와서는 곤란하고, 공포게임에 유머러스한 요소가 나와도 이상하게 됩니다. 물론 게임의 기본적인 특성상 여러 가지 요소의 조합은 필요한 일이기는 하나 정도가 심하면 안 될 것입니다.

규칙은 일관성도 있어야 합니다. 처음엔 이런 규칙이었다가 갑자기 바뀌는 것은 곤란합니다. 물론 게임의 변형을 위해 중간에 바꿀 수는 있지만 그것도 정당한 과정을 거쳐야 하고 사용자가 납득할 수 있어야 합니다. 이랬다저랬다 하는 규칙은 혼란스러울 뿐 일반적으로는 바람직하지 않습니다.

## 3. 상호작용성

보통 사람들이 어떤 게임을 하다가 질릴 때 게임을 떠납니다. 왜 질릴까요? 더 이상 그 게임으로부터 재미를 느끼지 못하기 때문입니다. 그럼 이 질리는 것을 최대한 늦추거나 없게 하면 좋은 게임이 된다고 할 수도 있습니다. 이를 위해서 계속 새로운 콘텐츠를 제공하는 것이 좋지만, 이는 제작 여력의 한계로 인해 달성하기 힘듭니다.

그럼 어떻게 해야 할까요. 그 대안으로 많이 사용되고 있는 것이 유저 크리에이트 콘텐츠 (User Create Contents) 입니다. 즉 유저가 직접 콘텐츠를 만들어 놀 수 있게 하는 것입니다. 이렇게 하면 게임의 수명이 비약적으로 늘어날 수 있습니다. 계속 새로운 것들을 유저가 만들어 낼 것이기 때문입니다. 유저가 콘텐츠를 만들 수 있도록 하는 툴을 제공하고 될 수 있는 한 그 가능성에 제한을 두지 않아야 합니다. 가능성에 제한이 느껴지는 순간, 유저의 게임에 대한 흥미는 급속하게 식습니다. 자신이 아무리 날고 기어봤자 제작자가 설정한 한계에 막힌다는 느낌을 받기 때문입니다.

이런 접근방식에는 주의할 점도 있습니다. 먼저 게임의 밸런스 면을 생각해봐야 합니다. 가령 유저가 RPG게임에서 어떤 유닛 혹은 무기를 만들어 냈는데 그것의 게임 상의 효율이 너무 좋아 다른 모든 것을 압도한다면, 사람들은 그것을 위주로만 쓰려고 할 것입니다. 따라서 항상 반대급부로 대가를 지불하도록 하는 것이 좋고 특정 상황에서만 유용하도록 제한을 두는 것이 좋습니다. 반면 이런 제한을 너무 강하게 주면, 아무리 유저가 무엇을 만들어 내도 고만고만하게 되므로 재미가 없어지는 문제도 있으므로 양자의 요구들 간의 절충점을 찾아 조율을 잘 해야 하는 것이 제작자의 과제입니다.

또한 요즘 게임들은 게임과 유저간의 상호작용뿐만이 아니라 유저 간의 상호작용도 중요한 요소의 하나가 되어 있습니다. 즉 유저 간에 서로 협력하여 게임을 플레이 하거나, 혹은 경쟁합니다. 게임의 달성도를 가지고 다른 유저에게 뽐내고 자랑하는 요소도 있습니다. 유저가 이런 성취를 달성하면 자발적으로 게임의 스크린 샷이나 동영상을 SNS에 올리는 등의 활동을 하게 마련이며 이는 다른 사람들에게 게임을 자연스럽게 홍보하게 되는 효과도 있습니다. 따라서 게임은 이런 유저의 활동을 지원하고 장려하는 것이 좋습니다. 애초에 게임을 디자인할 때 유저의 이런 심리까지 고려하여 그런 활동들을 돕는 시스템을 도입하면 게임의 홍보 면에서  좋습니다.

## 4. 게이머의 입장

게임 기획을 할 때는 당연한 말이지만 소비자를 고려하지 않으면 안 됩니다. 결국 내가 만든 게임을 플레이하고 사줄 사람이 게이머입니다. 게이머가 무엇을 원하고 내가 만들고 있는 게임이 어떠했으면 좋겠다고 생각하는지? 목소리에 귀를 기울일 필요가 있습니다. 물론 처음 게임을 만드는 경우라면 이런 것도 없을 테니 우선 하나를 빨리 만들어 시장에 내놓아야겠지요. 게이머가 게임의 구입여부를 고려할 때는 다양한 이유가 있겠지만, 그 모든 이유는 철저히 자기 자신을 위한 것이라는 게 제작자가 뼈저리게 깨닫고 있어야 하는 점입니다. 게이머는 절대로 제작자 입장을 고려하거나 감정적인 이유로 게임을 구입하는 게 아닙니다. 오직 자기 자신에게 이게임은 무엇을 줄 수 있는가?만을 기준으로 판단합니다. 이 게임은 자신에게 어떤 체험을 줄 수 있으며 어떤 재미를 줄 수 있는가? 이게 핵심입니다. 그 외의 모든 것은 고려대상이 아닙니다. 게임을 만들겠다고 하는 개발자 입장에서는 당연히 이 점을 항상 의식하고 있어야 합니다. 결국 어떤 게임을 만드느냐, 그와 관련된 생각과 노력만이, 그리고 그 결과물만이 평가대상이 되는 것입니다.

이런 식으로 좋은 게임 기획의 요건은 실로 다양합니다만 이런 것들을 참고로 하여 자신만의 게임 기획 방법을 터득하고 발전시켜 나가는 것 외에 다른 길은 없습니다. 좋은 게임 기획을 짜는 것은 앞서도 말했듯, 생과 사를 가를 만큼 중요하고 심각한 일입니다. 기업이든 개인이든, 게임을 하나 만들기 위해서는 수많은 인력과 시간과 노력이 들어가고, 그것은 곧 돈입니다. 사람을 고용하는데 돈이 들고 유지하는데 돈이 듭니다. 개인의 경우에도 자기 시간을 투여하는 것은 그만큼 다른 기회비용에서 손해를 보는 것을 의미합니다. 직접적으로 개발에 돈을 쓰기도 합니다. 이런 엄청난 자원을 쏟아 부어서 만든 게임이 시장에서 흥할 것이냐 아니냐, 쉽게 말해 돈이 되냐 아니냐를 그야말로 결정짓는 일이 게임 기획이라는 것을 명심해야 합니다. 이렇게 중요한 일이므로 결코 아무나 해서는 안 됩니다. 회사에서도 결코 아무에게나 게임 기획을 맡기지 않습니다. 개인이 자기 책임 하에 게임을 만드는 경우에야 처음에 몇 번 쉽게 할 수 있는 일입니다. 실패해도 큰 타격이 없기 때문입니다. 그런 식으로 경험을 쌓고 노하우를 습득해야 어느 정도 할 수 있는 일이 게임 기획입니다.

# SECTION 02 | 나 홀로 하는 게임 기획  ▼

이렇게 중요한 게임 기획인데 그럼 어떻게 해야 할까요. 특히 개인이 게임을 만드는 경우 어떤 기획을 해야 할까요. 새로우면서도 소규모로 만들 수 있는 게임을 그야말로 완전 제로에서 만들어내기란 정말 힘든 일입니다. 특히 아무런 경험이 없는 경우에는 더욱 그렇습니다. 기존의 검증된 재미를 가지는 다른 여러 게임들에서 벤치마킹 하여 핵심적인 요소를 가져오는 식으로 기획을 하는 것이 안전합니다. 거기에 자신만의 변형이나 색깔을 덧붙이면 우선 처음의 게임 기획으로서는 괜찮습니다.

## 1. 나 홀로 하는 게임 기획의 특징

사람은 다르면서도 공통점이 있어서 어떤 게임을 해보고 자신이 재미가 느껴지면 그 요소는 남들도 재미있다고 느낄 확률이 높습니다. 반면 단점으로 생각되는 부분은 남들이 봐도 그런 경우가 많습니다. 즉 자신이 느끼는 바에 대해 어느 정도는 자신감을 가져도 좋다는 말입니다. 또한 게임은 새로운 요소를 가진 것을 만들어야 하므로 어차피 게임 기획자의 주관적인 새로운 요소가 들어갈 수밖에 없습니다.

아무리 게임 기획이 중요하다고 해도 성공한 게임을 그대로 99% 똑같이 베껴봤자 결코 성공할 수 없습니다. 그러나 대자본이 들어가는 게임들은 대부분 이런 식으로 게임 기획을 합니다. 애초에 돈을 투자하는 주체가 게임을 돈벌이의 수단으로만 생각하므로 돈에만 집착할 수밖에 없고 큰 돈을 쓰는 만큼 그것을 잃는 것이 두렵기 때문입니다. 너무나 그것이 두려운 나머지 최대한 안전한 길, 검증된 길만을 선호할 수밖에 없고, 게임업계에서 그런 길이란 결국 이미 지나간 과거인, 이미 나와 있는 게임 중 가장 성공한 게임, 지금 잘나가고 있는 게임을 베끼는 길인데 이것이 안전해 보이기 때문입니다. 남이 만든 대로만 만들면 적어도 본전은 잃지 않을 것이란 착각을 하게 됩니다.

그러나 이렇게 만든 게임 중 성공한 게임은 하나도 없습니다. 유저들은 바보가 아니며 어떤 체험을 하고 싶다면 그 원조를 체험하고 원조를 플레이 하지 짝퉁을 플레이 할 이유는 없기 때문입니다. 아무리 게임 기획자가 새로운 게임을 만들고 싶어도 결국 돈을 대는 세력들은 그런 것에는 관심이 없고 오직 돈이 될 것이냐 아니냐로만 판단하지만 그것은 미래의 일이므로 누구도 100% 예측할 수는 없습니다. 그래서 새로운 게임을 허용할 수 없는 것입니다.

그러나 이것은 욕할 일이 아닙니다. 만약 저자가 약 3000억 원 정도 가지고 있어서 그 중에 약 100~200억 정도를 쓴다면 마음대로 새로운 게임을 만들도록 하겠지만, 그게 아니라면 마찬가지로 검증된 기획으로 갈 수밖에 없습니다. 돈은 이 세상 그 무엇보다 힘이 센 것이기도 합니다. 돈을 잃는 것은 단순히 두려움이나 그런 차원의 문제로 끝나는 일이 아니라 나뿐만 아닌 수많은 사람들의 목숨, 직장이 달린 일이기도 하므로 더더욱 가볍게 볼 일은 아닙니다.

나 홀로 하는 게임 기획은 이런 부분에선 상대적으로 자유롭습니다. 망해도 자기책임으로 하면 그만이므로 큰 부담이 없기 때문입니다. 최대한의 자유로운 상상의 날개를 펼칠 수 있고, 그것을 그대로 게임으로 만들 수 있습니다. 누구의 눈치도 볼 필요가 없습니다. 신경 써야 할 대상은 오직 최종사용자뿐입니다. 그렇기 때문에 기존과 전혀 다른 새로운 게임이 나올 수 있고, 그렇기 때문에 오히려 대자본이 투입된 게임보다 더 성공할 가능성도 있습니다. 성공의 기준을 투입금액 대비 회수한 금액으로 따진다면 대자본의 게임보다 투입금액의 절대적인 액수에서는 뒤질지 몰라도 회수한 금액의 비율은 더 높을 수 있다는 말입니다.

# 2. 게임 기획의 방법

### 2-1 개발기간의 문제

그럼 어떻게 해야 할까요. 혼자서 혹은 소규모로 개발을 할 때 가장 중요한 것은, 개발기간에 대한 관리입니다. 개발기간이 길어지면, 지치게 되고, 관리가 힘들어 집니다. 게임 시장의 트렌드도 빠르게 변하고 있습니다. 유저들의 취향도 다양해지고 나오는 게임들도 점점 더 많아지고 있습니다. 나오는 게임들이 하나같이 퀄리티가 좋다 보니 유저들의 눈은 높아질 대로 높아져 있습니다. 이렇듯 시장은 점점 더 성숙해져 갑니다. 성숙한 시장일수록 살아남기란 더 힘들어져 가는 법입니다. 게임에 요구되는 퀄리티나 콘텐츠의 분량에 대한 수준은 점점 더 올라가고 있습니다.

따라서 이런 시장에 대해 기민하게 반응하고 적응하기 위해서는 어느 한 게임에 매달려만 있어서는 안 된다는 말입니다. 한 게임에 대한 개발기간이 길어질수록 그것이 망했을 때 오는 타격도 더욱 심해집니다. 최대한 짧게 개발기간을 가져가고 시장에서 평가 받은 후 빠르게 다른 게임 혹은 후속작 또는 업그레이드를 준비해야 한다는 것입니다. 시장에 내지 않으면 언제까지나 착각 속에 빠져 혼자만의 세계를 그리고 있을 수밖에 없는 것입니다. 결국 시장에서 평가 받아야 합니다. 이런 경험을 많이 쌓을수록 더 잘할 수 있게 되므로, 최대한 빠르게 게임을 시장에 내고 평가 받는 기회를 많이 가져야 합니다. 처음부터 완벽하거나 완성된 게임으로 승부하겠다는 것은 욕심입니다. 게임에 완성이란 없고 개발에 끝은 없습니다. 항상 부족한 부분은 있을 수밖에 없습니다. 처음에는 오히려 최대한 빨리, 많이 실패한다는 각오로 부딪힐 수밖에 없습니다. 그런 가운데 경험을 쌓으면 앞으로 어떻게 해야겠다는 길이 눈에 보이기 시작할 것입니다.

개발기간을 짧게 하는 것은 말은 쉽지만 실제로 수행하기란 대단히 어렵습니다. 거의 불가능하다고 할 수 있을 정도입니다. 핵심적인 게임 아이디어만을 표현하고 나머지 거의 모든 아이디어를 극도의 절제심으로 잘라내야 달성 가능합니다. 조금 과장해서 말하자면 애초에 기획한 양의 1%만 남기고 99%를 잘라내야 달성할 수 있을 정도입니다. 게임 업계와 시장을 보면 지금 시대는 꽤 발전해 온 성숙기라고 할 수도 있으며 그 동안 수많은 사람들에 의해서 수많은 게임들이 개발되어 왔습니다. 따라서 수많은 아이디어들이 이미 실현된 것들이 많습니다. 그런 게임들을 많이 접하다 보면 스스로 기획하는 게임에도 그 중에 좋은 아이디어나 요소들을 넣고 싶게 마련인데 이것들은 모두 개발기간을 늘리는 주범임에 다름 아닙니다. 그런 모든 것들로부터의 유혹을 모두 물리치고 핵심적인 딱 1가지만의 요소만 개발한다고 생각해야 개발기간을 짧게 가져갈 수 있을 것입니다.

**2-2** **필수적인 게임의 요소**

이렇듯 핵심적인 한 가지 기획만 채용해야 하는 이유는, 모든 게임에 공통적으로 들어가야 할, 즉 개발해야 할 요소들이 꽤 많기 때문입니다.

✔ 우선 게임의 룰을 표현해야 합니다. 이 게임이 뒤에서 어떻게 돌아가는지 그 법칙을 구현하는 것을 말합니다.

✔ 그리고 이 게임의 룰을 최소한으로 그래픽 혹은 문자로 표현해야 합니다. 사용자에게 게임의 현재의 상황을 알려야 하고, 그에 대해서 사용자의 선택, 혹은 반응을 다시 입력 받아 변화된 게임의 모습을 다시 그래픽 혹은 문자로 드러내는 부분을 구현해야 합니다.

✔ 사용자의 입력과 선택을 받아야 하므로 UI를 구현해야 합니다. 이 UI를 통해서 사용자는 게임의 세계를 인지하고, 정보를 획득하며, 다시 게임의 세계에 개입합니다.

✔ 마지막으로 게임의 수익화를 위해서 무료버전에 광고를 붙이거나, 혹은 게임 자체를 유료화 하거나, 혹은 게임 안에 소액결제가 가능한 시스템을 구현해야 합니다.

요즘 유행하는 멀티요소를 빼고 1인용 게임을 만든다고 해도 위와 같은 요소는 거의 모든 게임에 들어가야 하는 요소가 됩니다. 이렇듯 핵심 게임 기획 한 가지만을 가지고 있는, 극히 단순화된 게임을 만들려고 해도 위와 같이 부대적으로 들어가야 할 요소가 많습니다. 결국 위와 같은 것을 다 구현하는데 기본적인 시간이 걸릴 수밖에 없으므로 여기에 게임 기획을 1개 더 추가할 때마다 개발부담은 추가한 양의 1.5배~2배 정도 더 늘어날 수밖에 없다는 것입니다.

물론 이는 개발기간을 1~2개월로 줄이려고 할 때의 극단적인 경우이고 기간이 넉넉하다면 여기서 기획을 더 추가하거나 할 수 있을 것입니다. 또한 게임을 여러 개 개발하여 경험과 프로그래밍 소스가 쌓이면 기존의 것을 꽤 많은 부분 재활용할 수 있으므로 개발속도는 빨라질 수 있습니다.

### 2-3 단순화한 게임을 기획

혼자 혹은 소규모라면 개발인력도 1~3인 정도일 것입니다. 투자를 받은 것이 아니라면 생업을 위한 일도 해야 할 것입니다. 1인이 실제 개발에 투입할 수 있는 절대적인 시간 자체가 하루에 그렇게 많지 않은 것입니다. 가령 평균적으로 하루에 3시간 정도를 개발에 투입할 수 있다고 가정해 보겠습니다. 이 조건 하에서 전체 개발기간을 3개월로 설정한다면, 3시간 X 90일(3개월) = 270시간입니다. 이 시간을 온전히 실제 개발에만 쓸 수 있다면 좋겠으나, 실제로는 어떤 문제가 막힐 때마다 인터넷 자료를 찾아보고 연습하고 공부하는 시간도 포함되어 있습니다. 따라서 최종적으로 만들 수 있는 게임의 모습은 많이 열악할 수밖에 없습니다. 그러므로 게임 자체를 최대한 단순한 것을 만들려고 기획하는 것이 바람직합니다. 더 복잡한 게임, 더 어려운 게임, 개발기간을 더 늘려 잡은 게임은 자신이 어느 정도 시장에 대해 잘 알게 되고 개발경험도 쌓이고 어떻게 만들어야겠다는 확신이 들 때 시도해도 됩니다. 처음에는 무조건 만들기 쉽고 빠른 시간 내에 끝낼 수 있는 게임을 기획해야 한다는 것입니다.

그럼 이렇게 짧은 개발기간에 만들 수 있는 게임이란 무엇일까요? 이 목적에 맞는 게임으로는 퍼즐게임이나 슈팅게임, 캐쥬얼게임 혹은 비쥬얼 노벨이나, 텍스트 노벨 등이 우선 추천할만한 카테고리입니다. 노벨류 게임은 일러스트만 조달하고 스토리만 쓰면 게임으로 만드는 것은 비교적 간단하며, 퍼즐이나 슈팅게임 역시 제작이 상대적으로 쉽습니다. 반면 RPG나 어드벤쳐, 전략이나 시뮬레이션 게임 등은 게임 기획에서부터 시간이 많이 걸릴 수밖에 없고 게임에 들어가는 콘텐츠의 양이나 프로그래밍으로 구현해야 될 게임 내의 시스템도 많을 수밖에 없어 나 홀로 개발에는 그다지 어울리지 않는 장르들입니다. 물론 여기에도 예외는 있고 실제로 그런 열악한 상황에서도 어려운 장르를 개발했던 사례는 많이 존재하고 있습니다만 대체로 그렇다는 점을 지적하고자 합니다.

일단은 최근에 자신이 경험했던 사건들 혹은 다른 게임들을 참고로 하여 기획을 시작하는 것이 좋습니다. 자신이 최근에 가장 잘 알고 있는 것이기 때문입니다. 생활에서 얻는 경험과 여러 가지 요소들을 위에서 언급한 게임 기획의 법칙들과 주의사항들에 유념하면서 게임 기획을 시작하면 됩니다.

### 2-4 기획서의 작성

우선 게임 기획은 기획서를 작성하는 것으로부터 시작하게 됩니다. 혼자 만들더라도 어느 정도는 써두는 것이 좋습니다. 게임을 만들다 보면 계속 새로운 아이디어가 생겨나고 그에 따라서 게임도 변형이 되어가는데 이런 것들에 대해 적어두지 않으면 몇 달 후에는 예전의 세부적인 것들이 잘 기억이 나지 않을 수 있기 때문입니다. 물론 완전 혼자 만들면 남에게 보여줄 필요는 없으므로 혼자만 알 수 있을 정도로 간략화한 노트 형식으로 핵심적인 문구만 써도 될 것입니다. 만약 자신 이외에 개발에 참여하는 팀원이 더 있을 경우, 기획서는 제대로 쓸 필요가 있습니다. 남에게 보여주고 그를 이해시켜야 하기 때문입니다. 읽는 사람을 배려해서 문서 작성 시 글자나 문단의 모양 등에도 약간은 신경을 써야 합니다. 약간은 보기 좋게 꾸미는 것도 필요하다는 겁니다.

그럼 게임 기획서에 들어가야 할 내용은 무엇일까요. 게임을 만들기 위해 필요한 모든 내용이라고 할 수 있습니다. 더 정확히는 그 중에서 적어둘 필요가 있는 내용입니다. 무작정 모든 내용을 빠짐없이 적으려고 하면 분량이 너무 늘어나므로, 기록해둘 필요가 있는 내용, 가령 표라든지, 데이터들, 참고자료용 사이트의 주소 등입니다. 그리고 구현해야 할 각종 게임 시스템들의 명세서, 캐릭터의 수치, 레벨표, 경험치표 등은 적어둬야 할 필요가 있는 자료들입니다. 그리고 남이 보는 기획서라면 게임에 대해서 기획서만 봐도 이해할 수 있도록 작성해야 합니다. 팀원끼리 기획회의를 한 후에도 항상 중요내용을 기록을 해두는 것이 필요합니다.

경영진에게 차기 게임제작의 결정을 받을 목적이나 혹은 투자자에게 투자를 받을 목적으로 기획서를 작성하는 경우도 있을 것입니다. 이런 경우에는 더더욱 기획서에 신경을 써야 합니다. 전문적인 파워포인트, 한글 등의 워드프로세서 책을 보고 디자인 등을 연구하여 최대한 보기 좋고 퀄리티 높게 만드는 것이 필요합니다.

## SECTION 03 | 어떤 게임을 만들 것인가? ▼

드디어 여기까지 왔습니다. 그래서 결국 어떤 게임을 만들 건가요? 이 부분은 개개인마다 다른 게임이 나와야 하는 부분이라 일반화하기 어렵습니다. 단지 지금까지 언급한 게임 기획의 원칙들, 혼자 만들 때의 주의점을 최대한 지키면 됩니다. 그런 것들을 지키면서도 만들 수 있는 게임은 무궁무진하다고 해도 좋을 정도로 다양하게 나올 수 있습니다. 오직 여러분의 상상력에 달린 문제가 됩니다. 여러 번 만들어서 나름대로 익숙해지면 기존에 배운 원칙은 전부 무시하고 자신만의 원칙을 발견할 수도 있을 것입니다.

일단 본서에서는 그래도 특정한 게임을 정해서 실제로 만들어가야 하므로 여기서 임의로 게임 하나를 정하겠습니다.

슈팅게임을 만들어 보겠습니다. 기본적으로 타 장르에 비해서 만들기가 간단하고, 또 유니티의 기본적인 내용들을 익히기에 좋은 소재입니다.

그럼 슈팅 게임의 기획부터 시작해야겠지요. 슈팅 게임이라고 해도 나올 수 있는 게임은 매우 다양합니다. 여기서는 기본적인 슈팅게임의 문법을 따르는 게임을 만들어보려고 합니다. 우선 배경은 횡 스크롤(오른쪽으로 강제로 진행하는 스타일)로 움직인다고 하겠습니다. 아군은 기체를 상하좌우로 움직일 수 있습니다. 그리고 적군을 만들고 사전에 지정한 경로를 따라 움직이게 합니다. 대강 이런 내용으로 제작해 보겠습니다.

# CHAPTER 05

# 게임 제작의 준비

이제부터 본격적으로 유니티를 사용해서 실제로 게임을 만들어 보겠습니다.

# 05
# 게임 제작의 준비

## SECTION 01 | 유니티 프로젝트 만들기

먼저 설치한 유니티를 실행합니다. 바탕화면에 생성된 아이콘을 통해서 혹은 설치된 폴더에 들어가서 Unity.
exe 파일을 실행하면 됩니다.

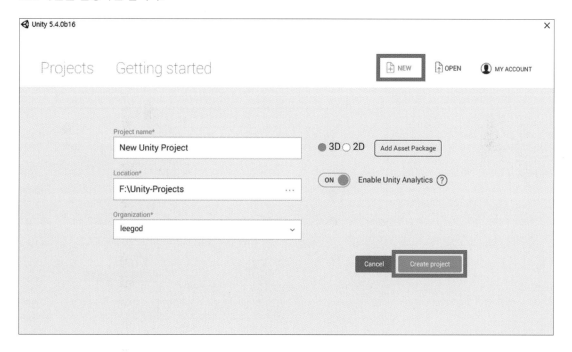

그러면 위와 같은 화면을 볼 수 있는데 유니티 계정이 없으신 분은 상단에 작은 글씨로 적힌 NEW 를 클릭합
니다. 유니티 사이트로 연결되어 계정을 만들 수 있습니다. 계정을 만들었다면 다시 돌아와서 그 계정의 이메
일과 비밀번호를 넣고 하단의 Sign In 버튼을 클릭하면 됩니다.

그럼 위와 같은 화면으로 연결됩니다. Projects탭에는 이전에 자신이 유니티로 열었던 프로젝트들이 나열되어 있어서 쉽게 바로 열 수 있습니다. 그리고 해당 프로젝트를 만들었던 유니티의 버전도 알아보기 쉽게 프로젝트명 바로 하단에 표시되어 있습니다.

❶ 기존의 다른 프로젝트를 열려면 상단 우측의 OPEN을 클릭한 후 열리는 대화상자에서 유니티 프로젝트 폴더를 지정해주면 됩니다.

❷ 일단 지금부터 프로젝트를 새로 만들어 보겠습니다. 상단 우측의 NEW를 클릭합니다.

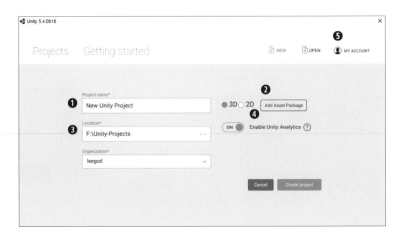

그럼 위와 같은 화면이 나옵니다.

❶ 여기서 상단 에는 프로젝트의 이름을 적어줍니다. 영문으로 적어야 됩니다. 그리고 우측 옆에는 프로젝트가 3D인지 2D인지 선택하는 부분이 있습니다. 현재 자신이 만들려고 하는 게임의 형태에 따라 선택하면 됩니다. 나중에 얼마든지 변경할 수도 있습니다.

❷ 그 옆의 Add Asset Package 를 클릭하면 프로젝트 시작 시에 같이 로드 할 패키지를 선택할 수 있습니다. 이는 게임을 만들 때 필요한 프로그래밍, 그래픽 등 에셋들을 주제별로 묶어놓은 것으로서 자신이 만들려고 하는 게임

에 필요한 것만 골라서 프로젝트를 만들 때부터 파일을 추가시킬 수 있습니다. 지금 선택하지 않더라도 유니티 실행 후에도 언제든지 선택하여 추가할 수 있습니다.

❸ 그리고 하단의 Location* 부분에서는 프로젝트 파일을 저장할 폴더의 경로를 지정할 수 있습니다. 역시 영 문으로 경로명을 만들어야 하고 되도록 SSD 드라이브에 넣는게 좋습니다.

❹ 그 우측 옆의 Enable Unity Analytics 는 자신이 만든 게임에 대한 각종 통계자료를 볼 수 있게 하는 기능입니다. 유 니티가 새로 도입한 서비스의 일종입니다. 이것을 [ON]으로 하여 켜놓으면 하단부에 Organization* 에서 이 게임이 속한 조직을 선택할 수 있습니다.

❺ 이 조직 자체를 추가하려면 우측 상단의 MY ACCOUNT 를 클릭하여 나오는 메뉴 중 [Manage organizations]를 클릭해서 조직관리 사이트로 이동합니다.

여기서 우측 중단의 ☰ 부분을 클릭하면 조직을 추가할 수 있고 하단의 톱니바퀴 모양의 아이콘 ⚙ 을 클릭해 서 기존의 조직을 관리할 수도 있습니다.

다시 프로젝트 시작화 면으로 가서 프로젝트 명을 KnowZero로 정 하고 3D를 선택하며 에 셋 추가는 없이 Create Project를 눌러서 시작 하겠습니다.

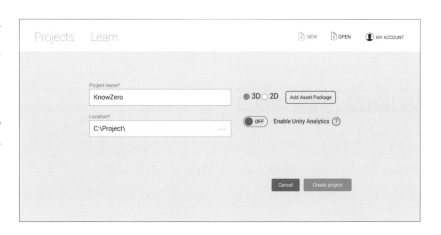

그럼 첫 화면으로 이와 같은 화면이 나올 것입니다. 여기가 유니티의 첫 실행 시 나타나는 화면이고 출발점입니다.

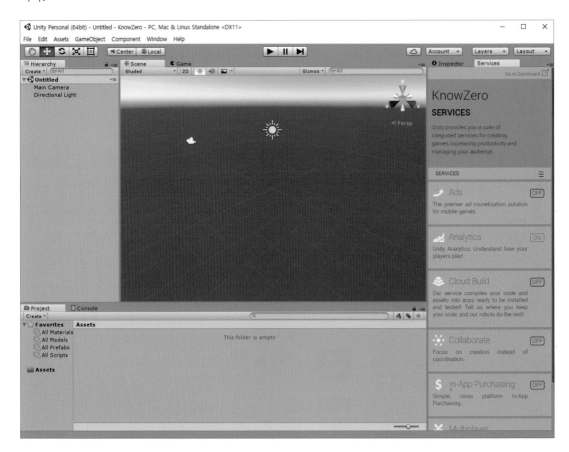

이 유니티 에디터에 대한 자세한 설명은 뒤로 미루기로 하고, 실제 게임을 만들 때는 우선 게임의 에셋을 구하는 일부터 시작합니다. 지금은 슈팅게임을 만들기로 하였으므로, 만들고자 하는 게임에 사용될 리소스를 구해야 합니다. 즉 슈팅게임에 사용될 그래픽, 3d모델링, 유저 인터페이스용 텍스쳐, 이펙트 효과, 사운드 등이 필요합니다. 능력과 실력이 된다면 이것들 전부 혹은 일부를 직접 만들어서 쓰는 방법이 있으며 보통은 다른 사람에게 돈을 주거나 지분을 주어 제작해야 합니다. 여기서는 이런 방법 외에 리소스들을 빨리 조달할 수 있는 방법에 대해 얘기하고자 합니다.

# SECTION 02 | 게임 에셋의 구입 및 확보

슈팅게임에 필요한 에셋이 무엇이 있을까요? 이는 어떤 슈팅게임을 만들려고 하는가에 따라 각자 다를 것이지만, 우선 여기서는 아군 기체, 적군 기체로 사용할 비행기 3D 모형을 구해야 됩니다. 보통 이런 3D 모델링을 제작하는 사람을 모델러라고 하고 3DS MAX와 같은 전문 3D그래픽 소프트웨어를 사용하여 만듭니다. 보통 어느 정도 규모가 있는 게임 제작에서는 이런 에셋을 직접 내부에서 제작합니다. 그러나 소규모에서는 이런 게임 리소스를 직접 제작하여 쓰려고 하다가는 개발기간이 한없이 늘어날 것이며 또 웬만한 실력으로 그래픽을 직접 제작하는 것보다 오히려 사는 게 더 나은 경우가 많습니다. 따라서 여기에서는 외부에서 리소스를 가져오겠습니다. 이럴 때 사용하는 곳을 몇 군데 소개하겠습니다.

# 1. 에셋 구입처

### 1-1 유니티 에셋 스토어 | HTTPS://WWW.ASSETSTORE.UNITY3D.COM/KR/
유니티에서 공식적으로 운영하는 스토어로 에셋을 사고 팔 수 있습니다.

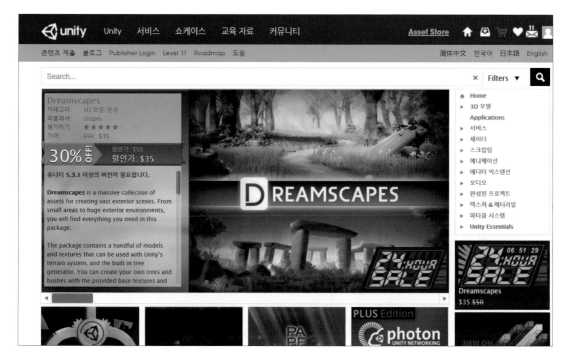

유니티 에디터 안에서는 상단 메뉴 중 [Window] 클릭 후 나오는 메뉴에서 [Asset Store]를 클릭하여 들어갈 수 있고 인터넷 브라우저에서는 https://www.assetstore.unity3d.com/kr/로 접속할 수 있습니다.

여기서 자신이 원하는 에셋을 찾기 위해서 오른쪽의 여러 카테고리를 뒤져서 찾거나 혹은 상단 검색 창을 이용하면 됩니다. 굉장히 다양한 에셋이 올라와 있어서 둘러보는 데에도 상당한 시간을 요합니다. 유니티 에셋을 구입할 때는 그래픽 에셋은 비교적 퀄리티가 바로 눈에 보이므로 선택하는 데에 판단하기가 쉬운 반면 프로그래밍 에셋의 경우는 직접 사용해보기 전까진 세세하게 어떤 기능을 제공하는지 알기 어렵다는 점에 주의해야 합니다. 이런 경우는 구매 전 제작자에게 직접 물어봐야 합니다. 또 프로그래밍 에셋의 경우, 자신이 정확히 원하는 것이 아닐 경우 에셋 자체를 또 수정해야 하므로 부담이 있으며, 또 에셋의 사용법을 익히는 데에도 시간이 소요됩니다. 이런 경우에는 차라리 자신이 직접 맨땅에서 하나씩 만드는 게 더 효율적일 경우도 있습니다. 따라서 프로그래밍 에셋의 경우는 이런 부담들을 감수하고서라도 사용하는 것이 더 효율적일 때에만 구매하는 것이 좋습니다.

- ⌂ Home
- ▶ 3D 모델
     Applications
- ▶ 서비스
- ▶ 셰이더
- ▶ 스크립팅
- ▶ 애니메이션
- ▶ 에디터 익스텐션
- ▶ 오디오
- ▶ 완성된 프로젝트
- ▶ 텍스쳐 & 메터리얼
- ▶ 파티클 시스템
- ▶ Unity Essentials

그래픽 외에 UI 이미지, 효과음, 배경음악 등도 대부분 여기에서 구할 수 있으니 자신이 자주 필요로 하는 것들을 체크해보는 것이 좋습니다

## 1-2 터보스퀴드 | HTTP://WWW.TURBOSQUID.COM

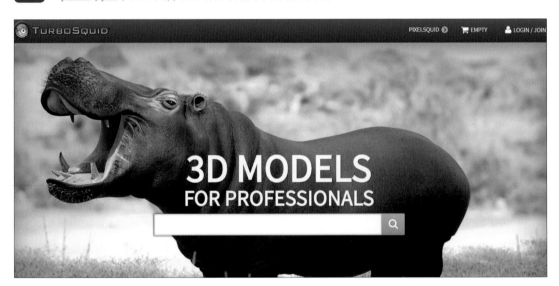

3D모델링 에셋을 전문적으로 파는 곳입니다. 비교적 모델링의 퀄리티가 높은 에셋들이 많으며 반면 가격대도 높은 편입니다. 유니티 스토어에서 자신이 원하는 게 나오지 않을 때 이 사이트에서도 찾아보면 됩니다.

**아카이브3D** | HTTP://ARCHIVE3D.NET

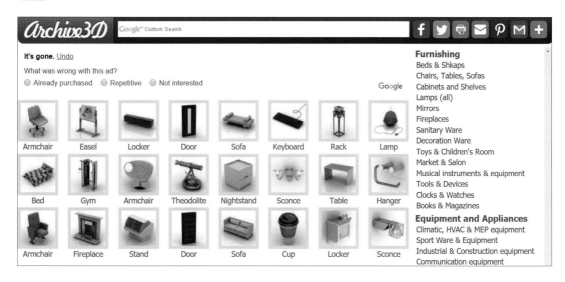

퀄리티는 조금 떨어지지만 무료로 3D모델을 구할 수 있다는 점이 장점입니다. 게임과는 약간 어울리지 않는 모델도 많으므로 자신의 게임의 분위기에 맞는 것을 잘 골라야 합니다.

1-4 **엔바토 마켓** | HTTP://MARKET.ENVATO.COM

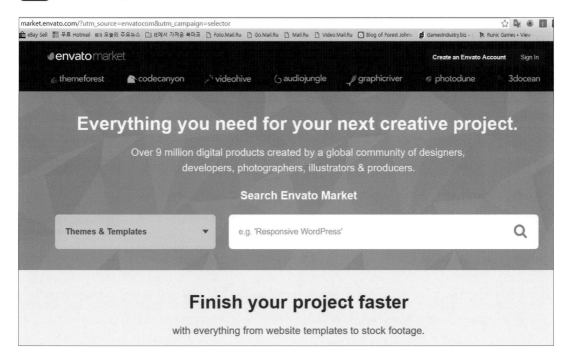

3D 모델링뿐만 아니라, 오디오, 코드, 사진 등 이미지, 아이콘, 모션 그래픽, 동영상 등 매우 다양한 자료들을 구입할 수 있는 곳입니다. 대부분이 유료이지만 그만큼 퀄리티도 어느 정도 보장된 것들이 많습니다. 이 사이트

는 비단 게임을 만들 때뿐만 아니라 홍보 동영상 제작이나 기타 다른 미디어 자료를 제작할 때도 유용하게 쓸 수 있는 곳입니다. 위의 화면 상단 메뉴에서 themeforest, videohive, audiojungle, graphicriver 등의 메뉴가 각 에셋들을 전문적으로 모아 놓은 카테고리입니다.

여기서 소개한 사이트 외에도 다른 사이트들이 많이 존재하므로 각자 나름대로 구글링 해보시기 바랍니다.

## 2. 에셋의 확보 예제

그럼 다시 본서의 슈팅게임의 제작으로 돌아와서, 실제로 에셋을 구해보겠습니다.

먼저 유니티 에셋 스토어로 가서 우측 카테고리 중에서 [3D 모델 → 탈 것 → 우주] 순서대로 클릭합니다.

그럼 위와 같은 화면이 나올 것입니다.

여기서 하단부에 작은 글씨로 된 정렬 마크 중에서 가격을 클릭합니다. 그럼 무료 에셋이 먼저 배열되게 됩니다. 실제 게임을 만들 때에는 최대한 퀄리티 높은 것이나 자신이 생각했던 게임의 분위기를 잘 구현한 것을 선택해야 합니다. 그런 것들은 대부분 유료이므로 각자 예산에 맞춰서 판단 후 구입할 수 있을 것입니다. 그러나 여기서는 우선 무료 에셋을 이용해 보겠습니다.

가격으로 정렬한 후에 상위 오른쪽에 [Sci-Fi Space-
ship 'Omega Fighter']가 보입니다. 이것을 클릭합
니다.

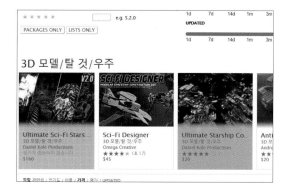

무료임에도 불구하고 퀄리티가 상당히 괜찮습니다.
이것을 아군기체로 활용하겠습니다. 좌측에 있는
유니티에서 열기 버튼을 클릭합니다.

그러면 위와 같이 유니티 에디터가 이미 실행 중이라
면 별도의 창이 하나 더 생성되면서 앞서 본 것과 동일
한 에셋의 화면이 나왔습니다. 여기서 다운로드
버튼을 누르면 됩니다.

그럼 위와 같은 확인 창이 뜨는 에셋들이 있습니다. 이 에셋은 유니티 4에서 만들어졌으므로 유니티 5 버전과 맞지 않을 수도 있다는 경고입니다. 큰 문제는 없으므로 수락버튼으로 계속하면 됩니다. 그러면 자동으로 다운로드가 진행되고, 완료되면 다음과 같은 창이 뜹니다.

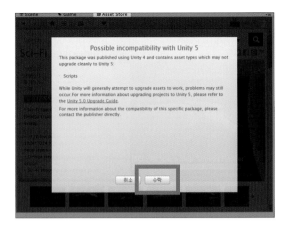

특정 유니티 패키지 파일(확장자가 .unitypackage 로 된 파일)을 새로 유니티로 가져오거나 에셋 스토어에서 다운로드 받은 파일을 유니티로 선별적으로 골라서 가져올 수 있는 임포트(Import) 창입니다. 여기서 좌측 체크마크에 확인된 것들만 유니티로 가져오게 됩니다.

여기서는 파일을 다 사용할 것이므로 전부다 체크한 채로 우측 하단의 Import 버튼을 누릅니다. 그러면 이 에셋에서는 다음과 같은 확인 창이 뜨는데 다른 에셋도 이런 경우가 있습니다.

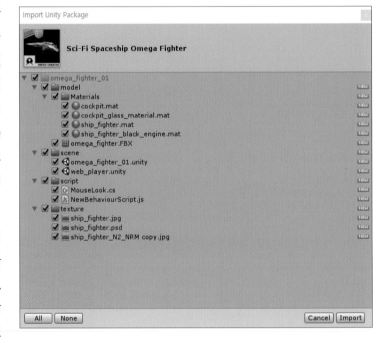

이 에셋의 파일 중에는 예전 버전의 API가 포함되어 있어서 자동적으로 업그레이드를 할 텐데, 그전에 백업이 필요하면 해두라는 이야기입니다. 여기서는 처음 이 에셋만 임포트 해오므로 백업을 할 필요가 없겠지요. 만약 어느 정도 프로젝트란에 파일들이 있고 혹시 자동 업그레이드를 했을 때 스크립트가 꼬이거나 하는 문제가 걱정된다면 여기서 진행하지 말고 우선

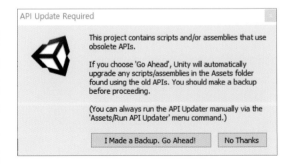

프로젝트를 전체백업을 하고 나서 진행하는 것도 좋은 방법입니다. 프로젝트를 전체백업 하는 방법은, 유니티를 종료한 후, 프로젝트 파일이 있는 폴더로 가서, 그 폴더 전체를 다른 곳에다 복사해두면 됩니다.

여기서 계속 진행하려면 [ I Made a Backup. Go Ahead! ] 를 눌러 계속합니다.

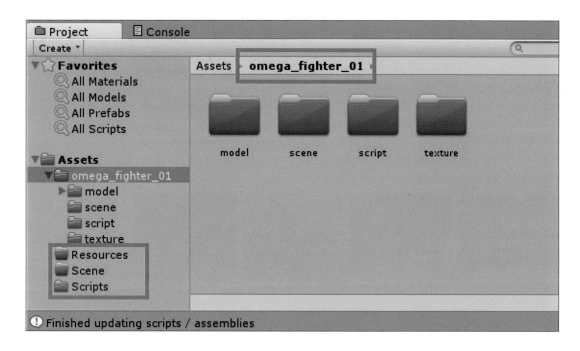

그럼 위와 같이 프로젝트란에 보면 omega_fighter_01이라는 폴더가 생긴 것을 알 수 있습니다. 하단의 Resources, Scene, Scripts 폴더는 필자가 생성한 것이며, 프로젝트란에 앞으로 집어넣게 될 각종 파일들을 종류에 맞게 분류하기 위해서 만든 것입니다. 이런 식으로 폴더 별로 정리를 해 나가는 것이 좋으며, 폴더를 생성하는 방법은, 프로젝트란의 원하는 폴더 위치에서 마우스 우클릭을 한 후 나오는 메뉴에서 [Create → Folder]를 누르면 됩니다.

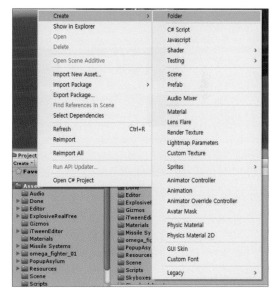

다음으로 계속해서 다른 에셋을 가져와 보겠습니다. 이제 적군 기체로 쓸 에셋이 필요합니다. 유니티 에셋 스토어에서 [3D 모델 → 캐릭터 → 로봇]을 클릭합니다.

하단에 있는 정렬 부분에서 가격을 클릭하여 무료 에셋이 상위에 오도록 정렬합니다.

그럼 위 사진과 같이 되는데 여기서 [SciFi Enemies and Vehicles] 에셋을 다운로드 받고 임포트 합니다. 다운로드 및 임포트 과정은 위에서 이미 서술한 것과 동일하므로 반복하지 않습니다. 이 에셋을 적군 기체로 쓰려고 합니다.

그리고 또 무기가 상대방에게 명중했을 때 나와야 할 이펙트가 필요합니다. 에셋 스토어 [파티클 시스템] 카테고리에서 그런 효과들을 찾아볼 수 있습니다. 여기서는 이런 폭발 시 효과용으로 검색 창에 [Explosive Realistic VFX Texture Free]로 검색하여 나오는 에셋을 다운로드 받겠습니다.

더 필요한 것은 추후 찾는 것으로 하고 일단 이런 기본적인 에셋들만 가지고 시작해 보겠습니다.

# CHAPTER 06

# 오브젝트 만들기
## 및 유니티 에디터 기본

# 06
# 오브젝트 만들기
## 및 유니티 에디터 기본

SECTION 01 | 유니티 에디터 ▼

## 1. 유니티의 주요 윈도우

유니티 에디터는 Hierarchy, Scene, Inspector, Project 등 각 윈도우(섹션)별로 나뉘어져 있다는 것을 알 수 있습니다. 중요한 각 섹션에 대해서는 계속 반복해서 나오므로 앞으로 사용하다 보면 자연스럽게 알게 되지만 우선 어떤 것인지 설명하면,

**1-1** Scene (씬)

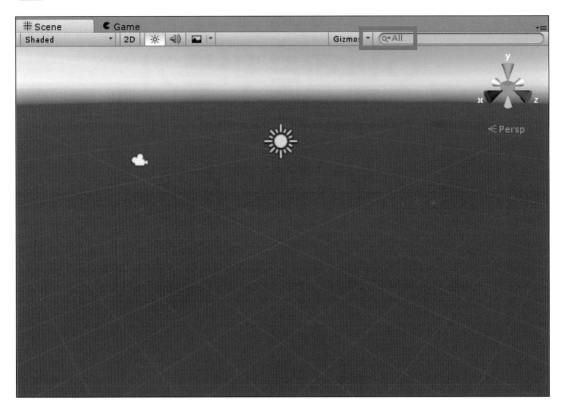

씬에 있는 물체 및 스크립트는 게임을 돌렸을 때 나오는 화면 및 게임의 구성요소를 이루게 됩니다. 즉 개발 시에 게임에 집어넣고 싶은 것들을 씬 화면에 만들어 넣고 또 조직하게 됩니다. 맨 처음에 새로운 씬을 생성하면 카메라 하나와 빛 하나밖에 없습니다. 이 카메라가 게임 실행 시에 사용자가 보게 되는 화면을 찍게 됩니다.

위 화면에서 상단 메뉴에서 2D 버튼을 클릭하면 화면을 2D와 3D간에 전환할 수 있으며 우측의 돋보기 아이콘을 클릭하면 현재 씬에 있는 특정 물체를 찾을 수 있습니다.

이 때 물체의 이름 혹은 타입으로 찾을 수 있어서 편리합니다. 가령 현재 씬 안에 있는 모든 카메라들을 찾고 싶다면 🔍 돋보기 아이콘을 클릭하여 Type으로 바꾼 후 검색 창에 'Camera'로 검색하면 되는 것입니다.

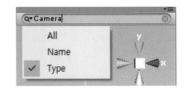

또한 이 아이콘의 각 부위를 클릭하면 해당 축의 방향대로 화면을 보여주게끔 바뀌기도 합니다. 3D게임을 만들 때 물체의 각 면을 자세히 살펴볼 때 유용한 기능입니다.

프로젝트란에서 파일을 끌어와서 씬 화면에 놓으면 해당 오브젝트가 씬 화면에 들어가게 되고 그럼 차후 게임을 플레이 할 때, 게임 상에서 보여지거나 스크립트의 효력을 발휘하게 됩니다.

## 1-2 Hierarchy (하이어아키)

❶ 현재 씬 안에 들어있는 모든 구성요소, 물체(GameObject)들을 보여주는 카테고리입니다. 상단에 있는 Create 버튼을 누르거나 혹은 하이어아키란에서 마우스 우클릭을 하면 새로 게임 오브젝트를 만들어 넣을 수 있습니다.

여기서 게임 오브젝트(GameObject)란 무엇인가 하면, 씬 안에 존재하는 물체로서, 모든 것이 게임 오브젝트입니다. 즉 카메라, 빛, 지형 지물, 캐릭터, 스크립트까지 게임 안에 존재하는 모든 것을 가리킬 수 있는 개념입니다.

이 하이어아키에서 항목 하나를 더 자세히 살펴보고 싶다면 해당 오브젝트를 클릭하면 됩니다. 가령 위에서 ❷ Main Camera를 클릭하면 인스펙터(Inspector) 화면에서 이 Main Camera에 대한 더 자세한 속성을 볼 수 있습니다.

상단에 Create 버튼을 눌러서 여기서 직접 바로 물체를 생성시킬 수도 있으며 ❸ 그 오른쪽 옆의 돋보기 아이콘으로 원하는 오브젝트를 이름이나 타입으로 찾을 수 있는 점은 씬 화면에서와 동일합니다.

Main Camera 등 하이어아키 안에 들어있는 항목 혹은 빈 곳에서 마우스 우클릭으로 별도의 메뉴를 불러내어 활용할 수도 있습니다.

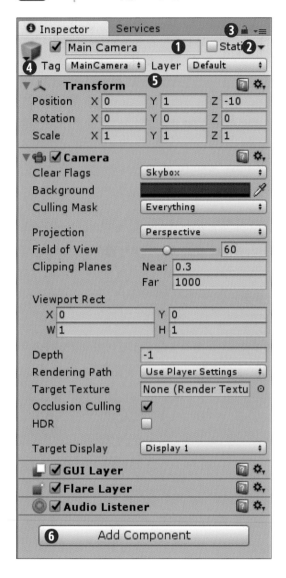

본 화면은 메인 카메라를 클릭했을 때 나타나는 인스펙터 화면입니다. 가장 위에서부터 살펴보면, 먼저 이 물체의 이름이 있습니다. ❶ 여기서는 'Main Camera'입니다. 그리고 그 왼쪽 옆에 ☑체크박스가 있습니다. 이것은 이 물체를 활성화할지 여부를 결정하는 것입니다. 체크를 해제하면 이 물체는 더 이상 씬 안에서 존재하지 않는 것으로 취급됩니다. 그리고 이 물체 밑에 달려있는 모든 구성요소들(Component라고도 하며, 위 그림에서 Transform, Camera, GUILayer, 등을 의미합니다) 역시 없는 것으로 됩니다.

❷ 오른쪽에는 ☐static이라는 항목이 있습니다. 여기에 체크를 하면 이 물체는 고정된 것으로 취급됩니다. 이 물체를 게임에서 움직일 일이 없다고 판단될 때, 여기에 체크를 하면 유니티는 이 물체를 고정된 것으로 간주하고 이 물체의 움직임에 따른 불필요한 계산을 하지 않게 됩니다. 그러면 계산양이 줄어들게 되므로 최종적으로 게임을 만들 때 게임의 성능이 향상되는 효과가 있습니다. 복잡한 3D게임을 만들 때나 조금이라도 성능을 높이고 싶을 때, 움직이지 않는 것이 확실한 게임 오브젝트들에 체크하면 되고, 간단한 2D게임을 만들 때는 그다지 신경 쓰지 않아도 무방합니다.

❸ 그리고 스태틱 체크박스 약간 위쪽에 🔒 자물쇠 모

양의 아이콘이 있습니다. 이것을 누르면 현재의 인스펙터 화면이 고정됩니다. 원래 하이어아키나 프로젝트란에서 다른 항목을 누르면 자동으로 인스펙터의 화면이 해당 항목에 맞는 내용으로 변경됩니다. 이것을 막고 현재의 인스펙터 화면을 계속 유지하고 싶을 때 자물쇠 아이콘을 누르면 됩니다. 다시 한 번 더 눌러서 해제할 수도 있습니다. 인스펙터 윈도우는 2개 이상도 동시에 볼 수 있습니다. Inspector라고 쓰여 있는 탭의 이름에 커서를 놓고 우클릭을 하면 나오는 서브메뉴에서 Add Tab으로 다른 윈도우를 추가할 수 있습니다.

❹ 그리고 하단에 [Tag] 항목이 있습니다. 태그란 추후 같은 태그를 가진 오브젝트 항목들에 접근하기 위한 수단으로서, 사용자가 임의로 부여할 수 있습니다. 태그 버튼을 눌러서 하단의 Add Tag로 새로운 태그를 만들 수 있습니다.

❺ 그 옆에는 [Layer] 항목이 있습니다. 이것은 카메라가 찍고 있는 층을 의미합니다. 이 물체가 속하는 레이어를 카메라에서 나타내거나 혹은 아예 사라지게 할 수 있습니다. 가령 레이어가 기본적으로 Default로 되어있는데, 카메라의 Culling Mask 항목에서 Default 레이어를 체크 해제하면 이 디폴트 레이어에 속한 물체들은 이 카메라가 나타내지 않는다는 것을 의미합니다. 이런 식으로 복수의 카메라와 레이어를 이용하여 하나의 게임 화면에서 여러 가지 물체들의 등장여부를 자신이 조절할 수 있습니다.

또한 태그나 레이어는 스크립트로 프로그래밍적으로 조절할 수도 있으므로 게임이 플레이되는 와중에서 실시간으로 유저 마음대로 바꿀 수도 있습니다.

그리고 보통 게임 오브젝트의 구성요소(Component)로 Transform이 바로 밑에 따라오고, 그 밑에 각종 구성요소가 추가되게 됩니다.

❻ 하이어아키에서 특정한 오브젝트가 선택된 상태에서 유니티 상단 메뉴 중 Component를 누르고 나오는 메뉴에서 여러 가지를 선택하면(혹은 인스펙터 하단의 Add Component 버튼을 누르면) 선택한 구성요소, 즉 컴포넌트가 오브젝트에 추가되며 효과를 발휘하게 됩니다. 이런 식으로 컴포넌트를 마음대로 추가하여 원하는 대로 오브젝트를 구성할 수도 있고 유니티 상단의 GameObject 메뉴를 통하여 이미 구성요소들을 모아 놓은 정형화된 게임 오브젝트를 바로 추가할 수도 있습니다.

## 1-4 Project (프로젝트)

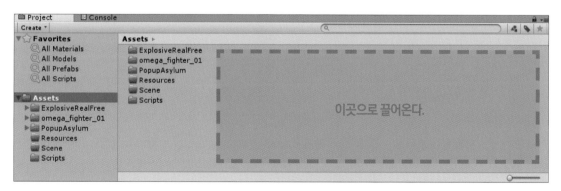

게임을 만들 때 필요한 각종 파일들, 이미지, 사운드 등을 마우스로 끌어와서 우측의 빈 공간 혹은 폴더 안에 드롭 하면 파일이 추가됩니다. 그리고 우측하단의 스크롤 바를 움직이면 항목의 크기를 조절할 수도 있습니다.

우선 상황을 가정하여 게임에서 많이 쓰이는 이미지 파일을 외부에서 가져다 쓰려고 한다고 해 보겠습니다. 파일 형식은 뭐든 상관없습니다. jpg, png, psd 등입니다. 파일을 프로젝트란의 우측의 빈 공간에 끌어 놓은 후 그 파일을 선택하면,

위와 같은 화면이 나옵니다. 여기서 끌어온 파일을 선택 후 우측 인스펙터 화면을 자세히 보면,

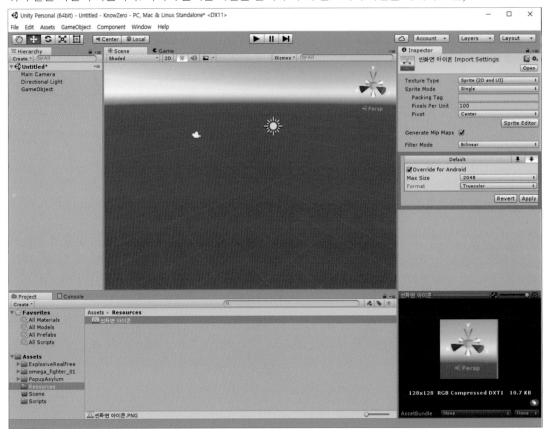

이와 같이 텍스쳐의 형식을 바꿀 수 있습니다. 여기서는 2D 및 UI에 많이 쓰이는 Sprite 형식으로 바꿨습니다. 또한 하단 부분에서 Override for Android에 체크하면 안드로이로 빌드 할 때 이 세팅 값을 우선적으로 적용하겠다는 의미입니다. 또 여기서 Format에서 Compressed, 16 bits, Truecolor가 있는데 뒤로 갈수록 용량은 커지지만 텍스쳐의 퀄리티는 좋아집니다. 보통의 프로젝트에서는 16비트 정도가 적당하고 Max Size도 형태를 알아볼 수 있으면 최대한 줄이는 것이 용량을 줄이는데 좋습니다.

이와 같이 파일을 가져오면 가져온 파일에 대한 다양한 세팅을 인스펙터에서 할 수 있으며 이는 파일의 종류(비디오, 텍스쳐, 사운드 등)에 따라 다릅니다.

**1-5** Console (콘솔)

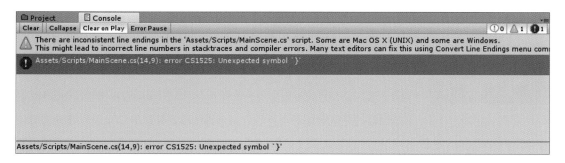

여기는 각종 스크립트의 **❶** 에러(빨간색), **❷** 경고(노란색), **❸** 일반(흰색) 메시지를 보여주는 창입니다.

노란색 경고는 굳이 고치지 않아도 게임은 돌아갑니다. 하지만 웬만하면 잡을 수 있는 에러면 잡는 것이 좋습니다. 빨간색 에러는 현재 발생한 스크립트의 에러내용과 원인, 그리고 에러 위치 등을 알려줍니다. 이 메시지를 더블 클릭하면 해당 위치로 바로 갈 수 있습니다. 빨간색 에러는 하나라도 생기면 게임이 돌아가지 않게 됩니다. 따라서 모든 에러를 다 잡아야 합니다. 흰색 메시지는 유저가 스스로 만들어 낼 수 있는 메시지입니다. 현재 어떤 메써드가 호출되었는지 여부를 확인할 때, 버그를 잡을 때, 기능을 테스트할 때 등 다양한 용도로 쓰이고 있습니다. 콘솔 창에 메시지를 표시하는 프로그래밍 명령어는, Debug.Log("표시하고 싶은 문자값" 또는 문자값 변수); 이렇게 쓰면 됩니다.

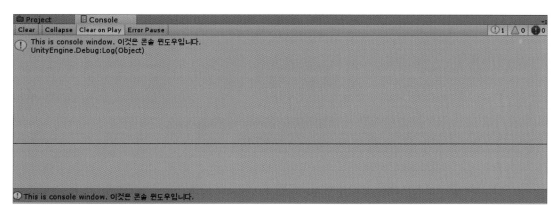

콘솔 창의 왼쪽 위의 Clear 버튼을 클릭하면 창 안의 메시지를 모두 지울 수 있습니다.

**1-6** Game (게임)

유니티 상단에 있는 플레이 버튼을 클릭하면 현재까지 만들어진 부분에서 실제로 게임을 플레이 해볼 수 있습니다.

 위의 아이콘 중 가장 왼쪽의 것이 플레이 버튼입니다. 중간의 것은 게임을 중간에 멈추는 것이고 오른쪽에 있는 것은 스텝 버튼으로 한 프레임씩 게임을 진행시키는 것입니다. 진행양상을 프레임 단위로 세밀하게 관찰할 필요가 있을 때 쓰입니다.

플레이 버튼의 단축키는 Ctrl + P 키 입니다. 이것을 한 번 더 누르면 다시 플레이가 중단됩니다. 플레이 중간에 잠시 멈추는 기능의 단축키는 Ctrl + 좌 Shift + P 키입니다. 마찬가지로 한 번 더 누르면 플레이가 재개됩니다. 유니티 상단 메뉴에서 Edit 메뉴를 열어도 Play, Pause, Step 항목이 나오며 그 옆에 단축키가 나옵니다. 이것이 각각 위의 3가지 버튼에 해당하는 기능입니다.

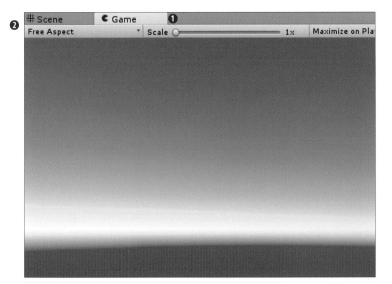
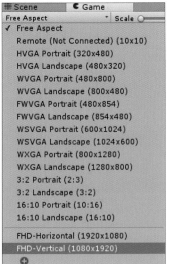

왼쪽 상단에 있는 ❶ 게임화면 탭을 클릭한 후 드래그하여 바깥으로 빼거나 혹은 유니티 에디터 안의 다른 곳으로 움직여서 고정시킬 수 있습니다. 보기 편한 곳에 두면 됩니다.

그리고 상단 메뉴의 ❷ Free Aspect라고되어 있는 버튼을 누르면,

이와 같이 게임화면의 비율을 조정할 수 있는 메뉴가 나옵니다.

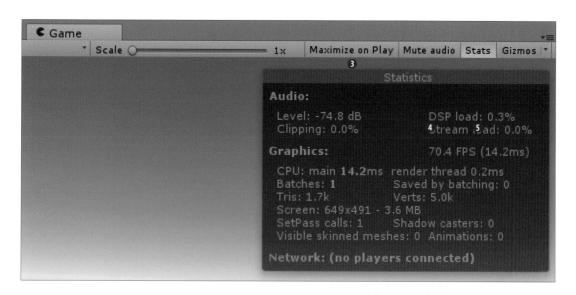

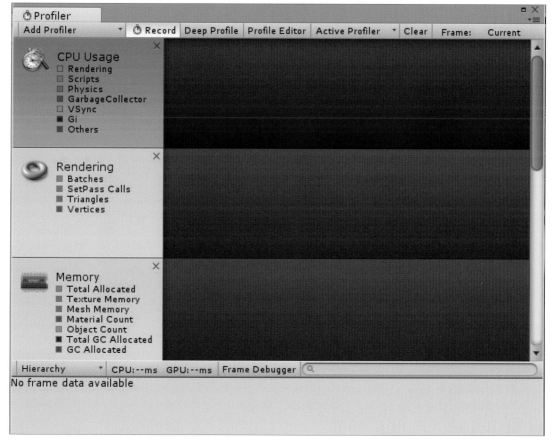

실제로 만들 게임의 해상도 비율에 맞춰서 선택하면 되고 원하는 것이 없다면 게임 화면 탭의 제일 하단의 ⊕
아이콘을 눌러서 새로 만들 수도 있습니다.

그리고 게임 창의 상단 메뉴에서 ❸ Maximize on Play는 게임 플레이 할 때 게임 창을 최대로 확대하는 기능이고 ❹ Mute audio는 말 그대로 오디오를 음소거 하는 기능입니다. 그리고 ❺ Stats 항목이 있습니다. 이 스탯 항목에서 게임의 각종 퍼포먼스를 볼 수 있습니다. CPU 사용량, FPS (Frame Per Second), Batches(복수의 물체를 렌더링 할 때 묶어서 하나의 덩어리로 표현하여 부하를 줄이는 것), Tris, Verts(게임에 사용된 3D모델의 복잡도를 나타내며 많을수록 게임이 느려집니다) 등이 주요 지표입니다. 더욱 자세한 퍼포먼스 관련 데이터는 유니디 상단 메뉴에서 [Window → Profiler]를 선택히먼 볼 수 있습니다.

## 2. 유니티의 초기 세팅

일단 여기서는 모바일 게임, 그 중에서도 안드로이드 플랫폼으로 만들 것이므로, 몇 가지 설정을 해두어야 합니다.

먼저 유니티 상단 메뉴에서 [File] → [Build Settings..]를 누릅니다. 그러면 다음과 같은 별도의 창이 뜹니다. 게임을 빌드 할 때 여기서 여러 가지 설정을 하게 됩니다. 우선 ❶ 상단의 Scenes In Build 부분에는 게임에 담길 씬을 추가합니다. 씬이란 하나의 장면으로서 게임에서 보이는 일종의 무대입니다. 게임을 만들 때는 여러 개의 씬을 만들어서 서로 오가거나 하게끔 할 수 있습니다. 그 중에서 게임에 등장시킬 씬을 이 창에서 Add Open Scenes 버튼을 눌러서 추가시키는 것입니다.

그리고 ❷ 하단부에는 빌드를 만들 플랫폼을 고르게 됩니다. 제일 상단의 PC, Mac & Linux Stand-alone을 선택하면 윈도우 상에서 돌아가는 PC용 게임을 만들 수 있습니다. 혹은 PC, Mac의 글로벌 게임 마켓플레이스인 STEAM에 게임을 출시할 때도 사용합니다. 그리고 그 밑으로 Android, iOS 등 모바일 플랫폼, 그리고 애플

TV, 타이젠, PS4, XBOX One 등 각종 콘솔 기기 등이 있습니다. 여기서는 안드로이드 용으로 빌드를 만들어야

하므로 Android를 선택한 후에 하단의 ❸ Switch Platform 버튼을 누릅니다. 그러면 이미 존재하는 프로젝

트의 파일들을 선택한 플랫폼에 맞게끔 변환하는 과정이 시작됩니다. 개발을 진행할수록 파일이 많아지므로

플랫폼의 변경에는 시간이 더 소요됩니다. 따라서 여기서 타겟 플랫폼을 정하는 것은 가급적 개발의 초기에,

시작하자마자 해두는 것이 좋습니다. 아무 파일도 없으면 순식간에 변경이 가능하기 때문입니다. 그리고 그 옆

의 ❹ Player Settings... 버튼을 누르면 플랫폼 별로 더욱 자세한 설정이 가능합니다. 이 부분은 추후에 빌드

를 만들 때 더 자세히 살펴보도록 하겠습니다. 여기서는 플랫폼을 미리 변경해두기 위해 이 창을 열었습니다.

또 하나 해두어야 할 것으로, 유니티 상단 메뉴에서 [Edit] → [Preferences…]를 누릅니다.

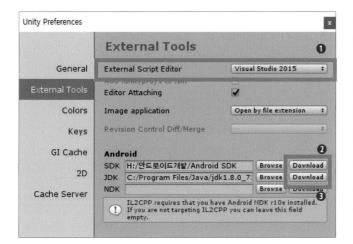

이 창에서 왼쪽에서 ❶ External Tools 탭을 누르고, 우측에서 External Script Editor로 비쥬얼 스튜디오 2015가 선택되어 있어야 합니다. 비쥬얼 스튜디오를 깔지 않으면 유니티에서 기본적으로 제공하는 MonoDevelop을 쓸 수도 있습니다만, 본서에서는 더욱 강력하고 유용한 기능이 많은 비쥬얼 스튜디오로 진행할 것입니다. 또, 안드로이드 빌드를 만들 때는 SDK와 JDK가 설치되어 있는 폴더 경로

를 위의 그림과 같이 자신의 컴퓨터에 설치된 경로를 지정해주어야 합니다. 아직 설치되어 있지 않다면, 오른

쪽의 Download 버튼을 눌러서 설치할 수 있는 웹 페이지로 이동하여 다운받으면 됩니다.

그럼 실제로 해보겠습니다. 위의 그림에서 SDK 항목의 오른쪽의 ❷ Download 버튼을 누릅니다.

그러면 여기서 큰 녹색 버튼을 눌러 다운로드 받고 설치하면 됩니다.

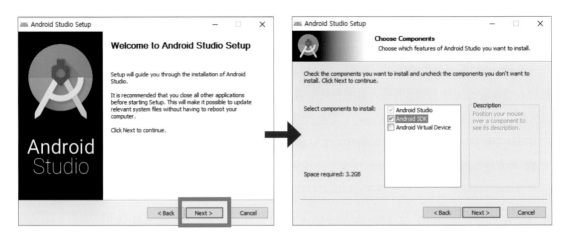

다운받은 파일을 실행하면 위와 같은 설치화면이 나
오고, 여기서 Next를 눌러 넘어갑니다.

다음으로 안드로이드 가상 디바이스는 설치할 필요가
없습니다. 우리는 직접 폰에서 테스트할 예정이니까요.

그리고 설치될 폴더를 지정해주면 됩니다.

그 후에 다시 유니티로 돌아와서 위의 창에서 SDK 항
목 옆의 **Browse** 버튼을 눌러 안드로이드 스튜디
오가 설치된 폴더를 지정해주면 됩니다.

❸ 이어서 바로 밑에서 JDK 옆의 **Download** 버튼을 누르면,

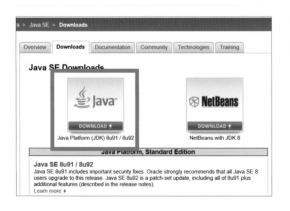

위와 같은 사이트로 연결되고, 여기서 JAVA 다운로드
아이콘을 누릅니다.

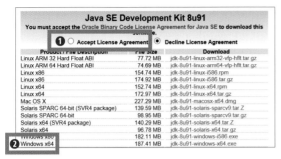

이어서 나오는 화면에서 ❶ Accept License Agree-ment를 눌러주고 하단의 ❷ Windows x64를 눌러 64비트 윈도우용 파일을 다운받고 설치합니다. 그 후 SDK에서와 마찬가지로 Browse 버튼을 눌러 설치된 경로를 지정해줍니다.

다음으로 NDK는 IL2CPP를 이용하지 않을 거면 그냥 비워두어도 됩니다. 본서에서는 IL2CPP를 굳이 이용하지 않을 것이므로 넘어갑니다만 만약 필요하다면 안드로이드 NDK r10e 버전을 다운로드 받아서 설치 후 경로지정을 해주면 됩니다.

안드로이드 스마트폰 용 게임을 만들 때 필요한 유니티의 초기 세팅은 이 정도로 해두면 되고 다음 주제로 넘어가겠습니다.

# SECTION 02 | 유니티 씬(SCENE) 및 C# 기초 ▼

## 1. 씬의 개념

유니티에서는 씬의 개념이 중요합니다. 씬은 하나의 장면, 무대로서 게임에서 하나의 스테이지 혹은 상황이 펼쳐지는 무대입니다. 이런 스테이지를 여러 개 만들 수 있으며 그 씬 사이를 서로 오갈 수 있습니다. 이때 다른 씬으로 넘어가면 기존 씬의 모든 물체는 파괴되고 새로운 씬의 물체를 로딩하게 됩니다. 따라서 게임에서 씬을 전환하면 약간의 로딩시간이 걸리게 되고 이는 전환하는 씬에 등장하는 물체가 많을수록 더 오래 걸립니다. 따라서 씬의 빈번한 전환은 되도록 자제하는 것이 좋습니다.

씬이 바뀌면 기존의 씬 안에 들어있던 모든 게임 오브젝트는 사라집니다. 이때 씬이 바뀌어도 계속 유지되기를 원하는 물체나 스크립트가 있을 수 있습니다. 사운드 관련 스크립트나 게임 스코어나 UI를 관리하는 스크립트나 물체 등은 계속 씬 사이를 오가면서 남아있을 필요가 있습니다. 이런 물체에는 다음 명령어를 추가한 스크립트를 붙여야 합니다.

## 2. 유니티 C# 스크립트의 기초

```
void Awake() {          DontDestroyOnLoad(transform.GameObject);          }
```

더 자세한 정보는, http://docs.unity3d.com/ScriptReference/Object.DontDestroyOnLoad.html를 참조하세요.

스크립트에 관해서는 앞으로 계속 나올 때마다 설명하겠지만 우선 위의 스크립트는 "이 스크립트가 달린 게임 오브젝트를 씬이 바뀌어도 파괴시키지 말아라"라는 뜻입니다. void는 C#에서 메써드(Method)의 반환형식을 의미합니다. 메써드란 무엇인가 하면, 어떤 명령이나 계산들을 여러 가지 묶어서 한군데에서 처리해야 할 때 쓰이는 하나의 코드 단위입니다. C#에서는 위와 같은 식으로 메써드의 반환형식을 나타내는 void 키워드가 오고, 그 다음에 메써드의 이름이 옵니다.(여기서는 Awake) 그리고 ( )로 되어있는 부분에서 매개변수를 받을 수 있습니다. 매개변수란 이 메써드 안에서 어떤 처리나 계산을 할 때 사용할 수 있는 변수, 즉 변할 수 있는 수를 저장한 것을 의미합니다. 그리고 { }로 되어있는 부분의 사이에서 자유롭게 안에 프로그래밍 명령문들을 한 줄씩 넣는 것입니다. 그 수에 제한은 없지만, 나중에 사람이 알아볼 수 있어야 하는 코드의 관리 측면에서, 보통 되도록 간단하고 재사용이 가능하며 알아보기 쉽도록 짜는 것이 중요하며, 메써드의 이름을 정한 후, 그 이름에 맞게끔 처리하는 코드만 보통 집어넣습니다.

void 앞에는 보통 이 메써드의 공개범위를 의미하는 private, public, protected 등이 옵니다. 아무것도 쓰지 않으면 private이 됩니다. 프라이빗은 말 그대로 다른 스크립트나 클래스에서 이 메써드를 가져다 쓸 수 없다는 것을 의미합니다. 같은 클래스 안에서만 쓸 수 있습니다. 그럼 클래스는 뭘까요? 우선 유니티에서 스크립트를 만들어 보겠습니다.

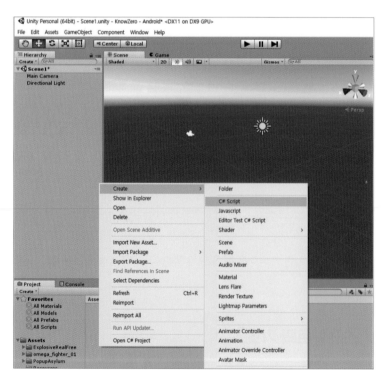

프로젝트란에서 Scripts란 폴더를 만듭니다. 그리고 해당 폴더를 선택하여 그 안에 들어간 후 우측의 빈 칸에 커서를 두고 마우스 우클릭을 눌러 위와 같은 메뉴를 불러냅니다. 여기서 상단의 Create → C# Script를 누르면 새 C# 스크립트가 만들어 집니다. 그러면 스크립트의 이름을 정하게 됩니다. 여기서는 DontDestroy라고 짓겠습니다.

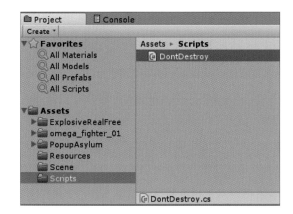

그리고 이 스크립트를 더블클릭 하거나 엔터키를 누르면 비쥬얼 스튜디오 에디터가 실행될 것입니다.

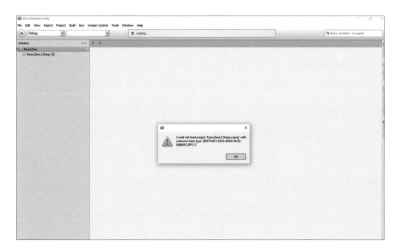

그런데 다음과 같이 모노디벨롭(MonoDevelop) 에디터도 같이 뜨는 경우가 있는데 이럴 때는 모노디벨롭은 그냥 종료해 주세요.

비쥬얼 스튜디오에서 스크립트를 열면 다음과 같이 뜹니다.

✔ using System.Collections;

```
❶ using UnityEngine;

❷ public class DontDestroy : MonoBehaviour {

    ❸ // Use this for initialization
    ❹ void Start () {

    }

    // Update is called once per frame
    ❺ void Update () {

    }
}
```

이제 여기서 코드를 작성하는 것이 곧 프로그래밍이 됩니다. 처음 접하는 분들을 위해 우선 하나씩 설명하면,

❶ 맨 위에 using이란 키워드가 나왔습니다. 이것은 어떤 닷넷이나 C#의 코드나 메써드들을 모아놓은 집합을 사용하겠다는 선언입니다. using 뒤에 오는 것은 네임스페이스의 이름입니다. 여기서 네임스페이스(Namespace)란 메써드와 클래스들을 모아놓은 집합이며 여러분도 여러분 만의 네임스페이스를 만들 수 있습니다. 위에서 public class 바깥 부분에서,

namespace SomeMyName { } 이렇게 적어주고 모든 클래스나 기타 코드를 { } 안에 넣으면 이제 이 안의 코드는 SomeMyName이라고 이름 붙인 네임스페이스에 속하게 되며 그것을 다른 스크립트에서 사용하기 위해서는 using SomeMyName; 이런 식으로 맨 위에 선언을 해주어야 하게 되는 것입니다.

그리고 using UnityEngine;에서 맨 뒤에 오는 ; 기호는 하나의 코드 문장이 끝난다는 것을 컴퓨터에 알려주는 기호입니다. ;를 붙이지 않으면 그 밑에 있는 라인이든 옆에 있든 아직 명령어가 계속되는 걸로 인식합니다.

❷ 이어서 public class DontDestroy : MonoBehaviour { } 부분입니다. 여기서 맨 앞의 public이란 쉽게 말해 이 메써드에 접근할 수 있는 범위를 설정합니다. private로 하면 같은 클래스 내부(여기서는 DontDestroy 클래스 내부)에서만 접근하여 사용할 수 있고 다른 클래스나 파일에서는 접근할 수 없습니다. 반면에 public으로 하면 공개되어 있으므로 다른 곳에서도 접근이 가능합니다. 특별히 필요한 경우가 아니라면 메써드는 되도록 프라이빗으로 하는 게 좋습니다. 메써드나 변수는 기본적으로 은닉성의 원칙을 지켜야 합니다. 왜냐하면 여기저기서 막 접근하여 쓰다 보면 예기치 못한 오류가 생길 수도 있고 값이 제멋대로 변하는데 그 과정을 추적하기 힘들어질 수 있기 때문입니다.

그 다음으로 class란 클래스를 선언하는 키워드입니다. 클래스란 무엇이냐 하면 각종 변수와 메써드를 모아놓은 하나의 덩어리입니다. 코드가 내용이 길어지면 곤란하므로 다른 파일로 분할하기 마련이고 그럴 때에도 자연스럽게 클래스가 달라집니다.

그리고 class 옆의 DontDestroy는 클래스의 이름으로서 프로그래머가 마음대로 지을 수 있습니다. 숫자나 기호로 시작하지만 않으면 이름을 짓는데 제약은 없습니다. 보통은 이 클래스가 하는 역할에 따라 의미가 있는 이름을 짓는 것이 좋습니다. 그래야 나중에 코드를 다시 보거나 다른 사람이 볼 때에도 이해하기가 쉽기 때문입니다. 유니티에서 스크립트를 만들면 그 스크립트의 이름과 모노비헤이비어를 상속하는 클래스의 이름은 같아야 합니다. 그래야 게임 오브젝트에 붙였을 때 효력을 발휘할 수 있습니다. 여기서는 DontDestroy가 이름이 되며 이것이 스크립트의 파일명과 일치해야 합니다.

다음으로 : 기호가 나오고 그 옆에 MonoBehaviour라는 게 나옵니다. : 기호는 이 DontDestroy라는 클래스가 MonoBehaviour를 상속하였음을 의미합니다. 상속이란 MonoBehaviour라는 유니티 측이 미리 만들어 놓은 클래스 안의 모든 변수, 메써드에 접근하여 사용할 수 있음을 의미합니다. 클래스는 다른 클래스를 상속할 수 있습니다. 이때 여러 개의 클래스를 상속할 수는 없고 오직 하나의 클래스만 상속할 수 있습니다. 유니티에서 C# 스크립트를 만들면 기본적으로 모노비헤이비어를 상속하게 됩니다.

❸ 그리고 // Use this for initialization이라는 부분은 주석입니다. 주석이란 자신 혹은 타인이 이 코드를 볼

때 어떤 의미인지 알기 쉽도록 부연설명을 해두는 것입니다. // 기호 다음에 오는 내용은 주석 처리되어 코드와는 전혀 상관없는 문자가 됩니다. 여러 줄을 동시에 주석처리 할 때는 /* 로 시작하여 끝 부분에서 */ 로 닫아주면 그 사이의 모든 줄은 주석이 됩니다.

❹ 다음으로 void Start()로 시작합니다. 스타트는 게임이 시작할 때 맨 처음에 한번 호출됩니다. 즉 이 스타트 메써드 안에 있는 내용은 한 번 실행됩니다. 여러 스크립트에 있는 모든 스타트 메써드 안의 내용이 실행됩니다. 사실은 이 스타트 이전에 실행시킬 수 있는 메써드가 한 가지 더 있습니다. 위에서 나왔던 Awake()입니다. 즉 게임을 시작하면 Awake()가 먼저 실행되고 그 다음에 Start()가 실행됩니다. 둘의 차이점은, Awake는 스크립트 컴포넌트를 비활성화한 상태에서도 호출되는 반면, Start는 스크립트가 활성화되어 있어야 호출된다는 것입니다. 그럼 이 활성화란 무엇인가요?

먼저 씬 화면에서 비어있는 게임 오브젝트를 하나 만들어 보겠습니다. 유니티 상단 메뉴에서 GameObject → Create Empty를 누릅니다. 그러면 빈 오브젝트가 생성됩니다.

다음으로 이 오브젝트가 선택된 상태에서 아까 만든 스크립트를 드래그 앤 드랍을 하던지 혹은 인스펙터 하단의 Add Component 버튼을 눌러 DontDestroy 스크립트를 붙입니다.

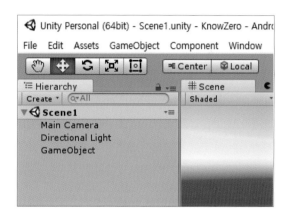

여기서 DontDestroy 왼쪽의 체크마크가 있는데 이것이 없는 상태가 이 컴포넌트, 즉 여기서는 스크립트가 비활성화된 상태라는 의미입니다. 여기에 다시 체크표시를 하면 다시 활성화된 상태가 됩니다.

Awake는 이것이 비활성화 되어 있어도 호출되지만 Start는 이것이 활성화 되어야만 호출됩니다. 보통 어웨이크에서는 스크립트 간의 레퍼런스나 초기 세팅을 하는 코드들을 넣고, 스타트에서는 이 오브젝트에

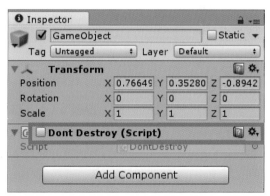

서 맨 처음에 호출할 필요가 있는 코드들을 넣습니다. Awake든 Start든 게임 오브젝트가 생성된 후에 오직 한 번만 호출됩니다. 오브젝트를 파괴하기 전까지는 반복호출 할 수 없습니다.

이 컴포넌트의 활성화/비활성화는 스크립트로도 할 수 있습니다.

✔ 예문 #1

```
public class Example : MonoBehaviour {
    public DontDestroy script;
    public void Awake()    {
        script = GetComponent<DontDestroy>();
        script.enabled = false;
    }
}
```

가령 이런 식으로 어떤 스크립트를 비활성화 할 수 있습니다. public DontDestroy script라고 하여 script라는 변수를 선언했고 이 변수에 GetComponent 구문으로 실제 스크립트를 할당했습니다. GetComponent는 이 스크립트가 달려있는 게임 오브젝트의 다른 컴포넌트를 가져온다는 의미입니다. 그리고 <>안에 가져올 컴포넌트의 형식(여기서는 스크립트를 가져오므로 그 스크립트의 이름)을 적어줍니다. 그리고 .enabled = false와 같은 식으로 비활성화 할 수 있는 것입니다. 여기서 false를 true로 바꾸면 활성화 한다는 의미입니다.

만약 이 코드 자체가 같은 DontDestroy 스크립트의 Awake 부분에 있다면 위와 같이 변수 선언 및 할당과정 자체가 필요도 없고 그냥 곧바로 Awake 안에서 this.enabled = false;와 같은 식으로 쓸 수 있습니다. 여기서 this는 이 코드가 있는 스크립트 자체를 가리킵니다. 여기서 더 줄여서 this. 부분까지도 생략해도 문제없습니다.

이렇게 코드를 에디터에서 작성했다면 그것을 저장합니다. 저장의 단축키는 Ctrl (왼쪽 컨트롤 키) + S 키입니다. 저장 후 유니티 에디터를 클릭하면 컴파일링이 시작됩니다. 컴파일링이란 바뀐 스크립트의 내용을 적용하는 절차입니다. 이것이 끝나야 실제로 효과를 발휘하며 또 스크립트를 오브젝트에 붙여서 자신이 변경한 코드의 효력을 생기게 할 수 있습니다.

컴파일을 시작하면 유니티 에디터의 오른쪽 최하단에 그림과 같이 ❈ 동그랗게 되어 돌아가는 아이콘이 나타납니다. 지금 컴파일을 하고 있다는 의미이며 이것이 사라지면 완료되었다는 뜻입니다.

❺ 다음으로 void Update() 부분이 나옵니다. 이 안에 있는 코드는 게임에서 매 프레임마다 호출되는 메써드입니다. 그럼 1초에 몇 프레임인가요? 이것은 게임이 실행되는 컴퓨터의 사양과 게임 자체의 무거움에 따라 천차만별로 달라집니다만 가령 지금 당장 플레이버튼을 눌러 게임을 실행한 후에 게임 윈도우의 Stats 버튼을 눌러 FPS 항목을 보면 알 수 있습니다. 필자의 경우는 약 64~69정도 나옵니다. 그러면 Update() 메써드는 1초에 64회~69회 정도 호출된다는

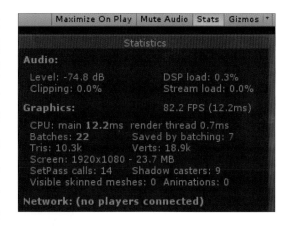

것입니다. 이렇듯 매우 많이 호출되므로 거의 항상 돌아가고 있어야 할 코드를 여기에 넣게 됩니다. 게임의 어떤 상태 혹은 움직임을 모니터링 하거나, 유저의 입력을 받거나 하는 부분이 여기에 들어갑니다.

그럼 다시 처음에 나왔던 구문인 DontDestroyOnLoad(transform.GameObject);에 대해서 보면, 먼저 앞의 DontDestroyOnLoad는 새로운 씬을 로드 할 때 이 물체는 파괴시키지 않도록 하는 유니티에서 만들어 놓은 명령어 입니다. 그리고 ( ) 안에 파괴시키지 않을 대상을 지정합니다. 여기서는 transform.GameObject라고 되어 있습니다.

여기서 transform이란 어떤 게임 오브젝트를 만들면 항상 같이 따라붙는 것으로서 그 오브젝트의 위치값을 나타냅니다. Position이 XYZ 3차원 축에서의 위치, Rotation은 각도값, Scale은 사이즈의 값을 나타냅니다.

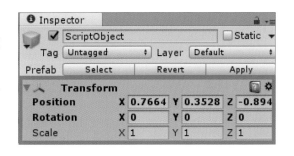

대문자 Transform이라고 스크립트에서 쓰면 일반적인 형식으로서 트랜스폼을 나타내지만 소문자 transform이라고 쓰면 그 스크립트가 달려있는 물체의 특정한 트랜스폼을 가리킵니다.

그리고 transform 다음에 ( . ) 점 마크가 나왔습니다. 이 점은 어떤 타입의 멤버에 접근하기 위해서 쓰입니다. 쉽게 말해 하위 폴더로 더 들어가서 다른 것을 찾을 때 씁니다. 즉 여기서는 transform의 멤버 중에 GameObject에 접근하기 위해서 썼습니다. 점 마크를 치면 비쥬얼 스튜디오 에디터에서 자동적으로 접근할 수 있는 모든 멤버의 리스트를 보여주는데 여기서 골라도 됩니다. 여기의 예제에서 GameObject가 나왔습니다. 이것도 위 트랜스폼과 마찬가지로 대문자로 쓰면(GameObject) 게임 오브젝트라는 일반적인 형식을 지칭하고 소문자로 쓰면(gameObject) 그 스크립트가 달려있는 특정한 게임 오브젝트를 가리킵니다.

사실 이 예제에서 DontDestoryOnLoad를 쓰기 위해 transform.GameObject와 같이 굳이 쓸 필요는 없고 그냥 gameObject 로만 써도 됩니다. 어차피 바로 이 물체를 가리키는 게 목적이기 때문입니다.

## 3. 씬 사이의 이동

그럼 다시 씬(Scene) 얘기로 돌아와 보겠습니다. 우선 현재의
씬을 저장합니다.

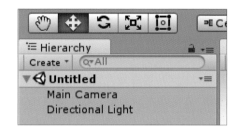

씬을 저장하려면 위 화면에서 Unti-
tled라고 되어있는 부분의 오른쪽 편
에서 ⬛를 누른 후, 나오는 메뉴에서
Save Scene As를 누릅니다. 그러면
씬 파일을 저장할 경로를 지정하는 창
이 나오고 여기서 경로와 씬 화면의 이
름을 정하여 저장할 수 있습니다.

혹은 유니티 상단 메뉴에서 [File] 의 서브메뉴에 씬을 저장할 수 있는
항목을 통해서도 가능합니다.

여기서는 씬 이름을 Scene1이라고 하고 저장하겠습니다. 이어서 계속
새로운 씬을 만듭니다. 유니티 상단 메뉴 [File]에서 New Scene을 통
해서 가능합니다. 새로운 씬을 만들고 또 Scene2라는 이름으로 저장
하겠습니다. 각 씬을 게임에서 구별 짓기 위해 먼저 현재 Scene1로 갑
니다. 저장한 Scene1 파일을 더블클릭 해서도 갈 수 있고, 상단 메뉴에
서 [File] → Open Scene으로도 가능합니다. 밑의 그림과 같이 Unity
Personal (64bit) – Scene1.unity 이렇게 쓰여 있는데 현재 열려 있는
씬의 이름을 가리킵니다.

그리고 상단 메뉴 [GameObject] → UI → Text를 차
례로 클릭하여 텍스트 UI를 생성합니다.

그러면 위와 같이 Canvas 오브젝트가 생기고 그 아래에 Text가 생깁니다. 이렇게 어떤 오브젝트의 하위에 들어있는 것을 Child라고 합니다. 어떤 오브젝트를 하이어아키 위에서 드래그 앤 드랍하여 다른 오브젝트 위에 놓으면 그 오브젝트의 자식이 됩니다. 자식물체의 특징은 부모 물체가 움직이면 따라서 같이 움직인다는 점입니다.

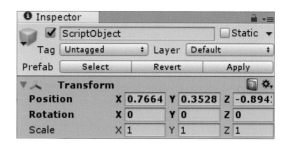

또한 자식물체의 트랜스폼의 포지션도 부모 물체를 기준점으로 한 상태의 자신의 위치가 표시됩니다.

Text가 선택된 상태에서 Scene 화면에서 키보드의 F 키를 누르면 그 물체가 화면 중심에 오도록 씬 화면의 포커스가 이동합니다. 이 상태에서 키보드의 왼쪽 Alt 키를 누르고 마우스 왼클릭, 오른클릭 등으로 포커스를 조절할 수도 있습니다.

이제 Text파일을 게임 화면 가운데에 오도록 위치를 이동합니다. 또한 크기를 키우고 텍스트를 바꿨습니다.

이렇게 한 이유는 현재 씬1인지 2인지 씬을 바꿨을 때 게임화면에서 알아보기 위함입니다.

그리고 [File] 메뉴, Save Scene으로 씬을 저장한 후 Scene2를 엽니다. 씬2를 열어서 위와 똑같이 Text를 생성시키고 이번엔 Scene2 로 텍스트를 적습니다.

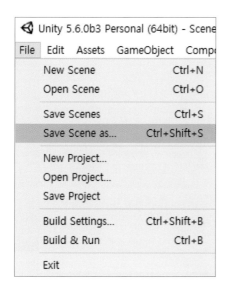

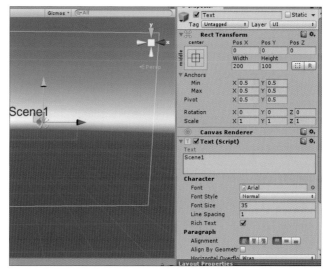

그리고 씬2도 저장합니다. 이제 게임을 플레이하면서 각각의 씬을 열었을 때 게임 화면 가운데에 뜨는 텍스트를 보고 현재 무슨 씬인지 알 수 있습니다.

그리고 [File]에서 Build Settings.. 메뉴를 열어 Add Open Scenes 버튼을 눌러 씬들을 빌드세팅에 등록시킵니다.

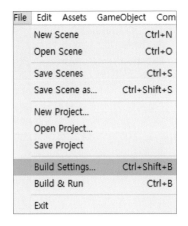

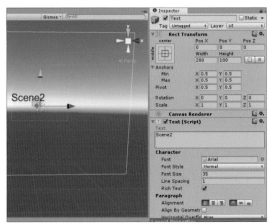

그러면 위와 같이 Scene1와 Scene2가 등록되었습니다. 이제 위의 두 씬은 게임에서 쓸 수 있는 상태가 된 것입니다. 오른쪽 끝에 있는 0, 1이라는 숫자가 해당 씬의 넘버가 됩니다. 이 숫자나 혹은 씬의 이름을 이용해서 스크립트에서 씬을 로드 합니다. 게임상에서 다른 씬으로 전환할 필요가 있을 때는 스크립트로 합니다. 직접 한 번 실험해 보겠습니다.

이와 관련된 유니티 명령어가 SceneManager.LoadScene입니다. 위에서 만들어 놓은 DontDestroy 스크립트 안의 Update()에 다음과 같은 코드를 넣습니다.

✔ 예문 #2

```
void Update () {
if (Input.GetKeyDown("a")){
        SceneManager.LoadScene("Scene2");
    }
    if (Input.GetKeyDown("s")){
        SceneManager.LoadScene("Scene1");
    }
}
```

여기서 잠시 여기서 쓰인 코드를 설명하면, if ( )로 시작하는 문법은, 만약 ( ) 괄호 안의 문장이 참이면 { } 안의 문장을 실행하라는 의미입니다. 즉 여기서는 유저가 Ⓐ 키를 누르면 Scene2 이름의 씬을 로드 하라는 의미입니다. Input은 유저의 입력을 받는 명령어 관련을 모아놓은 클래스이고 GetKeyDown은 유저가 키를 한 번 누르는 것에 반응하는 명령어입니다. SceneManager는 유니티의 씬 관련 명령어들을 모아놓은 것입니다. 이런 문법들의 자세한 내용 및 가능한 다른 명령어 등은 유니티 공식 홈의 API문서 사이트에 가서 이런 영문 키워드로 검색하면 더 자세한 내용을 볼 수 있습니다. SceneManager를 쓰면 빨간색으로 에디터 에러가 뜰 텐데 네임스페이스를 쓴다고 선언을 해줘야 합니다. 즉 스크립트의 윗부분에 using UnityEngine.SceneManagement; 라는 문구를 추가해야 합니다.

지금까지 짠 코드를 보면 이렇게 됩니다.

```csharp
using UnityEngine;
using System.Collections;
using UnityEngine.SceneManagement;

public class DontDestroy : MonoBehaviour
{
    void Awake (){
        DontDestroyOnLoad(gameObject);
    }
    void Start () {

    }
    void Update () {
        if (Input.GetKeyDown("a"))
        {
            SceneManager.LoadScene("Scene2");
        }
        if (Input.GetKeyDown("s"))
        {
            SceneManager.LoadScene("Scene1");
        }
    }
}
```

여기서 스크립트를 저장하고 유니티 에디터로 돌아갑니다. 컴파일링이 끝나면 게임을 실행합니다. 화면 가운데에 Scene1이라는 텍스트가 보일 것입니다. 여기서 키보드의 Ⓐ 키를 누릅니다. 그러면 씬2가 로드되고, 씬2에서 만들어둔 'Scene2'라는 텍스트가 나타납니다. 다시 Ⓢ 키를 누르면 씬1로 돌아옵니다. 이런 식으로 유니티의 씬 사이를 스크립트로 왔다갔다할 수 있습니다.

그런데 이렇게 왔다 갔다 하면서 하이어아키를 관찰해보면, 스크립트가 붙어있는 GameObject의 수가 점점 늘어남을 알 수 있습니다. 이것은 씬1에 있던 이 오브젝트가 DontDestory의 효과로 인해 씬2로 갔다가 다시 씬1으로 돌아와도 그대로 살아있기 때문입니다. 실제 게임을 만들 때는 이렇게 되어서는 안되겠지요. 보통 씬 간에 살아있어야 하는 것은 게임관련 중요한 스크립트가 붙어있는 경우가 많으므로 이것이 2개 이상 존재해서는 안 됩니다. 이렇게 같은 오브젝트의 중복을 막는 여러 가지 방법(Singleton 문법, 혹은 Prefab 사용 등)이 있습니다만 여기서는 더 간단한 방법을 소개해 드리겠습니다.

Awake() 안에 다음 코드를 추가하여 이렇게 되도록 합니다.

### ✔ 예문 #3

```
DontDestroyOnLoad(GameObject);
if (FindObjectsOfType(GetType()).Length > 1)
    Destroy(GameObject);
```

여기서 처음 나오는 문구에 대해서만 설명하면, FindObjectsOfType은 현재 게임상에 존재하는 모든 특정한 타입의 물체를 조사, 식별하여 배열에 넣는 명령어입니다. 그리고 그 다음 ( ) 안에 GetType()이라고 나왔습니다. 이 겟타입은 모든 object에서 쓸 수 있는 메써드인데, 그 오브젝트의 타입, 즉 형식을 읽어오는 명령어입니다. C#에서 모든 클래스, 메써드, 변수는 전부 object에서 파생됩니다. 따라서 이것들 전부에서 뒤에 .GetType() 식으로 해당 문구의 타입을 읽어올 수 있습니다. 즉 현재 여기서 해야 할 일은 DontDestroy라는 스크립트를 가진 물체가 중복되지 않도록 해야하는 것이므로, DontDestroy 스크립트의 형식을 겟타입으로 읽어와서, 배열에 넣은다음, .Length 명령어로 이 배열의 길이를 읽어옵니다. 이 길이가 1보다 큰지를 검사해서 만약 1보다 크다면 이 물체를 파괴시키는 것입니다. 우리가 필요한 건 이 스크립트를 가진 물체는 딱 하나만 있으면 되기 때문에 1보다 큰지를 검사하는 것입니다.

스크립트를 저장한 후 게임을 실행한 다음 씬을 왔다 갔다 해보면 제대로 스크립트가 있는 물체가 하나만 존재함을 알 수 있습니다.

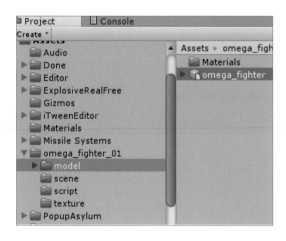 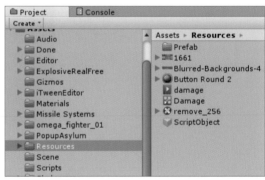

# CHAPTER 07

# 유니티 중요 구성 요소
# 및 #C 기본

# 07
# 유니티 중요 구성요소
## 및 C# 기본

## SECTION 01 │ 아군 기체 만들기 ▼

실제로 아군 기체를 만들어 나가면서, 등장하는 기본적인 유니티와 C#의 요소들에 대해 설명하겠습니다.

### 1. PREFAB (프리팹)

이제 유저가 조작할 아군 기체가 필요합니다. 먼저 프로젝트란에서 omega_fighter_01로 들어갑니다. 하위의 model 폴더를 보면 omega_fighter라는 프리팹이 있습니다. 여기서 프리팹은 유니티 하이어아키에서 구성한 특정 게임 오브젝트를 나중에 재사용할 수 있도록 저장해둔 물체를 의미합니다. 프리팹을 만드는 쉬운 방법은 하이어아키에서 저장하고 싶은 물체를 마우스로 드래그 앤 드랍하여 프로젝트란에 놓으면 됩니다. 실제로 해보겠습니다.

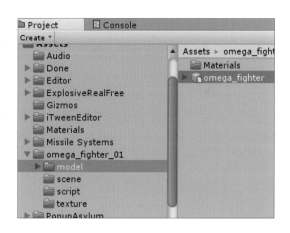

지금 하이어아키에서 GameObject로 된 물체를 선택합니다. DontDestroy 스크립트가 붙어있는 물체입니다. F2 키를 눌러서 이름을 바꿉니다. ScriptObject로 바꾸겠습니다. 그리고 이것을 마우스로 끌어와서 프로젝트의 Resources 폴더에 놓습니다. 그러면 프리팹이 생성됩니다.

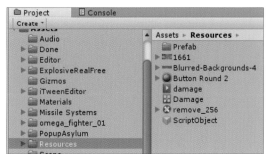

ScriptObject를 눌러서 인스펙터를 보면, 위와 같이
Prefab 항목이 생겼음을 알 수 있습니다. Select를 누
르면 프로젝트란에서 프리팹이 선택되고, Revert 버
튼은 인스펙터에서 바꾼 변경사항을 취소하고 현재
프리팹의 수치대로 인스펙터의 수치를 바꾸는 것을
수행합니다. 그리고 그 옆의 Apply는 인스펙터의 수

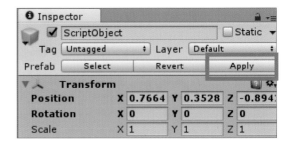

치를 변경한 후에 그것을 프리팹에 반영시켜 프리팹 자체를 바꾸는 기능을 합니다.

## 2. COLLIDER (컬라이더)

omega_fighter 프리팹을 씬 화면에 끌어다 놓습니다.

그리고 트랜스폼의 위치값을 위와 같이 조정하여 메인 카메라 앞에다 둡니다. 그 밑의 Animator 컴포넌트는
삭제해도 무방합니다.

삭제하는 방법은 애니메이터 컴포넌트의 이름 옆에다 마우스 커서를 놓고 우클릭 후에 나오는 메뉴에서 Remove Component를 누르면 됩니다.

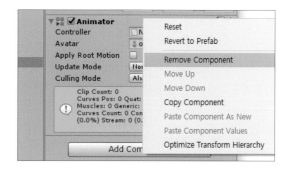

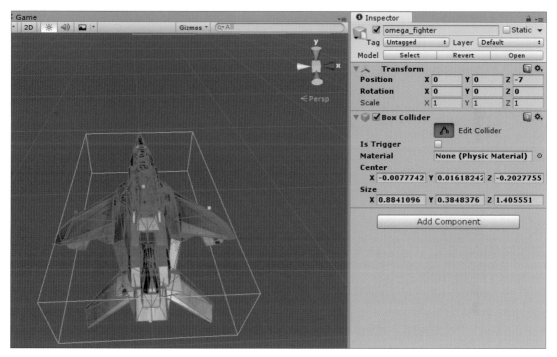

그리고 위와 같이 ❶ Add Component 버튼을 눌러서 Box Collider를 검색한 후 클릭하여 붙입니다. 그리고 ❷ 🏔 버튼을 누른 후 화면에 표시되는 녹색 박스 안에서 박스의 육면의 가운데에 있는 점 같은 부분을 잡아 끌면 박스의 사이즈를 조절할 수 있습니다.

여기서 Box Collider(박스 컬라이더)가 나왔습니다. 이는 유니티에서 자주 쓰이고 또 중요한 구성요소 중 하나 입니다. 보통 게임에서는 충돌체크를 해야 할 필요가 있습니다. 가령 지금 만드는 슈팅게임이라면 아군 기체가 장애물이나 적의 총탄에 부딪혔을 때 어떤 처리를 해야 하는 것입니다. 그러기 위해서는 어떤 물체의 충돌범위를 만들어주어야 합니다. 그 충돌범위와 다른 물체의 충돌범위가 겹치거나 부딪혔을 때, 어떤 일이 일어나게끔 만들어 줄 수 있는 것입니다. 이런 것을 유니티에선 Collider라고 합니다. Collider에는 여러 가지 종류가 있습니다만 기본적으로는 이런 충돌체크라는 목적을 위해 존재합니다.

박스컬라이더 오른쪽에 보면 ⚙, 물음표 모양의 아이콘이 있는데 이것을 누르면 이 컴포넌트에 대한 자세한 유니티 공식 매뉴얼을 볼 수 있습니다. 다른 컴포넌트에도 이 마크는 있습니다. 그리고 그 옆의 🖹 아이콘은 각종 서브메뉴를 불러오고, 거기서 초기수치로 리셋하거나 컴포넌트 제거 등을 할 수 있습니다.

그리고 그 밑으로 박스 컬라이더만의 요소들이 나옵니다. Edit Collider는 컬라이더의 사이즈나 위치 등을 조정하는 것입니다. Is Trigger 체크박스는 이것을 트리거로 할 것인지 말 것인지 세팅할 수 있습니다. 트리거로 해두면 보통 이 물체와 다른 물체가 부딪혔을 때 그냥 서로 지나가게 됩니다. 그러나 트리거를 지났다는 사실은 검출하여 스크립트에서 활용할 수 있습니다. 즉 유니티 명령어 중에

### ✅ 컬라이더 #1

```
void OnTriggerEnter(Collider other) {
        Destroy(other.GameObject);
    }
```

와 같이 OnTrigger 시리즈가 있습니다. (OnTriggerEnter, OnTriggerExit, OnTriggerStay) 이것을 붙인 물체가 컬라이더를 가지고 있고 그것에 트리거 체크가 되어 있으며, 다른 물체와 부딪혔을 때 게임 상에서는 그냥 서로 지나치지만, 이 스크립트에서는 검출이 되어서 {}안의 문장을 실행하게 되는 것입니다. OnTriggerEnter는 두 물체가 겹치기 시작하는 것을 감지하여 실행됩니다. Exit은 빠져나갈 때, Stay는 겹쳐져 있을 때 계속 호출됩니다.

위의 코드에서 ( ) 안의 Collider는 형식을 나타내고, other는 Collider라는 형식을 가지는 변수의 이름입니다. 이것은 아무렇게나 마음대로 지을 수 있습니다. 즉 여기서 other는 이 스크립트가 붙어있는 물체가 다른 어떤 컬라이더를 가지는 물체와 부딪혔을 때 그 다른 물체를 의미합니다. 위의 코드는 본 물체가 다른 물체와 부딪혔을 때, 그 다른 물체를 파괴하라는 것입니다. 디스트로이 구문을 쓰고 other.GameObject라고 되어 있으니까요.

만약에 Is Trigger를 체크하지 않고 그냥 해제된 상태로 하면 원래대로 서로 부딪히고 스크립트에서도 OnTrigger 시리즈는 호출되지 않고 OnCollision 시리즈가 호출됩니다.

### ✅ 컬라이더 #2

```
void OnCollisionEnter(Collision collision) {
```

위와 같은 식으로 OnCollisionEnter, OnCollisionExit, OnCollisionStay의 3가지가 있습니다. 의미는 위의 트리거에서와 마찬가지 입니다. 단지 여기서는 Is Trigger 체크가 되어있지 않은 충돌체 간에 효력이 발휘된다는 것이 다릅니다.

그리고 어떤 두 물체가 충돌하여 튕겨져 나오거나 하기 위해서는 그 물체에 Rigidbody가 붙어있어야 할 필요가 있습니다.

## 3. RIGIDBODY (리짓바디)

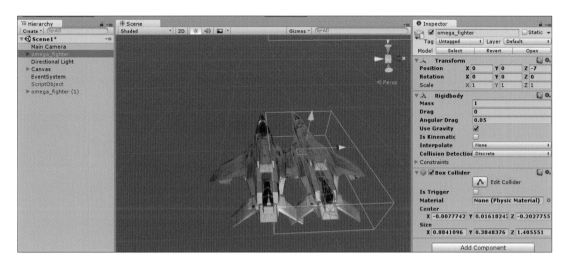

리짓바디는 힘을 가하거나 충돌, 무게, 중력 등 물리현상을 일으키고 싶을 때 물체에 붙이는 컴포넌트입니다.

하이어아키에서 omega_fighter를 선택한 상태에서 Ctrl + D 키를 누르면 똑같은 물체가 복제됩니다. 위에서는 omega_fighter(1)이라는 이름의 똑같은 물체가 생길 것입니다. 이것의 위치를 위와 같이 약간 겹치도록 하여 살짝 옆으로 옮긴 후에 어느 한 쪽에 Rigidbody 컴포넌트를 붙여봅니다. 그리고 게임을 실행하면 리짓바디가 붙어있는 물체가 튕겨져 나가는 것을 알 수 있습니다. 이는 컬라이더를 가진 다른 물체와 겹쳐져 있으므로 유니티의 내장된 물리엔진에 의해 충돌을 감지하고 튕겨내는 것입니다. 튕기지 않게 하려면 어느 한쪽의 컬라이더에 Is Trigger 박스에 체크를 하거나 Rigidbody의 Is Kinematic에 체크를 하면 됩니다. Is Kinematic은 물리엔진의 영향을 받지 않게 하는 기능입니다.

중요한 수치들만 설명하면, ❶ Mass는 이 물체의 무게입니다. 무겁게 할수록 현실에서와 마찬가지로 움직이기 어렵게 되는 등의 효과가 있습니다. ❷ Drag는 마찰력입니다. 수치가 0이면 한번 힘을 받으면 계속 움직이게 됩니다. 반대로 수치가 클수록 쉽게 멈춥니다. ❸ Angular Drag는 회전마찰력 입니다. 수치가 클수록 회전할 때 쉽게 멈추고 수치가 작을수록 계속 회전하게 됩니다. ❹ Use Gravity는 중력을 사용

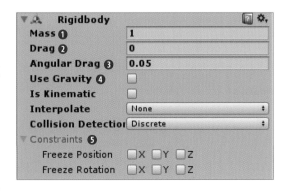

할지 여부입니다. 사용하면 중력의 효과를 받게 되어 게임 실행 시에 밑에 받쳐주는 뭔가가 없는 한 밑으로 계속 떨어지게 됩니다.

이 중력효과에 대해서도 상세한 수치를 설정할 수 있습니다. 유니티 메뉴 [Edit] → Project Settings → Physics 로 가서 Gravity 항목의 수치를 조정하면 됩니다. 기본수치는 Y축으로 -9.81 로 되어 있습니다. 즉 밑의 방향으로 9.81만큼의 힘을 받는다는 것입니다.

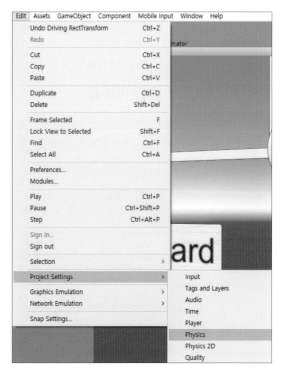

그리고 여기에서 한 가지 짚고 넘어갈 만한 항목은 Bounce Threshold입니다. 기본적으로 2로 되어있는데 어떤 두 물체가 충돌할 시에 이 수치보다 낮은 힘으로 부딪히면 서로 튕겨나가지 않게 됩니다. 게임에 따라서 아주 약한 힘으로도 다시 튕기게 하고 싶다면 이 수치를 0으로 해야 합니다. 기본적으로는 그대로 두어도 큰 문제는 없습니다. 그리고 하단의 Layer Collision Matrix는 현재 모든 레이어 별로 서로 물리 충돌을 일으킬지 여부를 설정할 수 있습니다. 사진과 같이 모두 체크되어 있다면 전부 서로 충돌했을 때 물리적인 움직임을 보여줍니다. 어느 레이어 간의 충돌을 막고 싶다면 해당 레이어의 교차점에서 체크를 해제하면 됩니다.

다시 리짓바디의 설명으로 돌아가서 Is Kinematic은 아까 설명했고 하단부의 ❺ Constraints는 제한입니다. 즉 X, Y, Z 축 가운데 어느 축의 움직임이나 혹은 회

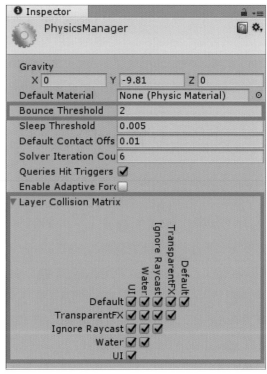

전을 막고 싶을 때 체크를 하면 됩니다. 가령 어떤 물체는 다른 것과 부딪혀도 Y축으로는 절대로 회전하고 싶지 않을 때 Freeze Rotation 항목에서 Y에 체크를 하면 되는 것입니다.

리짓바디에 대해서 어느 정도 알아보았고, 이제 복사했던 omega_fighter(1)은 지웁니다. 그리고 원래의 omega_fighter 물체에 리짓바디를 붙입니다. 다른 것은 기본수치 그대로 두고 Use Gravity만 체크해제 하겠습니다. 이 게임에서는 중력의 영향을 받게 하지 않을 것이기 때문입니다.

## 4. MESH RENDERER, SHADER (메쉬 렌더러, 쉐이더)

아군 기체의 자식물체를 보면 body, cockpit, cock-pit_glass 이런 3가지의 물체가 또 나옵니다. 여기서 body를 보면, 이와 같이 되어 있습니다.

여기서 메쉬 렌더러가 나오는데 이것은 이 물체의 그래픽적인 요소를 담당합니다. 체크를 꺼버리면 아예 안보이게 할 수도 있습니다.(스크립트에서는 위에서 나왔던 것처럼 .enabled로 조정가능) 또한 그림자를 드리우거나(Cast Shadows 옵션조절) 그림자를 받는 것을 결정할 수 있습니다.

Materials 부분에서는 이 물체에 사용될 Material, 즉 재질을 선택할 수 있습니다. 재질은 프로젝트란에서 마우스 우클릭 → Create → Material로 새 재질을 만들 수 있고 그러면 쉐이더는 기본적으로 Stand-ard로 지정됩니다. 이 스탠다드 쉐이더는 유니티가 5.0으로 버전 업그레이드 되면서 새로이 들어온 것으로 그냥 기본적으로만 두어도 기존의 유니티 쉐이더에 비해서 상당히 고퀄리티를 보여줍니다. 따라서 특별한 경우가 아니면 기본적인 걸 써도 무방하며 Shader의 인스펙터에서 텍스쳐를 끌어다 놓거나 색깔을 바꾼다거나, Rendering Mode를 바꾸어 보는 정도로 충분합니다.

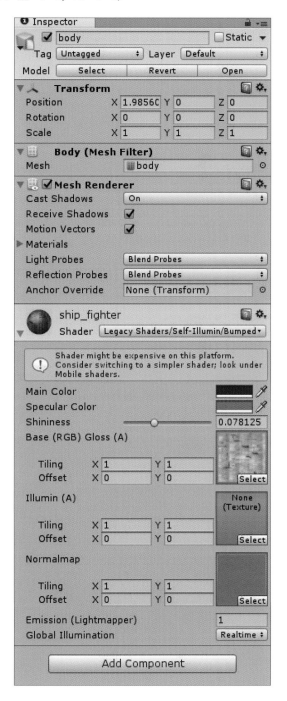

여기서 Shader 항목 옆의 선택지를 보면 이미 만들어져 있는 쉐이더가 꽤 여러 종류가 존재함을 알 수 있습니다. 상황과 그 물체에 맞는 쉐이더를 골라서 쓰는 것이 표현을 정확하게 하는 데에 좋습니다. 쉐이더를 자기가 만들어 쓸 수도 있는데 별도의 프로그래밍과 비슷한 언어를 알아야 합니다. 또한 매우 전문적이고 복잡한 영역으로 되므로 본서에서는 다루지 않습니다.

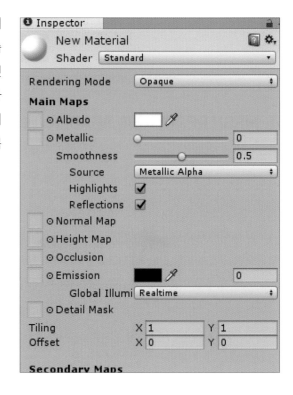

## 5. CAMERA (카메라)

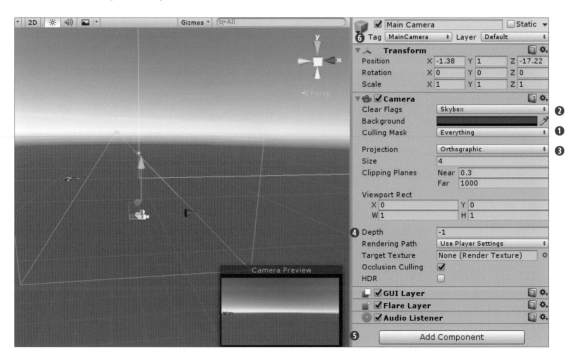

이제 카메라를 조절해 보겠습니다. Main Camera를 선택합니다. 이것이 찍는 화면이 유저가 게임에서 보는 화면이 됩니다. 즉 유저의 눈이 곧 메인 카메라입니다.

❶ 이와 같이 Projection 세팅을 기존의 Perspective에서 Orthographic으로 변경했습니다. 그리고 사이즈도 4로 했습니다. 우리가 만들려는 게임이 2D 횡스크롤 슈팅 게임이므로 옆에서 보는 화면이고 여기에 2D이면 원근감은 떨어지지만 3D카메라에 비해서 고려해야 할 요소가 줄어드는 장점이 있기 때문입니다. 카메라의 주요 요소에 대해서만 간략히 설명하면, ❷ 우선 Clear Flags는 화면의 어떤 요소를 제거할지 선택하는 것입니다. 한 화면에 카메라를 여러 개 두고, 각각 특정한 레이어만 찍을 때는 Depth Only 로 해두고 Culling Mask에서 이 카메라로 찍을 레이어만 선택하면 됩니다. ❸ Viewport Rect로 이 카메라가 찍는 범위를 조절할 수 있고 ❹ Depth의 수치로 카메라가 여러 개 있을 때 서로 간의 우선순위를 정할 수 있습니다. 이 수치가 높을수록 다른 카메라가 찍는 물체보다 위에 놓여지게 됩니다. 즉 유저가 볼 때는 높은 Depth 수치의 카메라가 찍는 물체가 먼저 보이고, 그 밑으로 차순위의 Depth 카메라가 찍는 것들이 보이는 식입니다.

그리고 가장 밑에 ❺ Audio Listener가 달려있는데 이것은 게임 안에서 오직 하나만 존재해야 합니다. 이 오디오 리스너는 게임 안의 각종 소리를 듣는 자를 의미합니다. 즉 유저입니다. 이 오디오 리스너를 가지고 있는 물체를 어디에 두느냐는 2D 사운드만으로 구성할 때는 상관없으나, 3D 사운드를 넣을 때는 의미가 있습니다. 즉 3D게임에서 멀리서 어떤 소리가 발생했을 때 듣는 자와 그 발생원으로부터의 거리에 따라서 소리의 크기나 반향이 다르게 들릴 것입니다. 바로 이때 오디오 리스너를 달고 있는 물체의 위치가 의미가 있게 됩니다. 2D 사운드는 거리에 상관없이 무조건 바로 직접적으로 오디오 소스의 볼륨의 크기대로 들리게 됩니다. 보통 메인 카메라가 유저를 나타내므로 메인 카메라에 오디오 리스너가 달려 있는 것입니다.

❻ 또한 메인 카메라의 Tag 부분을 보면 MainCamera라고 되어 있습니다. 스크립트에서 접근할 때에는 그냥 Camera.main이라고 쓰면 됩니다.

### ✔ 카메라 #1

```
public class ExampleClass : MonoBehaviour {
    public int count = Camera.allCameras.Length;
    void Example() {
        print("We've got " + count + " cameras");
    }
}
```

유니티 공식 문서의 카메라 관련 예제 중에 특기할 만한 것으로 위와 같이 게임 안에 존재하는 모든 카메라를 읽어와서 배열에 집어넣는 명령어가 존재합니다. 그것이 Camera.allCameras가 됩니다. 위에서 처음 나온 구문들을 설명하면, public int count라고 되어 있는 데에서 public은 곧 공개하겠다는 선언입니다. 이렇게 공개된 변수들은 유니티 에디터의 인스펙터에서 볼 수 있습니다. 또한 인스펙터에서 직접 변수를 변경할 수 있습니다. 그리고 int는 정수를 나타내는 C#의 형식명입니다. 그리고 count는 정수형식을 가지는 변수이름입니다. 유저가 마음대로 정해도 됩니다. 변수의 이름을 지을 때는 보통 그 변수를 가지고 하려는 것과 최대한 의미가 일치하게끔 지어야 합니다. 그래야 나중에 다시 코드를 볼 때라든지 남이 자신의 코드를 볼 때 이해가 쉽습니다. 여기서는 count 다음에 곧바로 = Camera.allCameras.Length 식으로 쓰고 있습니다만, 이 변수를 초기화할 때 Camera 명령구문을 바로 써서는 안 됩니다. 저장 후 컴파일 및 실행해보면 콘솔 창에 에러가 날 것입니다. 즉 변수는 선언만 해두고, 실제 Camera 구문은 void Start() 안으로 옮겨야 합니다.

✅ **카메라 #2**

```
void Example ()
{
    count = Camera.allCameras.Length;
    print("We've got " + count + " cameras");
}
void Start ()
{
    Example();
}
```

즉 이렇게 해야 에러 없이 실행이 될 것입니다. 이 코드의 의미는 count라는 변수에다가 현재 게임 상에 존재하는 모든 카메라의 개수를 저장하고 그것을 콘솔 창에 출력하라는 것입니다. 콘솔 창에 어떤 메시지를 출력하고 싶을 때는 print라는 걸 위와 같은 식으로 써도 되고 Debug.Log를 써도 됩니다. print ( ) 안의 문자값은 위와 같이 + 기호로 서로 연결되어 쓸 수 있습니다. 이 경우 보통은 count.ToString()이라고 써서 count가 정수값 즉 int이므로 이것을 먼저 문자값으로 바꿔주어야 하지만 여기서는 + 기호가 앞뒤에 존재하므로 자동으로 문자값으로 변환됩니다.

카메라를 이런 식으로 2D용 카메라로 바꿨다면 이제 아군 기체도 옆에서 보는 각도로 틀어야 합니다. 아군 기체의 Transform에서 Rotation 항목 Y의 값을 90으로 설정합니다.

이제 아군기체를 움직이고, 부딪혔을 때 효과를 발생시키고, 무기를 발사하는 등의 기능을 넣어야 합니다. 이런 것들을 스크립트를 짜서 넣어야 하는 것입니다.

## 6. 일반화 프로그래밍 (추상클래스와 인터페이스)

그럼 이제 아군 기체의 스크립트를 짜야 하는데 여기서 생각할 것이 공통된 요소는 일반화, 추상화 하는 것이 좋다는 점입니다. 그렇게 해 놓으면 나중에 코드를 수정하거나 확장할 필요성이 있을 때, 혹은 공통된 요소를 가진 객체끼리 묶어서 한꺼번에 무언가 일을 처리할 때 유용합니다. 여기서 아군 기체를 일반화하려면 어떻게 해야 할까요. 이것은 게임 기획과 밀접히 연관 지어 생각할 문제이고 또 프로그래머 개개인마다 다른 스타일이 나올 수 있습니다.

우선 아군 기체와 동종의 것을 생각해보면 적군 기체가 나올 수 있습니다. 그러면 이 2개에 공통된 ship 내지는 비행물체와 같은 개념이 나올 수 있습니다. 이것을 ship이라는 추상적인 클래스로 먼저 일반적으로 생각하여 구현한 다음에 구체적인 아군기체, 적군기체 등의 클래스를 구현할 수 있습니다.

또 아군이라는 요소도 있습니다. 차후 아군 비행체가 여러 개 나온다거나 할 때 아군 물체만 묶어서 어떤 공통된 처리를 해야 할 수도 있습니다. 이 아군이라는 요소를 인터페이스로 일반화할 수도 있습니다. 또는 움직이는 물체라는 특징도 가지고 있는데, 이것도 인터페이스로 끄집어낼 수 있는 요소가 될 수 있습니다. 이렇듯 어떤 요소를 일반화하느냐는 향후 게임의 확장에 대한 예측과 현재의 게임 기획에서 필요한 부분 등을 모두 고려해야 합니다. 그럼 여기서 추상클래스와 인터페이스라는 용어가 나왔는데 이것들에 대해 실제로 적용해 나가면서 설명해 보겠습니다.

## 6-1 추상 클래스 (Abstract Class)

우선 위에서 얘기한 바대로 아군과 적군 기체의 공통된 요소를 추출하여 일반화된 클래스를 만들 필요가 있다고 했습니다. 이것은 실제로 게임 안에 등장해서는 안 되는 개념상으로만 존재해야 합니다. 따라서 이런 개념을 정의해두는 클래스를 추상클래스라고 합니다. 추상클래스는 그 구체적인 구현, 즉 인스턴스를 가질 수 없습니다. 구체적인 인스턴스를 가지지 않는 편이 예기치 못한 오류를 막기 쉽다면 추상클래스를 쓰는 의의가 있는 것입니다.

우선 프로젝트란에서 새로운 스크립트를 만들고 이름을 Classes라고 짓습니다. 각종 클래스들을 작성할 스크립트입니다. 가급적 하나의 스크립트의 내용은 짧을수록 좋지만 너무 짧아도 나중에 내용파악을 위해서 이것저것 다 파일을 열어봐야 하므로 불편한 점도 있습니다. 따라서 적당하게 절충점을 찾아야 하며 결국 알아보기 쉽기만 하면 조금 길어도 상관없으므로 <u>모노비헤이비어</u>를 상속하지 않는 다른 각종 필요한 Class들을 작성하기 위해서 Classes라는 클래스 묶음용 스크립트를 만든 것입니다

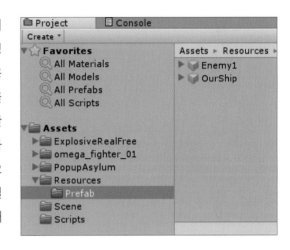

### ✔ 일반화 프로그래밍 #1

```
using UnityEngine;
using System.Collections;

public class Classes : MonoBehaviour {

}
public abstract class Ship
{

}
```

이 Classes 파일을 엽니다. 그리고 이렇게 작성합니다. 다른 클래스는 가급적 { } 바깥에 독립적으로 새로 작성하는 것이 좋습니다. 여기서는 Ship이라는 추상클래스를 선언했습니다.

여기서 이제 각종 필요할 법한 변수와 메써드를 채워나가면 됩니다. 우선 아군기체와 적군기체의 공통된 요소로서 기체의 생명력, 즉 HP가 있을 것입니다. 또한 기체의 이름도 있을 수 있습니다. 여러 가지 기체들 중에서 구분을 지어야 하니까요. 그럼 이름을 저장하기 위해 문자열을 형식으로 가지는 변수도 필요합니다. 또 피해를 입었을 때 그것을 처리하는 부분, 다른 물체와 부딪혔을 때 그것을 처리하는 부분도 필요할 것입니다. 그런데 이 두 가지는 적군과 아군의 기체에 따라서 구체적으로는 다른 처리를 해야 할 필요성이 예상됩니다. 따라서 이 2개의 메써드는 역시 추상메써드로 선언합니다. 이외에도 많은 것을 추가할 수 있겠지만 처음에는 우선 이렇게 간단한 것부터 하나씩 채워 나갑니다. 종합하면 이렇게 됩니다.

### ✅ 일반화 프로그래밍 #2

```
public abstract class Ship
{
    public int HP;
    public string Name;

    public abstract void DealDamage(int damage);
    public abstract void OnConflict(GameObject other);
}
```

HP와 Name이라는 변수를 둔 것은 앞에서 말한 그대로 이해하기 쉬울 것입니다. 그럼 다음에 나오는 것으로 추상메써드를 여기서 선언했습니다. 이는 추상클래스 안에서만 선언될 수 있으며, 구체적인 구현 부분이 없이 그냥 메써드의 반환형식과 파라미터(함수에서 쓰기 위해서 외부로부터 전달받는 변수, 본 예제에서는 int damage 부분)만 선언했습니다. 구체적인 구현은 실제로 이 Ship 클래스를 상속하여 구현할 아군기체 클래스, 적군기체 클래스에서 별도로 다르게 구현해야 하기 때문입니다. 그래서 데미지를 처리하는 부분을 위해 DealDamage라는 메써드를 설정하고 변수로 얼마만큼의 데미지를 가할 것인가 하는 것을 받기 위해 damage 파라미터를 두었습니다. 또 충돌했을 때의 처리를 위해 OnConflict를 두고 어떤 충돌한 상대방 물체를 파라미터로 받기 위해 other를 설정했습니다.

그럼 이제 실제로 아군 기체 클래스를 작성해 보겠습니다. 유니티에서 AllyShip이란 이름의 스크립트 파일을 만듭니다. 열어보면 모노비헤이비어를 상속하고 있는데 이 부분을 Ship으로 대체합니다. 그럼 Start나 Update를 쓸 수 없게 됩니다. 또한 모노비헤이비어를 상속해야만 게임 오브젝트에 붙일 수 있습니다. 그런데 C#에서 어떤 한 클래스는 다른 클래스를 딱 한가지만 상속할 수 있습니다. 즉 AllyShip 클래스는 Ship 클래스와 MonoBehaviour 클래스, 2개를 모두 상속할 수는 없다는 겁니다. 그런데 여기서는 둘 다 필요합니다. 어떻게 하면 될까요? Classes 파일에서 Ship 추상클래스를 public abstract class Ship : MonoBehaviour 이렇게 변경합니다. 즉 쉽 클래스가 모노비헤이비어를 상속하고 있으므로 쉽을 상속한 AllyShip은 당연히 모노를 상속하게 되는 것입니다. 그럼 AllyShip 파일을 다음과 같이 작성하고 저장 후 유니티로 돌아가면 에러가 뜹니다.

### ✅ 일반화 프로그래밍 #3

```
using UnityEngine;
using System.Collections;

public class AllyShip : Ship {

}
```

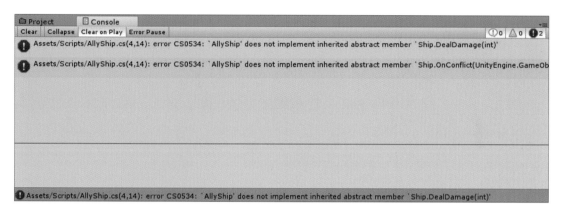

이런 식으로 프로그래밍에 오류가 있으면 컴파일링이 되지 않고 에러를 표시합니다. 이렇게 되면 게임을 플레이 할 수도 없습니다. 그럼 이 에러는 왜 생겼을까요. AllyShip 클래스에서 필수적으로 구현해야 할 멤버를 구현하지 않았다는 겁니다. 무엇을 필수적으로 구현해야 하나요? 추상클래스에서 추상메써드를 선언했다면 이 추상클래스를 상속한 다른 구체적인 클래스에서는 반드시 이 추상메써드의 실제 구현을 해주어야 합니다.

### ✅ 일반화 프로그래밍 #4

```
public class AllyShip : Ship {
    public override void DealDamage (int dam)
    {
    }
    public override void OnConflict (GameObject other)
    {
    }
}
```

즉 위와 같은 식으로 추상클래스에서 선언했던 DealDamage와 OnConflict 메써드를 구현해야 한다는 것입니다. 이것이 구체적인 구현이고, override 키워드를 써서 부모 클래스의 Ship의 해당 메써드를 덮어쓴다는 것을 의미합니다.

이제 AllyShip 스크립트를 만들어둔 아군 기체에 붙입니다. 스크립트 파일을 드래그하여 아군 기체 오브젝트에 드랍하거나 아군 기체 오브젝트에서 Add Component로 할 수 있습니다. 그러면 추상클래스에 선언해둔

HP, Name 변수가 인스펙터 바깥에 나와서 변경할 수 있게 되어 있습니다. 이런 식으로 유니티의 특징 중 하나는 인스펙터에서 바꾼 변수는 스크립트 상에서 수정하고 다시 컴파일 할 필요가 없이 바꾼 것이 바로 효력을 발휘하게 된다는 점입니다. 즉 가령 스크립트에서 HP를 100이라고 정의해 놓았더라도, 인스펙터에서 그 수치를 50으로 바꾸면, 50으로 설정된다는 것입니다. 이것은 자주 바꾸면서 게임상의 변화를 관찰할 필요가 있거나 할 때 유용합니다. 반대로 이렇게 바깥으로 노출시켜서 변경을 원하지 않는 경우에는 변수의 공개범위 한정자를 public에서 private 로 바꿔야 됩니다. 그런데 가령 변수를 다른 스크립트에서 인용하여 쓸려면 이것이 public으로 되어 있는 편이 편하므로 public을 쓰고는 싶지만 인스펙터에서 노출은 시키고 싶지 않은 경우가 있습니다. 그러면 [HideInInspector]라는 문구를 변수명 위에 추가해주면 됩니다.

### ✔ 일반화 프로그래밍 #5

```
public class ExampleClass : MonoBehaviour {
    [HideInInspector]
    public int p = 5;
}
```

즉 위와 같은 식으로 변수 위에 선언하면 그 바로 밑의 변수는 인스펙터에 노출이 안 됩니다. 만약 여러 개의 변수를 위와 같이 처리하고 싶다면 변수마다 일일이 위에다가 [HideInInspector]를 써주어야 합니다.

### 6-2 인터페이스

추상클래스와 마찬가지로 인터페이스라는 것이 있습니다. 이 기능은 인터페이스를 구현하는 다른 클래스들을 묶어서 한 번에 처리할 수 있게 만들어 줍니다. 이런 식으로 처리하지 않는다면 일일이 if else문, 혹은 switch문을 쓰면서 소위 노가다 식으로 구현해야 하고 또 여기에 향후 수정이나 추가할 필요가 생길 때마다 모든 구체적인 경우에 대해서 처리하는 코드를 만들어야 하므로 코드가 소위 난잡하고 지저분해 질 우려가 있습니다.

하지만 냉철하게 따져서 혼자 혹은 소규모 개발을 할 때는 쓸데없는 데 힘을 빼거나 시간을 빼앗기는 것을 극도로 경계해야 합니다. 향후 업데이트가 어찌되든 그게 중요한 게 아닙니다. 우선 당장에 빨리 개발해서 수익을 내는 것이 생존과 발전을 위해 더 중요한 것입니다. 최종 소비자 입장에서는 솔직히 게임의 뒤에서 돌아가는 코드가 난잡하던 깔끔하던 간에 전혀 신경 쓰지 않습니다. 따라서 소비자에게 하등의 상관이 없는 작업에 추가적인 시간과 노력을 들이는 것이 정당화가 되려면, 그것이 최종적으로 더 효율적이고 제작측면에 도움이 되어야 합니다. 코드의 아름다움에 마음을 빼앗겨 장인정신으로 임하는 것도 좋지만 그것은 결국 프로그래머의 자기만족으로 끝나는 위험성도 가지고 있으므로 이를 경계해야 합니다. 소위 일반화 프로그래밍이라는 것은 결국 프로그램 팀이 별도로 꾸려지는 경우나 중, 대규모 개발에서나 신경 쓸 법한 문제일수도 있습니다. 소규모 개발에서는 결국 빨리 최종 프로덕트(Product), 즉 게임을 소비자에게 내놓는 것과 게임 기획이 훨씬 더 중요합니다. 최종적으로 구현해야 할 게임의 명세가 확실하다면, 그냥 구체적인 구현으로 다 짜버리는 게 낫지 굳이 뭔가를 묶어서 일반화 해둘 필요는 없을 수 있다는 것입니다. 솔직히 그렇게 해서 돈만 많이 벌면 코드 따위야 얼마든지 갈아엎을 수 있습니다. 소규모 개발을 할 때 이런 일반화 프로그래밍을 쓰는 것은, 이것이 자기 혼자 개발을 하는 와중에도 시간단축에 도움이 될 것이라는 확신이 드는 경우에만 하는 것이 좋다는 얘기입니다. 정말 중요한 것이 무언인지 냉철하게 생각하는 게 필요합니다.

그래도 배우는 단계에서는 인터페이스가 무엇이고 언제, 왜 쓰이는지 알아야 하므로 다시 인터페이스의 얘기로 돌아가서, 이번 게임에서는 가령 향후 아군 물체를 여러 개 두려고 한다고 해보겠습니다. 즉 아군이 하나가 아니고 여러 개라는 것이지요. 그리고 그 종류도 달리할 예정입니다. 그럼 그 아군들만 묶어서 무언가 행동을 하게 하거나 혹은 효과를 주고 싶은 경우가 있을 수 있습니다. 사실 소규모 개발에서는 이런 '아군들만'이라는 목적을 달성하기 위해서라면 굳이 인터페이스 말고도 여러 가지 방법이 있을 수 있습니다. 미리 아군들만 묶어서 보유하는 배열 형식의 변수를 만든다든지, Tag를 붙인다든지 등의 방법으로도 아군을 검출해내어 처리를 할 수 있습니다. 인터페이스를 쓰면 인터페이스를 상속한 클래스는 인터페이스 안에 있는 메써드의 구현이 강제되므로 오류의 가능성이 줄어들고 가독성이 높아지는 장점은 있습니다.

지금은 아군들에게만 일괄적으로 뭔가 메써드를 가지게 하고 싶고, 또 지금까지 이 아군기체가 획득한 스코어를 저장하는 int값 변수 하나, 그리고 어떤 무기를 가지는지 등 이런 정보를 부여해보고 싶다고 게임 기획을 정하겠습니다.

그럼 이 기획에 맞게끔 인터페이스를 선언하고 AllyShip에 적용해야 합니다. Classes 스크립트에 다음을 추가합니다.

✅ **인터페이스 #1**

```
public enum Weapon
{
    None, Bullet, Missile, Rocket, Laser
}
public interface IAlly
{
    Weapon thisWeapon { get; set; }
    int thisShipScore { get; set; }
    void AllyMethod();
}
```

새로 나오는 것들이 좀 보입니다. enum이 그렇고, get; set; 부분도 그렇습니다. 이것은 이후에 더 자세히 살펴보기로 하고 우선 인터페이스에 대해 보면, 인터페이스 이름은 마음대로 지어도 상관없지만 전통적으로 앞에 대문자 I를 붙입니다.

그리고 인터페이스 안에는 메써드나 속성을 구현할 수 있지만 필드는 추가할 수 없습니다. 필드란 int thisShip-Score = 0;처럼 어떤 변수를 설정하는 것을 의미합니다. 필드는 추가할 수 없지만 위와 같이 { } 안에 get; set;을 넣어 줌으로써 필드를 설정한 것과 유사한 효과를 누릴 수 있습니다. 이 인터페이스를 상속하는 모든 클래스에서 구현해야 할 메써드의 반환형식(여기서는 void)과 매개변수(여기서는 없음)를 지정합니다. 그러면 이 인터페이스를 상속하는 모든 클래스는 AllyMethod를 가지고 있을 것이므로 (만약 클래스에서 구현을 빠뜨리면 애초에 컴파일 에러가 납니다) 모든 아군관련 메써드를 실행하려고 하는 중간 관리자 클래스에서 안심하고 IAlly를 상속한 클래스의 인스턴스를 매개변수로 넘겨받아 일을 처리할 수 있는 것입니다. 또한 위에서 설정한 대로 스코어 점수나 무기종류를 가지고 원하는 일을 할 수 있습니다.

그럼 이 인터페이스를 실제 AllyShip 스크립트에서 상속을 해야겠지요. AllyShip 스크립트로 가서 다음과 같이 인터페이스 상속선언을 합니다. AllyShip : Ship, IAlly

```
public class AllyShip : Ship, IAlly {
    public override void DealDamage (int dam)
    {
    }
    public override void OnConflict (GameObject other)
    {
    }
}
```

이와 같이 AllyShip이 상속한 어떤 다른 클래스(여기서는 Ship이라는 추상클래스)가 있을 때에는 그것이 : 기호 다음으로 맨 처음에 와야 하고, 그 다음에 상속한 인터페이스는 ,(쉼표) 기호를 쓰고 인터페이스 이름을 적어주면 됩니다. 이런 식으로 쉼표를 여러 개 넣어 여러 개의 인터페이스를 모두 상속할 수도 있습니다. 물론 상속한 각 인터페이스 안에 있는 것들을 전부 다 구현만 한다면요. 이 점이 추상클래스와 다른 인터페이스만의 장점입니다. 어떤 한 클래스에서 추상클래스는 여러 개를 동시에 상속받을 수 없고 하나만 상속받아야 하지만 인터페이스는 이런 제약이 없는 것입니다.

그런데 여기에 빨간줄이 쳐져 있네요. 이건 왜 그럴까요? 에러가 있다는 뜻입니다.

여기서 잠깐 언급하면, 필자는 비쥬얼 스튜디오의 별도 툴로서 Resharper라는 것을 깔아 쓰고 있습니다.

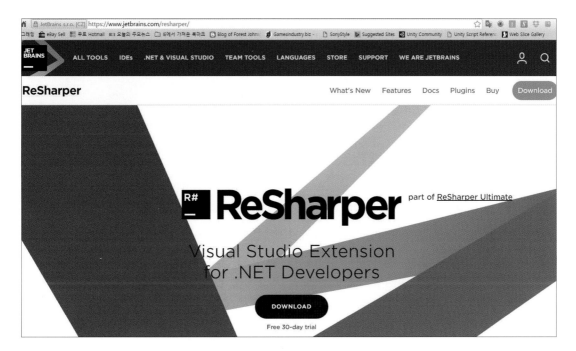

주소는 https://www.jetbrains.com/resharper/이고 30일 무료 평가판을 제공하고 있습니다. 비쥬얼스튜디오에 여러 가지 편의기능을 추가시켜주는, 별도의 외부회사에서 개발한 플러그인 툴입니다. 이것이 깔려 있지 않더라도 위의 빨간줄처럼 비쥬얼 스튜디오 나름대로 에러를 표시해줄 것입니다.

위의 빨간줄에 마우스 커서를 올리고 [ Alt ]키 + [ Enter ]키를 누르면 가능한 해결책들을 알아서 자동으로 추천하여 목록으로 보여줍니다. 이 중에서 Implement missing members를 클릭해 보면 별도의 창이 나오고 거기서 또 자세한 구현방법을 선택할 수도 있습니다.

그냥 여기서는 [ Finish ]를 눌러 넘어갑니다.

그럼 자동으로 IAlly 인터페이스에서 선언했던 속성과 메써드의 틀을 구현해줍니다. 물론 이 안에서 구체적으로 어떻게 처리할 것인지는 프로그래머가 직접 짜 넣어야 합니다. 단지 타이핑의 수고를 덜어주는 역할입니다. 만약 리샤퍼가 깔려 있지 않아도 비쥬얼 스튜디오도 자동으로 구현해주는 기능이 있습니다. 물론 여기서의 리샤퍼처럼 자세한 옵션을 설정할 수 있는 건 아닙니다.

아무튼 자동으로 구현하면 이와 같이 됩니다. 여기서 throw new System.Not....이라는 구문이 나왔는데 이 의미는 이 메써드가 호출되었을 때 예외를 발생시키라는 것입니다. 보통 유니티에서는 여기에 Debug.Log(Name + " AllyMethod is called");와 같이 디버그 명령어로 콘솔창에 찍어보는 것을 많이 씁니다. 이는 어떤 메써드가 호출되었는지 아닌지 확인하는 방법 중의 하나입니다. 따라서 위의 throw new... 부분을 위의 Debug.Log...로 교체합니다.

```csharp
using UnityEngine;
using System.Collections;

public class AllyShip : Ship, IAlly {
    public override void DealDamage (int dam)
    {
    }
    public override void OnConflict (GameObject other)
    {
    }
    public Weapon thisWeapon { get; set; }
    public int thisShipScore { get; set; }
    public void AllyMethod()
    {
        throw new System.NotImplementedException();
    }
}
```

이로서 인터페이스의 선언과 그 상속에 대해서 기본적인 내용을 살펴보았습니다. 그럼 이제 다른 스크립트, 가령 게임을 전체적으로 관리하는 임무를 맡게 될 GameManager 스크립트라든지 혹은 다른 스크립트에서 이 AllyShip 스크립트에 접근하여 뭔가를 읽어오거나 하고 싶을 경우가 생길 것입니다. 이런 경우 어떻게 할까요? 그리고 위에 새로 나온 속성과 열거형은 무엇인가요. 이런 것들에 대해서 좀 더 자세히 살펴보겠습니다.

## 7. 게임 오브젝트 사이의, 스크립트 사이의 통신

어떤 한 게임 오브젝트에서 다른 오브젝트로 뭔가 메시지를 보내거나 명령을 내리거나 조작을 하고 싶은 경우가 있습니다. 오브젝트 상호 간에 충돌 등은 물리엔진에 의해 Collider와 Rigidbody 컴포넌트만 붙여 놓으면 자동으로 되지만 충돌 이외에 유저가 직접 상호작용을 정의하고 수행하고 싶은 경우가 있습니다. 가령 다른 오브젝트의 위치를 바꾼다거나 이름을 바꾼다거나 하는 등입니다. 이럴 때 어떻게 해야 할까요. 보통 이런 경우에 각 오브젝트에 스크립트를 붙여서 그것들 사이를 서로 제어하는 방식으로 합니다. 여러 가지 방법이 있습니다만 우선 여기서는 5가지 방법을 소개합니다

### 7-1 스크립트 변수 참조

이것은 스크립트 안에서 다른 스크립트 타입의 변수를 선언해두고 거기에 다른 스크립트를 할당하여 사용하는 방법입니다. 가령 GameManager라는 스크립트를 가지고 있고, 여기서 다른 스크립트인 EnemyShip에 접근하고 싶을 경우에 구성하는 예제를 보면,

**✅ GameManager.cs 의 내용**

```
public class GameManager : MonoBehaviour
{
    public EnemyShip enemyScript;
      void Start ()
      {
            enemyScript = FindObjectOfType<EnemyShip>();
            Debug.Log(enemyScript);
      }
```

이런 식으로 먼저 EnemyShip 타입의 변수를 퍼블릭이든 프라이빗이든 용도에 맞게 설정합니다. 그리고 Start에서 FindObjectOfType으로 EnemyShip을 찾아서 이 변수에 할당합니다. 이런 식으로 명령어로 할당 하면 그 다음에는 신경 쓸 필요가 없습니다. FindObjectOfType 명령어는 게임 안에 나와있는 액티브 상태(활 성화된 상태)인 게임 오브젝트 중에 < > 안에 명시한 타입과 일치하는 물체를 찾는 명령어입니다. FindObject-sOfType으로 가운데 s자를 넣어서 < > 안의 타입과 일치하는 모든 오브젝트를 배열로 가져올 수도 있습니다.

여기서 활성화, 혹은 액티브 상태란 말이 나왔습니다. 위에서 활성화에 대해서는 언급했습니다. 인스펙터에서 어떤 게임 오브젝트의 최상단 좌측의 체크박스를 해제하면 비활성화되고, 체크를 하면 활성화가 됩니다. 물론 스크립트로 할 수도 있습니다.

**✅ 스크립트 변수 참조 #1**

```
public class ExampleClass : MonoBehaviour {
    void Example() {
        gameObject.SetActive(false);
    }
}
```

위와 같이 SetActive 명령어를 쓰면 됩니다. SetActive 다음에 true가 오면 활성화 하라는 것이고 false가 오 면 비활성화 하라는 것입니다. 위 코드의 의미는 gameObject, 즉 g가 소문자이므로 ExampleClass 스크립트 가 붙어있는 자기 자신인 게임 오브젝트를 스스로 비활성화 하라는 것이 됩니다.

다시 스크립트 참조 이야기로 돌아가서, 다른 방법으로는 앞의 코드 예제와 같이 스크립트의 변수를 퍼블릭으 로 선언했다면 이 변수에 직접 하이어아키에서 EnemyShip 스크립트를 가진 물체를 끌어서 할당할 수도 있 습니다.

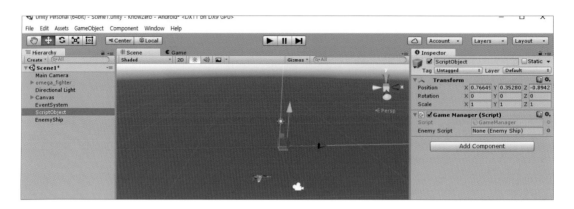

즉 위와 같이 public으로 변수를 선언하면 인스펙터에 나와있게 됩니다. 여기서,

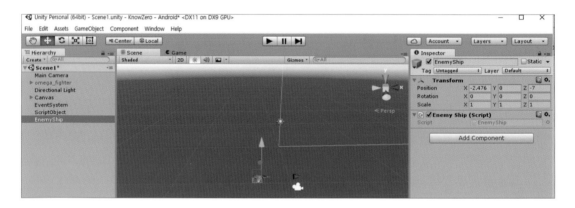

이 EnemyShip 물체에 EnemyShip 스크립트가 존재하고 이것을 위 게임매니저 스크립트에 등록하여 참조하고 싶다면, ScriptObject를 먼저 클릭하여 그것이 선택된 상태에서, EnemyShip 물체를 클릭한 후 떼지 말고 드래그 하여 GameManager의 변수에다가 놓습니다. 즉,

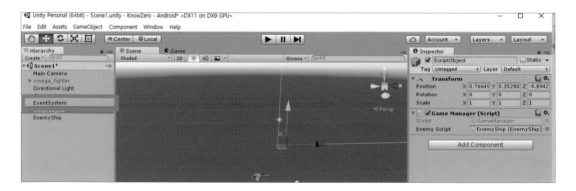

이와 같이 끌어다 놓는 식으로 등록할 수 있고, 그 다음부터는 GameManager 스크립트에서 EnemyShip 스크립트에 접근할 수 있고 조작할 수 있습니다. 가령 EnemyShip에 int some = 3; 이런 int 변수가 있는데 이것을 바꾸고 싶다면, GameManager 스크립트에서,

### ✅ 스크립트 변수 참조 #2

```
enemyScript.some = 5;
```

이와 같이 (.) 스크립트 변수명 다음에 점 기호를 찍고 변수명을 적으면 됩니다. 또는 펑션, 즉 함수에 접근하고 싶다면, EnemyShip 스크립트에서 먼저 public을 써서 공개된 함수를 만든 후,

### ✅ 스크립트 변수 참조 #3

```
public void SomeFunction (string text)
    {
        Debug.Log("This is enemy script function!"+text);
}
```

GameManager 스크립트에서,

### ✅ 스크립트 변수 참조 #4

```
enemyScript.SomeFunction("Hello");
```

이와 같은 식으로 EnemyShip 스크립트에 있는 함수에 접근하여 호출할 수 있습니다.

이런 스크립트 자체를 참조하는 방식은 가장 기본적이지만 근래에는 많이 쓰이지 않고 특별히 필요한 경우에만 씁니다. 변수를 설정하고 프로그래밍적으로 혹은 물체를 드래그 앤 드랍하는 과정 자체가 번거롭기 때문입니다. 또한, 만약 EnemyShip 스크립트를 제3의 다른 스크립트에서 참조하려면 어떻게 해야 할까요? GameManager에서 했던 것과 똑같은 코드를 제3의 다른 스크립트에도 넣어야 합니다. 만약 제3뿐만이 아닌 4, 5, 6…의 많은 다른 스크립트에서 EnemyShip 스크립트를 참조하고 싶다면? 그럼 코드는 계속 반복해서 작성해야 되니 코드 길이도 늘어날뿐더러 짜증나고 불편합니다. 그래서 다음과 같은 방법을 많이 씁니다.

### 7-2 스태틱 변수 선언

EnemyShip 자체를 그 스크립트 안에서 스태틱 변수로 선언해두고 다른 스크립트에서는 참조하는 코드를 쓸 필요 없이 그냥 바로 직접적으로 가져다 쓰는 방법입니다. 구체적으로,

✔ **EnemyShip.cs 안에서**

```
public static EnemyShip Instance;

void Awake()
{
        Instance = this;
}
```

와 같은 식으로 public 다음에 static 키워드를 씁니다. 이것은 이 변수를 전역으로, 즉 어디서나 쓸 수 있게 선언한다는 의미입니다. 이렇게 Instance라는 변수명에 자기 자신을 스태틱으로 선언한 후에, Awake에서 Instance = this;로 자기 자신을 참조해 줍니다. 여기서 this라는 것은 이 스크립트 자체, 즉 여기서는 Enemy-Ship 스크립트를 가리키게 됩니다.

이렇게 해두면 다른 스크립트에서 접근하고자 할 때에는,

✔ **스태딕 변수 선언 #1**

```
void Start ()
{
        Debug.Log(EnemyShip.Instance.some);
        EnemyShip.Instance.SomeFunction("Hello");
}
```

이와 같이 변수선언이나 기타 다른 명령어를 쓸 필요도 없이 그냥 바로 EnemyShip.Instance. 문구를 써서 EnemyShip 스크립트에 접근할 수 있는 것입니다. 방법이 매우 간편하므로 많이 쓰이고 있습니다.

**7-3** **이벤트 발생 및 구독**

C#의 이벤트 구문을 이용하는 방법입니다. 이벤트란 어떤 사건이 일어나는 객체와 그것을 구독, 즉 모니터링 하는 객체를 서로 분리시키는 것을 의미합니다. 즉 이는 스크립트와 객체 간의 관심사 분리 및 의존성 감소라 는 소프트웨어 개발의 원칙을 지킬 수 있다는 점에서 많이 활용되고 있습니다. 이벤트는 꽤 많고 다양한 예제와 활용법이 존재하는, 약간 고급 주제이기도 하므로 여기서 망라적으로 모든 내용을 다루지는 않고 기본적인 문법과 활용방법에 대해서만 간단히 보고자 합니다. 더 자세한 내용은 구글링이나 MSDN 등을 활용하면 됩니다.

이벤트를 쓰면 위와 같이 EnemyScrip.Instance 자체를 쓸 필요가 없게 됩니다. 즉 어떤 게임 오브젝트의 변화를 다른 스크립트들에 영향을 미치고 싶다면, 변화를 일으키는 주체에서 이벤트를 발생시키고, 다른 스크립트들은 그 이벤트를 구독하게끔 만들면 되는 것입니다. 이것은 어떤 장점이 있을까요. Instance 구문을 쓰는 경우를 생각해 봅시다. 가령 적 물체가 파괴되는 사건이 발생한다고 칩시다. 그러면 적군 물체가 죽을 때 발생 하는 효과를 호출해야 할 것입니다. 또 이에 맞춰서 UI를 업데이트 하는 함수도 호출해야 합니다. 또 그에 따라

스코어도 조정해야 합니다. 그 죽음에 연관되는 다른 함수들도 호출해야 합니다. 이렇게 보면 적이 죽을 때 일어나야 하는 일이 매우 많을 수 있음을 알 수 있습니다. 또한 이는 게임 기획의 추가, 변경에 따라 얼마든지 증가 혹은 감소될 것입니다. 그러면 적의 죽음을 처리하는 함수(A)에서 이와 연관된 모든 다른 스크립트의 함수(B, C, D...)를 호출해야 하는 것입니다. 즉 이와 같이 될 것입니다.

#### ✓ 이벤트 발생 및 구독 #1

```
public void EnemyDead(GameObject whoDead){
      EnemyScript.Instance.EnemyDeath();
      UIScript.Instance.UIUpdate();
      ScoreScript.Instance.ScoreUpdate();
      ......
}
```

즉 여기서 UIScript, ScoreScript 등은 아직 작성하지 않았지만 향후 작성할 가능성이 높은 스크립트들입니다. 즉 우리는 적의 죽음과 연관된 모든 기능들을 알고 있어야 하며, 그것들을 빠짐없이 호출해 주어야 합니다. 게임 기획을 하고 시간이 얼마 지나지 않아 기억이 남아있다면 다행이지만 시간이 오래 지난 후에는 무엇을 추가해야 하는지 잊어버리기 쉽습니다. 또 게임 기획이 변경될 경우에도 여기에서 다시 수정해야 합니다.

물론 그렇게 해도 상관은 없습니다만 이벤트를 사용하면 좀 더 편합니다. 즉 EnemyDead 함수에서 적의 죽음에 관심 있는 다른 스크립트를 호출하는 모든 것을 관장할 필요 자체가 없고, 단지 '적이 죽었다.'라는 이벤트를 발생시키기만 하면 됩니다. 그리고 이에 관심 있는 다른 스크립트는 역시 자기 자신의 스크립트 안에서만 적의 죽음을 구독하면 되는 것입니다. 각자는 다른 것에 대해 전혀 신경 쓸 필요가 없습니다. 적의 죽음을 구독하는 게 수십, 수백 개의 스크립트가 될 수도 있습니다. 양이 늘어날수록 이벤트를 쓰는 것의 장점이 두드러집니다.

이런 식으로 이벤트를 쓰지 않고 중앙 집중식으로 관리를 해야 하면 개발팀이 늘어나서 여러 명의 프로그래머가 작업하는데 새로 들어온 프로그래머도 전체적인 스크립트의 구조나 어디서 적의 죽음을 관장하는지 알아야 하는 부담이 있습니다. 모르면 누군가가 가르쳐 주어야 할 것입니다. 이것 또한 부담입니다. 그리고 그 부분을 수정하여 자신이 추가하려고 하는 함수를 연결시켜야 합니다. 이 때에도 예상치 못한 여러 가지 문제, 가령 기존의 함수들과의 충돌 등이 생길 수 있습니다. 개발자가 서로 다르므로 누가 어떤 작업을 어떻게 연결 지어 놓았는지 모르기 때문입니다. 결국 모여서 회의하고 서로 교육시켜야 합니다. 이 자체도 시간의 소모이고 시간의 소모는 곧 돈입니다.

이벤트로 만들어 놓으면 이런 부담에서 해방될 수 있습니다. 새로 들어온 프로그래머도 그냥 이벤트를 발생시키는 것이 있음을 알고 자신이 새로 만드는 기능이 그 이벤트에 관심이 있다면 그것을 구독하여 모니터링 하면 그만이기 때문입니다. 이벤트 발생시키는 스크립트가 어떻게 되어있는지 어떤 것과 연결되어 있는지, 다른 스크립트는 어떻게 하고 있는지 전혀 몰라도 상관없습니다.

왜 이벤트를 쓰는지 알았다면 이제 어떻게 하는지 알아볼 차례입니다. 우선 무엇이 필요한지 생각해 봅시다.

어떤 이벤트인지 이벤트 유형을 정의하는 절차가 필요합니다. 즉 이 이벤트가 일어나면 어떤 변수를 받아서 어떤 처리를 하는지 함수의 유형을 정의해야 합니다. 또 이벤트를 발생시키는 부분도 필요할 것입니다. 그리고 이벤트를 구독하는 스크립트에서는, 구독한다는 선언이 필요합니다. 구독하여 무엇을 할지는 자유롭게 정의하면 되므로 필수는 아닙니다. 그럼 예제를 보면, 먼저 이벤트를 발행하는 스크립트의 예를 보겠습니다. 즉 변화를 일으키는 주체입니다.

✔ EventPublisher.cs에서

```
using UnityEngine;
using System.Collections;

❶ public delegate void SomeDele (int someValue);

public class EventPublisher : MonoBehaviour
{
    public static EventPublisher Instance;
❷    public event SomeDele myEvent;
    void Awake()
    {
        Instance = this;
    }
❸    public void InvokeEvent()
    {
        int value = 8;
        myEvent(value);
    }
}
```

EventPublisher라는 이름의 스크립트를 먼저 만듭니다. 그리고 위와 같이 코드를 작성합니다. 여기서 delegate라는 것이 나왔습니다. 이 델리게이트도 꽤 고급 주제이고 파고들면 어렵고 내용도 많아 여기서 다 다루지는 못하지만 대략적인 개념을 보면, 대리자라는 의미로서, 모든 함수들을 대표하여 나타낼 수 있는 C#의 명령어 구문입니다. 즉 지금까지는 보통 함수를 호출할 때에 매개변수로 int, string 등 어떤 변수값을 넘겼지만, 델리게이트를 쓰면 함수 자체를 매개변수로 넘길 수 있게 됩니다.

여기서 우리가 이벤트를 정의할 때 필요한 것을 생각해보면, 먼저 이벤트를 발생시킬 때 어떤 처리를 하는가는 그때 그때의 상황에 따라 매우 다양할 수 있습니다. 어떤 매개변수를 받아서 어떤 처리를 하는지, 값을 돌려주는지 즉 return을 하는지 아닌지, 등 다양합니다. 이런 모든 다양한 유형에 대해 구체적으로 정의하지 않고 추상적으로 한 단계 떨어져서 바라보는 용도로 쓰는 것이 델리게이트입니다. 즉 구체적으로 어떤 일을 하는 함수인지는 상관없이, 그것의 매개변수의 모습과 반환형식에만 주목하여 그것들을 대표적으로 나타내는 어떤 것을 만들 필요가 있을 때 델리게이트를 씁니다.

여기서 이벤트의 경우도 그렇습니다. 이벤트를 발생시키는 주체의 입장에서는 이 이벤트를 누가 받아서 어떤 처리를 하는지는 알 수 없지만, 어떤 매개변수를 받아서 이벤트를 일으키는 지만 신경 쓰면 됩니다. 그럼 이 매개변수를 사용하여 이벤트를 구독하는 쪽에서 알아서 처리를 할 것입니다.

그래서 여기서 쓰인 것을 가지고 설명해보면, int값을 매개변수로 받고, 반환형식은 없는, ❶ 즉 void인 So-meDele라는 이름의 델리게이트를 만든 것입니다. 그리고 이벤트 키워드를 써서 이벤트를 사용할 것임을 선언합니다. ❷ public event SomeDele myEvent 에서 SomeDele는 이 이벤트의 타입을 SomeDele라는 형식으로 하겠다는 것을 나타내고, myEvent는 그냥 임의로 정할 수 있는 이벤트의 이름입니다. 이벤트는 반드시 델리게이트 타입이어야 합니다. 즉 event int myEvent 이와 같이 int나 string 등 다른 타입으로는 사용할 수 없다는 것입니다.

❸ 그리고 InvokeEvent 함수는 이벤트를 발행하는 펑션입니다. 이때 int값을 매개변수로 받는 식으로 설정할 수도 있습니다. 즉 InvokeEvent(int value) 이런 식으로 하는 것입니다.

이로써 이벤트를 발행하는 쪽의 스크립트 작성은 끝났습니다. 그럼 이제 이 이벤트를 구독하려면 어떻게 해야 하는지 구체적으로 볼 차례입니다. EventSubscriber라는 이름의 스크립트를 만들고 다음과 같이 타이핑합니다.

### ✔ 이벤트 발생 및 구독 #2

```
public class EventSubscriber : MonoBehaviour {

    void Start () {
        ❷ EventPublisher.Instance.myEvent += MyFunction;
        ❸ EventPublisher.Instance.InvokeEvent();
    }

    ❶ void MyFunction(int value)
    {
        value += 4;
        Debug.Log("This is my function, value is "+value);
    }
}
```

먼저 이벤트를 구독하는 측에서는 무엇이 필요할지 생각해 봅시다. 만약 그 이벤트가 일어난다면 자신이 무엇을 할지 정의해야 합니다. 그리고 어떤 특정한 이벤트를 구독한다고 선언을 해야합니다.

위의 코드 예제에서, ❶ MyFunction 함수가 바로 "이벤트가 일어났을 때 자신이 무엇을 할지"의 부분에 해당하는 코드입니다. 그리고 ❷ EventPublisher.Instance.myEvent += MyFunction 부분이 이 이벤트를 구독한다는 선언입니다. 먼저 앞에서 나왔던 Instance 메커니즘을 이용해서 이벤트 발행 스크립트에 접근합니다. 그리고 거기 있는 event 키워드로 선언해 두었던 이벤트에 MyFunction이라는 자신의 함수를 += 기호를 써서 등록하고 있습니다.

이제 이벤트를 일으키는 부분이 필요합니다. 이것은 사실 어디에 있어도 상관없습니다. 즉 이벤트 발행자가 직접 자신의 이벤트를 일으켜도 되고 구독자나 제3자가 이벤트를 발생시킬 수도 있습니다. 그냥 위에서처럼 이벤트 발행자의 ❸ InvokeEvent() 함수를 호출해주기만 하면 되는 것입니다.

그럼 이 이벤트를 구독하고 있는 모든 구독자에게 이벤트가 발생되었다는 신호가 가게 되고, 그에 따라서 등록해 두었던 자신의 함수들이 실행되는 것입니다. +=을 써서 등록해 둔 모든 함수가 누구의 스크립트에 있던 간에 상관없이 모두 실행됩니다.

구독을 해지하려면, 즉 더 이상 이벤트를 모니터링 하지 않으려면 -=을 써서 해지할 수 있습니다. 즉 EventPublisher.Instance.myEvent -= MyFunction와 같은 식으로 하면 됩니다.

이상으로 이벤트에 대한 간략한 설명을 마칩니다. 본서에서도 계속해서 다루겠지만, 이벤트에 대한 더 자세한 사항이 궁금하신 분은 필자의 유데미 강의[4]나 구글링, MSDN 등의 자료를 참조해 주세요.

### 7-4 GameObject.SendMessage

또 다른 하나의 방법으로 SendMessage라는 유니티에서 만들어둔 명령어가 있습니다. 이것은 선택한 게임 오브젝트에 달린 모든 스크립트에 전부 영향을 미칠 수 있는 명령어입니다. 유니티 문서에서 공식 예제를 보면,

✅ GameObject.SendMessage #1

```
public class ExampleClass : MonoBehaviour {
    void ApplyDamage(float damage) {
        print(damage);
    }
    void Example() {
        GameObject.SendMessage("ApplyDamage", 5.0F);
    }
}
```

이와 같이 되어 있습니다. 즉 GameObject, 자기 자신에 붙어있는 모든 스크립트, 정확히는 MonoBehaviour를 상속하는 스크립트에 메시지를 보내서 ApplyDamage라는 펑션을 실행시켜라, 그리고 매개변수(파라미터, parameter 라고도 합니다)로는 5.0 float 타입을 넘긴다는 의미입니다.

이 명령어는 게임 오브젝트에 스크립트가 여러 개 붙어있고 스크립트 안에 같은 이름의 펑션, 즉 함수가 있을 때 사용하면 유용합니다. SendMessage 하나의 명령으로 대상의 모든 스크립트들에게 영향을 미쳐서 특정 함수를 실행시킬 수 있기 때문입니다.

이 SendMessage를 위에서 나온 이벤트 스크립트의 경우에 적용하려면 이렇게 될 것입니다.

---

4 유데미(www.udemy.com)는 온라인 유료 강의 사이트입니다. 필자의 강의 링크는 https://www.udemy.com/unity-lecture1-korean이며 더 많은 강의도 업로드 할 예정입니다.

#### ✅ GameObject.SendMessage #2

```
void Start () {
 EventPublisher.Instance.myEvent += MyFunction;
 //EventPublisher.Instance.InvokeEvent();
   EventPublisher.Instance.SendMessage("InvokeEvent");
}
```

즉 이런 식으로 SendMessage를 써서 해당 오브젝트의 함수를 실행시킬 수도 있습니다. 비슷한 것으로 GameObject.BroadcastMessage 명령어도 있습니다. 이것은 대상 오브젝트와 그 모든 자식관계의 오브젝트들에게까지 영향을 미치는 펑션입니다. 즉 모든 자식들에 붙어있는 스크립트까지 조사해서 같은 이름의 펑션이 있다면 실행시켜 줍니다.

이 명령어의 난점은 속도가 느리고, 실행하는 펑션이 매개변수를 기지지 않거나 한 개만 가져야 한다는 점입니다. 속도가 느리다는 것은 많이 쓰면 게임의 퍼포먼스가 떨어질 수 있다는 것입니다. 스크립트와 프로그래밍도 cpu에 부하를 주는 작업입니다. 그래픽 만큼은 아닐지라도 효율적으로 짠 게임일수록 더 빠르게, 부드럽게 실행됩니다. 간단한 게임에서는 사실 어떻게 짜도 잘 돌아가고 게이머가 느낄 정도로 체감할 수 없습니다만 복잡하거나 대규모의 게임으로 갈수록 효율적이고 퍼포먼스가 높은 코드를 짜야 합니다. 또한 매개변수를 2개 이상 가지는 펑션, 예를 들어 public void MyFunc(int a, string b) 이와 같이 매개변수를 a, b 로서 2개 이상 가지는 함수는 SendMessage 명령어로 실행시킬 수는 없습니다.

### 7-5  GetComponent

어떤 오브젝트에 붙어있는 컴포넌트를 가져오는 명령어입니다.

공식 사이트의 예제를 보면,

#### ✅ GetComponent #1

```
public class ExampleClass : MonoBehaviour {
    public HingeJoint hinge;
    void Example() {
        hinge = GameObject.GetComponent<HingeJoint>();
        hinge.useSpring = false;
    }
}
```

이런 식으로 HingeJoint라는 타입의 컴포넌트를 가져와서 hinge라는 변수에 할당할 수 있습니다. 그리고 나서 hinge.useSpring 등으로 각 컴포넌트에 특유한 스크립트나 명령어를 쓸 수 있습니다.

다른 스크립트의 컴포넌트를 가져올 때도 역시 앞의 이벤트 코드를 예로 들면,

```
EventPublisher.Instance.GetComponent<Rigidbody>().drag = 0.1f;
```

이런 식으로 하여 이벤트 퍼블리셔 스크립트가 붙어있는 게임 오브젝트의 Rigidbody라는 컴포넌트를 가져와서, 그것을 다른 변수에 할당하거나 혹은 위처럼 직접 값을 조작하거나 할 수 있습니다. 이 겟컴포넌트가 위의 센드메시지보다 속도가 훨씬 더 빠르므로 많이 쓰입니다. 또한 한 스크립트 내에서 반복적으로 쓰인다면, 초기의 세팅이나 Start 등의 펑션 안에서 겟컴포넌트로 한 번만 별도의 변수에 등록해두고 나중에는 매번 겟컴포넌트를 쓰는 게 아니라 이 변수를 쓰는 것이 퍼포먼스 상 더 좋습니다.

이런 속도나 퍼포먼스에 관한 정보는 약간 전문적인 주제인데 이것도 역시 구글링을 통하면 알 수 있습니다. 구글 검색창에서 Unity Sendmessage vs getcomponent, performance 등의 키워드로 검색하면 많은 얘기들이 나옵니다. 이런 식으로 사실상 프로그래밍에 관한 거의 모든 정보는 구글링으로 다 얻을 수 있으므로 영어만 알면, 그리고 시간만 들인다면 무서울 건 없습니다. 그러나 그 시간이 사실 이 세상에서 가장 소중한 자원이고 혼자 모든 것을 다 알거나 통달할 수는 없으므로 다른 전문가들과의 협력도 중요합니다.

다시 주제로 돌아가면 이런 식으로 다른 스크립트와 다른 오브젝트에 통신하고 영향을 주고받을 수 있습니다. 그럼 다음으로 속성과 열거형에 대해서 살펴보겠습니다.

# 8. 속성(PROPERTY)과 열거형(ENUM)

지금 우리는 AllyShip 스크립트를 작성하던 중이었습니다. 그리고 거기서 속성과 열거형이 새로 등장했습니다. 그럼 먼저 속성에 대해 살펴보겠습니다.

### 8-1 속성 (Property)

속성을 쓰는 이유를 알아보려면 먼저 변수의 은닉성 원칙에 대해 언급할 필요가 있습니다. 위에서 많이 나왔지만 한 클래스 안에는 다양한 변수를 설정할 필요가 있습니다. 되도록 이런 변수들을 private으로, 즉 감추는 게 좋다고 하는 원칙이 은닉성 원칙입니다. 왜 그럴까요? 사실 이는 프로그래밍의 원칙이지 유니티의 원칙은 아닙니다만 어느 정도는 유니티를 사용할 때도 적용될 수 있습니다.

왜 변수를 감추는 게 좋은가요? 코드를 작성할 때 변수를 공개해 놓으면, 어떤 다른 곳에서도 그 변수를 가져다가 값을 조작해 놓을 수 있기 때문에 문제가 발생할 여지가 있습니다. 가령 여러 명이 작업하거나 (혹은 혼자 작업하더라도 스크립트의 수가 많고 전체적으로 코드의 양이 많아지기 시작하면) 코드가 복잡해지기 시작할 때, 어떤 스크립트의 A라는 변수가 공개되어 있으면 다른 스크립트의 어디서 어떻게 이 A를 가져가서 쓰는지 알 수가 없습니다. 또 B스크립트가 A를 가져다가 값을 바꿔버린 후 깜빡하고 되돌리지 않고 그대로 두면 다른 곳, 가령 C스크립트가 가져다 쓸 때는 바뀐 값을 가져가게 되는데 이것이 의도치 않은 결과를 발생시킬 수도 있습니다.

따라서 이런 일을 막고 공개해도 좋은 변수와 그렇지 않은 변수를 구분 짓고, 공개되지 않은 변수를 참조하거나 바꾸거나 할 때에는 어떤 하나의 관문을 통과하게끔 하는 것이 속성입니다.

사실 유니티에서는 인스펙터에서 변수값을 조작하는 경우가 많고 이를 위해서는 public으로 설정을 해야 하므로 위와 같은 원칙을 적용할 경우가 많지는 않습니다만 그래도 제멋대로 바뀌면 곤란한 변수는 역시 private으로 선언하고 속성을 쓰는 게 낫습니다.

그럼 예제를 보겠습니다. 속성의 실제 사용 예인 아래의 코드는 MSDN에서 발췌했습니다.

### ✔ 속성 #1

```
class TimePeriod
{
    private double seconds;

    public double Hours
    {
        get { return seconds / 3600; }
        set { seconds = value * 3600; }
    }
}


class Program
{
    static void Main()
    {
        TimePeriod t = new TimePeriod();

        // Hours 속성에 값을 할당하면 'set' 접근자가 호출됩니다.
        t.Hours = 24;

        // 시간 변수를 가져오면 get 접근자가 호출됩니다.
        System.Console.WriteLine("Time in hours: " + t.Hours);
    }
}
// 결과: Time in hours: 24
```

TimePeriod 클래스를 보면 double 타입을 가지는 seconds라는 변수를 private 선언으로 해서 감추었습니다. 그리고 바로 이어서 Hours라는 함수를 두고, 이 seconds라는 변수의 값을 설정하거나(set 파트부분), 값을 가져갈 수 있습니다.(get 파트부분) 이때 값을 가져가거나 설정하면서 특별한 절차를 거치게 됩니다. 즉 시간값을 가져갈 때 seconds 변수를 계산하여 가져가는 것입니다. 시간과 초 사이에 단위를 바꾸기 위해서는 3600을 곱하거나 나누어야 하기 때문입니다. 이렇게 해두면 프로그래머가 의도한 대로 값이 설정되며, 다른 곳에서 이 값을 변경하더라도 항상 원칙에 맞게끔 변경될 것임을 확신할 수 있습니다.

지금 우리가 만들고 있는 예에 대입해보면, 우선 Classes.cs 스크립트에서,

## ✅ 속성 #2

```
public interface IAlly
{
    Weapon thisWeapon { get; }
    int thisShipScore { get; }
    void AllyMethod();
}
```

이와 같이 set; 부분을 삭제했습니다. 그러나 여전히 GET; 부분이 남아 있으므로, 이 변수값들을 다른 스크립트에서 읽어 가서 참조할 수는 있습니다. 이와 같이 SET; 부분을 삭제함으로 인해서, 다른 스크립트에서 이 값들을 수정할 수가 없게 하였습니다. 왜냐하면, 이 변수들을 수정할 때 우리가 원하는 어떤 다른 코드들을 실행시키는 처리를 하고 싶기 때문입니다. 따라서 이 값들을 수정하는 별도의 코드를 짤 수 있고 그 실제의 사례는 아래에서 보겠습니다.

## ✅ 속성 #3

```
using UnityEngine;

public class AllyShip : Ship, IAlly
{
    public static AllyShip Instance;

    public override void DealDamage (int dam)
    {
    }
    public override void OnConflict (GameObject other)
    {
    }
    public Weapon thisWeapon { get; set; }
    private int Score;
    public int thisShipScore {
        get { return Score; }
        set
        {
            Score = value;
            //UIManager 스코어 업데이트
        }
    }
    public void AllyMethod()
    {
        Debug.Log(Name + " AllyMethod is called");
    }
}
```

우선 앞에 나왔던 대로 static 변수로 어디서나 AllyShip 스크립트에 접근할 수 있게 했고, 또 Score라는 프라이빗 변수를 추가했습니다. 그리고 이 변수에 접근하는 속성으로 thisShipScore를 두고 값을 set을 통해서 설정할 때, 특수한 처리를 거치게끔 했습니다. 즉 여기서 value라는 문자는 이미 C#에서 속성에서 set를 쓸 때 약속된 문법으로서, set을 통해 설정되는 값을 말합니다. 즉 다른 스크립트에서 이 Score의 값을 바꾸려면, AllyShip.Instance.thisShipScore = 3; 이런 식으로 해야 되는데 이때 3이 value값이 되는 것입니다. 위의 예에서 보면 Score 변수에 value값을 대입하는 것까지는 정상적인 속성의 처리과정입니다. 그리고 그 이후에 //로 주석처리 되어 있습니다만 향후에 업데이트할 내용이 있어서 미리 써둔 것입니다. 즉 스코어가 바뀌었다면 UI도 바꿔서 유저가 알아볼 수 있게 처리를 해주어야 할 것입니다. 따라서 어디서 누가 혹은 다른 스크립트에서 이 스코어를 바꾸더라도 UI의 스코어 변경은 피해갈 수 없습니다.

## 8-2 열거형 (Enum)

앞에서 이런 부분이 나왔습니다.

✅ **열거형 #1**

```
public enum Weapon
{
    None, Bullet, Missile, Rocket, Laser
}
```

열거형이란 알아보기 쉽게 표현한 자료의 묶음을 말합니다. 가령 열거형을 쓰지 않고 이런 문자배열을 쓰려면 어떻게 해야 할까요.

```
string[] Weapon = new string[3] {"Bullet", "Missile", "Rocket"};
```

이런 식으로 문자열 값의 배열을 써서 설정할 수 있습니다. 그럼 가령 Missile 무기에 접근하고 싶다면, Weapon[1] 이런 식으로 표현해야 합니다. 위에서 설정한 문자의 값이 총 3개이고, Weapon 변수의 시작위치는 0부터 시작하므로, [1]로 표현되는 것은 두 번째 값인 Missile이 되는 것입니다. 그런데 이런 식으로 작성하면 직관적이지 않습니다. Weapon[1]이라고 하는 것보다 Weapon.Missile이라고 표현되어 있으면 이것이 미사일을 나타낸다고 직관적으로 알 수 있기 때문입니다. 그래서 값을 바로 문자열처럼 표현하기 위해 enum을 씁니다.

위의 enum 예에서 None부터 시작했는데 이는 사실 int값도 동시에 가집니다. 즉 모든 enum 값은 0부터 시작하여 값이 하나씩 늘어날 때마다 1씩 늘어나서 최종적으로 개수-1 만큼 값이 부여됩니다. 즉 위의 예에서 None, Bullet, Missile, Rocket, Laser는 각각 0, 1, 2, 3, 4라는 순서값을 가집니다. 이것을 프로그래머가 바꾸어 줄 수도 있습니다. 즉,

```
public enum Weapon
{
    None = 10, Bullet= 3, Missile, Rocket, Laser = 3133
}
```

이런 식으로 각 숫자값을 임의대로 설정해 줄 수도 있습니다.

그리고 나중에 이 숫자값을 쓸 필요가 있을 때 가령 (int)Weapon.Bullet이라고 써주면 이것의 값은 3이 되는 것입니다. 앞에 ( )를 붙이고 이 괄호 안에 자료의 타입을 넣는 것을 형변환이라고 합니다. C#에서 어떤 데이터의 형식을 다른 것으로 바꿀 수 있을 때 어느 형식인지 지정해 줄 수 있는 것입니다. 실수값인 3.6이 원래 float 타입의 변수라면 이 값을 정수 타입의 값으로 바꿀 수도 있으며 이때 (int)를 써서 형변환을 하면 소수점 뒤의 6은 버려지고 앞의 정수값 3만 취하는 값으로 변경됩니다.

만약 enum에 아무 값도 설정되어 있지 않으면 바로 직전 값의 +1의 값이 자동적으로 차례대로 부여됩니다. 즉 위의 예에서 Missile과 Rocket은 아무런 값이 부여되어 있지 않습니다. 하지만 직전에 Bullet이 3이라는 값이므로, Missile은 4, Rocket은 5의 값을 자동적으로 가지게 됩니다.

이런 식으로 특수한 값을 부여하는 것은 되도록 확실한 이유나 필요가 있지 않는 한 하지 않는 것이 좋습니다. 0부터 자동적으로 값이 부여되게 놔두는 편이 나중에라도 좋기 때문입니다.

enum과 관련한 더 자세한 정보는 MSDN사이트를 참조하면 됩니다만, 유니티 개발에서 많이 쓰이는 팁을 하나 공개합니다. 문자열을 기반으로 enum값을 가져오고 싶을 때가 있습니다. 즉 위의 예에서, "Missile"이라는 문자값으로 Weapon.Missile이라는 enum값을 가져오고 싶으면 어떻게 해야 할까요?

✓ 열거형 #3

```
Weapon weaponValue = (Weapon)System.Enum.Parse(typeof(Weapon),
 "Missile");
```

이렇게 쓰면 됩니다.

팁을 하나 더 드리면 enum 안에 있는 모든 값의 개수를 가져와서 쓰고 싶을 때가 있습니다. 가령 위의 Weapon의 경우라면 총 5개가 됩니다. 이것을 어떻게 가져올 수 있을까요?

✓ 열거형 #4

```
myEnumMemberCount = Enum.GetNames(typeof(Weapon)).Length;
```

이렇게 가져오면 됩니다. 즉 Enum.GetNames라는 C# 명령어를 사용하는 방법입니다. 이는 System이란 네임스페이스에 속한 명령어이므로, 위 명령어를 쓸 때는 using System;과 같이 스크립트 문서의 맨 윗부분에 선언해 주어야 합니다. 리샤퍼를 쓰고 있으면 어떤 명령어를 타이핑 할 때 그것이 속한 네임스페이스가 선언되어 있지 않다면 자동으로 이를 추가해주므로 신경 쓸 필요가 없습니다.

그럼 필자는 이 지식을 어떻게 습득했을까요? 먼저 궁금증이 생겼을 때 구글링을 합니다. 구글에서 "c# enum get number of items"이란 키워드로 검색을 했습니다. 그럼 제일 첫 번째로 Stack Overflow의 검색결과가 뜨고 이것을 보면 바로 첫 댓글이 가장 많은 추천을 받은 위의 문법을 가르쳐 주고 있습니다. 이와 같이 누군가 예전에 이미 저와 동일한 의문점을 품었고 동일한 질문을 스택오버플로우에 했으며, 또 누군가가 이미 그 답을 제시해놓은 것입니다. 이런 식으로 이미 세계는 인터넷으로 많이 연결되어 있으며 자료나 정보는 공개되어 있는 것들이 많습니다. 어떻게 발견하고 활용하느냐가 중요한 것입니다. 여러분도 항상 구글링을 통해 새로운 지식을 습득하는 습관을 들이면 문제해결도 쉽게 되고 그만큼 실력이 빠르게 늘 것입니다.

그러나 물론 다른 분야도 그렇지만 소프트웨어 개발이나 프로그래밍에서도 고급주제나 지식은 여전히 책도 활용해야 합니다. 책에서 다루고 있는 내용들이 단편적으로 인터넷 댓글이나 페이지에 떠돌아다닐 수는 있지만 그것이 전부는 아니며, 전체적이고 망라적으로 책을 통해 지식을 습득하는 것도 필요합니다.

## 9. 변수의 형식과 그 변환, 연산자

이제 AllyShip 스크립트의 다른 부분을 조금 채워보겠습니다. 이 아군 기체가 데미지를 받을 때 그것을 처리하는 부분을 구현해 보겠습니다. 어떻게 적군과 아군이 서로 데미지를 주고 받을 것인가, 어떤 숫자 단위를 사용하고, 얼마만큼의 데미지를 입히는가 혹은 방어력 개념은 있는가 등 여기서도 게임 기획적으로 먼저 결정해야 할 사항이 많습니다. 복잡하게 가려면 한없이 복잡하게 갈 수 있습니다만 우선 여기서는 최대한 단순하게 하려고 합니다. 아군 기체는 방어력을 가지고 그것은 들어오는 데미지를 퍼센트로 막는다, 즉 받는 데미지의 몇 퍼센트를 감소시킨다, 하는 식으로 게임 기획을 하겠습니다. 그리고 이것을 프로그래밍으로 구현하면,

✅ 연산자 #1

```
public class AllyShip : Ship, IAlly
{
    public static AllyShip Instance;
    public int defenseRate;

    public override void DealDamage (int dam)
    {
        float finalDamage = dam - dam * (defenseRate / 100f);
        HP -= (int)finalDamage;
    }
}
```

위와 같이 됩니다.

즉 defenseRate라는 방어력 변수를 추가했습니다. 들어오는 데미지를 몇 퍼센트로 정하는지에 관련된 수치이므로 0~100 사이의 정수값을 가질 것입니다. 따라서 int로 변수를 설정했습니다.

### `9-1` 변수의 형식

여기서 잠시 C#에서 많이 쓰이는 변수의 형식에 대해서 보면, 우선 string이 있습니다. 이는 문자열을 나타냅니다. 즉 public string Name; 이런 식으로 하면 어떤 사물의 이름을 변수로 저장하고 싶을 때 이용될 수 있을 것입니다. 그리고 참이나 혹은 거짓을 값으로 가지는 bool 형식이 있습니다. 가령 아군 기체가 현재 파괴된 상태인가 아닌가를 나타낼 필요가 있다고 한다면, public bool Destroyed = true; 이런 식으로 변수를 설정할 수 있고 이 값이 참이면 true를 가지고, 거짓이면 false를 가집니다.

여기서 뒤에 =을 붙이고 true라고 했는데 이런 식으로 =을 붙인 후 그 뒤에 초기에 이 변수가 가질 값을 바로 설정할 수 있습니다. 만약 초기값을 설정하지 않는다면 bool 형식의 변수는 false 값을 초기값으로 가지고 string은 "", 즉 아무것도 없는 빈 문자열을 가지며, int변수는 0을 초기값으로 가집니다.

그리고 숫자를 나타낼 때 많이 쓰이는 것으로 int와 float가 있습니다. int는 정수값이며 최소치와 최대치는 각각 약 마이너스 21억 4천7백만에서 플러스 21억 4천7백만 입니다. 이 값을 정확하게 알아보려면 비쥬얼 스튜디오에서 Debug.Log(Int32.MaxValue); 혹은 ( ) 괄호 안에 Int32.MinValue로 써서 각각 최대값과 최소값을 알아볼 수 있습니다. 자신의 게임에서 어떤 변수가 정수만을 가진다고 예상되면 int로 선언하면 됩니다.

그리고 float는 실수를 나타낼 때 씁니다. 최소값과 최대값은 각각 -3.4 × 1038에서 +3.4 × 1038까지입니다. 플로트 값을 설정할 때에는 숫자 뒤에 F나 혹은 f를 써주어야 합니다. 즉 float MyFloat = 2.3f; 이런 식으로 써야 합니다. C#에서는 숫자만 쓰면 이것을 "double", 즉 실수 타입으로 인식하기 때문인데 이 double 타입은 float보다 훨씬 작거나 큰 수를 나타낼 수 있습니다. 이 외에도 C#은 많은 변수 타입들을 제공하고 있으며 더 자세한 것은 MSDN 사이트에서 확인할 수 있습니다.[5]

### `9-2` 변수의 형식변환

✔️ float와 int

이런 숫자형 변수 간에는 서로 바꿔서 써야 할 경우가 많습니다. 가령 방어력 변수 A는 float이고 데미지 변수 B는 int라면 계산을 할 때 에러가 나는 경우 계산하는 쪽을 변수에 맞도록 바꿔줘야 됩니다. 즉 B = A+3; 이런 식으로 하면 에러가 생기지만 A = B-5; 이것은 에러가 생기지 않습니다. A가 float 타입인데 이는 int 즉 정수의 값까지 포함할 수 있기 때문에 A = B-5 의 계산에서는 암시적으로 변환이 일어나기 때문입니다. 반면 B = A+3의 계산에서는 B가 정수 타입이므로 A+3의 계산결과를 그대로 적용할 수 없습니다. 만약 A가 2.4 이런 식으로 소수점 이하를 가지는 float 타입이라면 A+3은 5.4가 되는데 이것은 정수가 아니기 때문에 B에 그대로 대입할 수 없는 것입니다. 그래서 B= (int) A+3; 이런 식으로 앞에 ( ) 괄호를 치고 그 안에 바꾸고자 하는 타입을 적어줍니다. 그러면 float 였던 A가 int로 바뀌고, 가지고 있던 소수

---

5  https://msdn.microsoft.com/en-us/library/s1ax56ch.aspx

점은 전부 버려집니다. 즉 만약 A가 4.9 이런 값을 가지고 있었다면 A를 int로 형식을 바꾸면 A값은 4가 됩니다. 그러면 여기에 +3을 하면 7이 되므로 정수값이 보장됩니다. 따라서 B에 이 값을 대입할 수 있는 것입니다.

### ✔ int와 string

가장 많이 쓰이는 두 타입의 값의 형식을 서로 바꿀 필요가 있는 경우가 많습니다. int값을 string으로 바꾸고 자 할 때는 변수 뒤에 .ToString()을 붙이면 됩니다. 즉 int a = 443; 이런 값이 있다면 string b = a.ToString(); 이렇게 하면 b에 "443"이라는 문자값이 들어갑니다. float값도 마찬가지로 string으로 변환시킬 수 있습니다.

float값은 0자리 뒤에 소수점 이하의 값을 가질 수 있는데 이 중의 일부만 표현하고 싶거나 아니면 아예 소수점 이하는 무시하고 싶을 때가 있습니다. 많이 쓰이는 예로 HP에 데미지가 가해졌는데 그 값이 float값이고 소수점도 가지지만, 게임 상에서 표현할 때는 소수점 자리는 표현하고 싶지 않은 경우 등입니다. 이럴 때는 ToString("f0") 이런 식으로 ToString 다음의 ( ) 괄호 안에 "f0" 이렇게 써주면 됩니다. 여기서 0은 나타내고 싶은 소수점 뒤의 자리수 입니다. 즉 0은 소수점 이하는 하나도 표시하지 않겠다는 것이고, 만약 소수점 이하 2자리까지 나타내고 싶으면 "f2"라고 써주면 됩니다.

반대로 string 값을 int값으로 바꾸고 싶을 때도 있습니다. 그럴 때는 Int32.Parse( )를 쓰고 ( )안에 바꾸고 싶은 문자열을 넣어주면 됩니다. 가령,

```
string c = "12321";
int d = Int32.Parse(c);
```

이런 식입니다. string 형식을 가지는 변수명 c 를 Int32.Parse 안에 넣어준 것입니다. 그런데 여기서 문자열 값에 문자가 들어있거나 소수점이 들어있으면 에러가 납니다. 즉 위에서 만약 c가 "123abr34" 혹은 "42.331" 이런 식이면 int로 변환할 수 없습니다. 그런데 게임을 만들다 보면, 위와 같이 문자열이지만 그 안에 있는 숫자만 가져오고 싶거나 혹은 문자만 가져오고 싶을 때가 있습니다. 이럴 때는 어떻게 해야 할까요? 궁금증이 생겼는데 해결책이 떠오르지 않으면 일단 구글링을 해보면 됩니다. 구글에서 키워드로 c# string numbers only 이렇게만 검색해도 관련 글들이 죽 나옵니다.

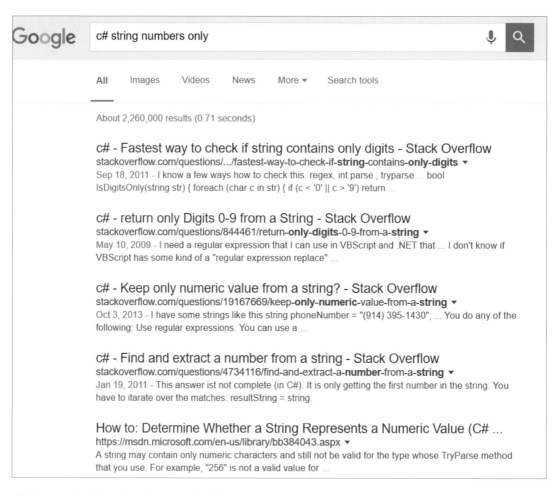

대개 MSDN아니면 스택오버플로우의 결과임을 알 수 있습니다. 몇 개를 클릭해서 글을 보면 위 궁금증에 대한 해결책도 굉장히 다양한 방법이 있음을 알 수 있습니다. 이렇듯 프로그래밍의 세계도 굉장히 알아야 할 지식들이 많으며 넓습니다. 저 해결책들 중에 간단하면서도 유용한 것을 하나 골라보면, Regex 명령어를 사용하는 것이 있습니다. Regex를 쓰려면 스크립트 최상단에 using System.Text.RegularExpressions;라고 네임스페이스 선언을 해줘야 합니다.

이런 식입니다. 그런데 여기서 문자열 값에 문자가 들어 있거나 소수점이 들어있거나 하면 에러가 납니다. 위에서 만약 c가 "123abr34" 혹은 "42.331" 이런 식이면 int로 변환할 수 없습니다. 그런데 게임을 만들다 보면, 위와 같이 문자열이지만 그 안에 있는 숫자만 가져오고 싶거나 혹은 문자만 가져오고 싶을 때가 있습니다. 이럴 때는 어

```
void Start ()
{
    string var = "Hello3453232wor705Ld";
    string mystr = Regex.Replace(var, @"\d", "");
    string mynumber = Regex.Replace(var, @"\D", "");
    Debug.Log(mystr);
    Debug.Log(mynumber);
}
```

떻게 해야 할까요? 궁금증이 생겼는데 해결책이 떠오르지 않으면 일단 구글링을 해보면 됩니다. 구글에서 키워드로 c# string numbers only 이렇게만 검색해도 관련 글들이 죽 나옵니다.

이렇게 스크립트의 start 안에 타이핑 하고 결과를 보면

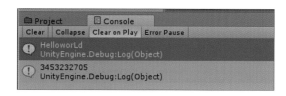

이렇게 var라는 문자열 값 중에 문자만 혹은 숫자만 골라서 표시할 수 있음을 알 수 있습니다. 숫자는 mynumber라는 string 변수에 저장되었으므로 Int32.Parse(mynumber) 이런 식으로 int값으로 얻어올 수 있는 것입니다.

### ✔ object 타입

C#에서 모든 클래스와 변수의 타입은 object 타입을 상속하고 있습니다. 따라서 object로 선언한 변수는 어떤 값이라도 담을 수 있으나, 그것을 다른 값들과 계산하거나 활용하기 위해서는 해당 값에 맞는 형식으로 전환해 줘야 합니다. 그 방법이 앞에 ()를 붙이고 그 안에 타입을 쓰는 것입니다. 유니티도 마찬가지로 모든 컴포넌트들을 object 타입으로 선언할 수 있으나 그것에 부속된 속성이나 메써드를 쓰려면 다시 원래의 타입에 맞게 형변환을 해야 합니다. 사실 오브젝트 타입은 굳이 쓸 필요는 없습니다. 어차피 하위의 특정한 타입으로 바꿔서 써야 한다면 처음부터 자신이 원하는 타입으로 선언하면 그만이기 때문입니다. 그럼 object는 언제 쓰이나요?

일반화 프로그래밍에서 주로 쓰입니다. 즉 Reflection, 일반화 타입 캐스팅, 시리얼라이제이션 등. 구체적인 타입을 쓸 수 없는 경우에 object로 지칭할 수 밖에 없을 때 쓰입니다. 또 이벤트에서도 이벤트를 발신하는 것을 나타낼 때 object sender 이런 식의 구문으로 쓰이기도 합니다.

### 9-3 연산자 (Operator)

C#에는 다양한 연산자가 있습니다만 여기서는 주로 많이 쓰이는 것들 위주로 알아보겠습니다.

| 연산자 | 쓰임새 |
|---|---|
| += | 오른쪽의 수를 더한 값을 다시 왼쪽에 대입합니다.<br>원래는 a = a + 3; 이렇게 써야 하는 것을 a += 3; 이런 식으로 줄여서 쓸 수 있습니다.<br>이벤트에서는 이벤트를 구독하는 연산자로도 쓰입니다. |
| -= | 위와 같으나 빼는 연산입니다. |
| *= | 위와 같으나 곱하는 연산입니다. |
| /= | 위와 같으나 나누는 연산입니다. |
| == | 왼쪽의 값과 오른쪽의 값이 같은지 아닌지 비교합니다. 그래서 같으면 true 값을,<br>다르면 false 값을 가집니다. 주로 if문의 조건식 부분에 많이 쓰입니다. 즉 if(a==b)<br>이렇게 하면 a와 b가 같으면 if 다음의 문장을 실행하게 됩니다. |
| != | 위와 반대작용을 합니다. 즉 같으면 false 값을, 다르면 true 값을 가집니다.<br>그냥 bool 값 앞에 !를 붙이면 반대로 바뀝니다.<br>즉 bool a = true; 인데 !a로 하면 !a는 false 값을 가집니다. |

| | |
|---|---|
| **&&** | 오른쪽의 수를 더한 값을 다시 왼쪽에 대입합니다.<br>원래는 a = a + 3; 이렇게 써야 하는 것을 a += 3; 이런 식으로 줄여서 쓸 수 있습니다.<br>또는 이벤트에서는 이벤트를 구독하는 연산자로도 쓰입니다. |
| **\|\|** | OR 연산자입니다. 양쪽 중에서 하나라도 참이면 참이고, 둘 다 거짓이어야 거짓이 됩니다.<br>a \|\| b에서 a가 참이면 b는 계산하지도 않고 바로 전체가 참이 됩니다. 이 작용은 위의 &&도<br>마찬가지로, a && b에서 a가 거짓이면 b는 고려하지도 않고 곧바로 전체가 거짓이 됩니다. |
| **?:** | If else 문을 줄여서 쓸 수 있는 편리한 연산자입니다.<br>즉 (조건문) ? (참일 때 취하는 값) : (거짓일 때 취하는 값) 이렇게 됩니다. 예제를 보면,<br><br>bool a;<br>string str;<br><br>if(a)<br>str = "true";<br>else<br>str = "false";<br><br>이렇게 쓴 구문이 있다고 할 때, 이것을 ?:를 써서 줄여쓰면,<br><br>str = (a) ? "true" : "false";<br><br>이렇게 한 줄로 줄일 수 있습니다. |

이상으로 사칙연산( +, -, \*, / )을 빼고 가장 많이 쓰이는 연산자에 대해 알아보았으며, 더 많은 종류의 연산자에 대해서는 모르는 것이 나올 때마다 MSDN이나 구글링을 통해서 찾아보면 될 것입니다.

다시 우리가 원래 하던 작업으로 돌아갑시다.

### ✅ 연산자 #2

```
public class AllyShip : Ship, IAlly
{
    public static AllyShip Instance;
    public int defenseRate;

    public override void DealDamage (int dam)
    {
        float finalDamage = dam - dam * (defenseRate / 100f);
        HP -= (int)finalDamage;
    }
}
```

이런 코드를 작성하던 중이었습니다. 이제 형변환에 대해서 알아보았으니 DealDamage 펑션 안에 있는 코드들이 조금 이해가 될 것입니다. 즉 finalDamage라는 임시변수에 계산 결과를 집어넣고, 이것을 int값으로 형변환 한 다음 그것을 최종적으로 HP에서 빼라는 것입니다.

임시변수라는 것은 DealDamage 펑션 안에서만 효력을 발휘하는 변수입니다. 즉 이 펑션을 벗어나면 사라지고 다른 곳에서 참조하거나 불러다 쓸 수 없습니다. 그리고 매번 이 펑션이 호출될 때마다 새롭게 만들어지는 변수입니다. 이와 달리 defenseRate는 펑션 바깥에 선언되어 있으므로 다른 펑션에서도 쓸 수 있는 변수입니다.

defenseRate / 100f에서 100 뒤에 f는 왜 붙였을까요. 그것은 defenseRate가 int 변수이므로 그냥 100으로 나누면 이 값은 0이 되어버립니다. defenseRate는 데미지의 몇 퍼센트를 깎느냐 하는 값이므로 0~100 사이의 값을 가질 것이고 항상 100보다 낮은 값이기 때문입니다. 그럼 defenseRate / 100은 항상 0~1사이의 값일 것이고 int를 역시 같은 int인 100으로 나누면 그 결과값도 int로 저장되므로 소수점이 버려져서 최종적인 값도 항상 0이 될 수밖에 없는 것입니다. 그러나 100 뒤에 f를 붙여주면 float값으로 나누는 것이 되어서 최종적인 결과값도 float에 저장 되어 0이 아닐 수 있습니다.

그리고 또 한가지 특기할 만한 점은, finalDamage값을 계산할 때 (defenseRate / 100f) 이런 식으로 괄호로 묶어 놓았다는 점입니다. 사칙연산의 법칙인 곱하기와 나누기가 덧셈이나 뺄셈보다 우선하여 적용된다는 원칙에 따르면 dam - dam * (defenseRate / 100f) 이나 dam - dam * defenseRate / 100f이나 결과는 같습니다. 그런데 왜 ( ) 괄호로 묶어서 뒤의 값이 먼저 계산되게 했을까요?

만약 ( )로 묶지 않으면 dam * defenseRate가 앞에 있으므로 먼저 계산될 것입니다. 그런데 dam의 값이 매우 큰 값, 가령 10억 정도로 큰 값이라고 해봅시다. 그리고 defenseRate가 50 정도 된다고 하면, dam * defenseRate 이 단계에서 벌써 500억이 됩니다. 그런데 int의 최대값은 21억 4천만 정도밖에 안되므로 최대수치를 넘는 값이 되어 이상한 값이 할당되게 되어버립니다. 이런 사태를 막기 위해 먼저 100으로 나눈 수를 곱한 것입니다. 물론 자신의 게임 기획상 데미지가 그렇게 큰 값을 절대로 가질 수 없다면 신경 쓰지 않아도 됩니다. 아니면 애초에 int가 아닌 long값으로 변수를 설정하면 훨씬 더 큰 값을 가질 수 있습니다. long 값은 거의 경 단위(정확히는 9,223,372,036,854,775,807)의 최대값을 가지는 64비트 변수입니다. 64비트이므로 32비트 변수인 int에 비해서 메모리를 더 잡아먹게 되는 단점은 있습니다.

이어서 AllyShip의 다른 펑션을 추가해 나가겠습니다.

### ✅ 연산자 #3

```
public override void OnConflict (GameObject other)
    {
        if (other.GetComponent<EnemyShip>() != null)
        {
            HP -= other.GetComponent<EnemyShip>().collideDamage;
        }
    }
```

OnConflict 부분을 위와 같이 채웁니다. 게임 기획 단계에서 아군이 무언가와 충돌할 때 그 충돌에 따른 데미지를 입는 것으로 결정하겠습니다. 이때 부딪힌 다른 오브젝트가 적이면, 그 적과 충돌할 때 받아야 할 데미지를 받습니다. 적인지 아닌지는 충돌한 물체가 EnemyShip이라는 스크립트를 달고 있는지 여부로 판단합니다. 위의 스크립트는 이 내용을 프로그래밍한 것입니다. 이제 충돌 여부를 어떻게 검출할 것인가가 남습니다. 유니티에서 게임을 만들 때 많이 쓰이는 것 중의 하나인 충돌 검출 작업이며 매우 쉽게 구현됩니다.

# 10. 충돌검출 및 그 활용

충돌을 일으키려면, 먼저 충돌하는 양쪽의 물체가 모두 Collider와 Rigidbody를 구성요소로 보유해야 합니다. 그리고 어느 한쪽의 Collider에도 IsTrigger가 체크되어 있어선 안 됩니다. 이 상태에서 어느 한쪽의 물체를 움직여서 다른쪽 물체와 맞닿게 하면 서로 충돌이 일어나서 튕겨져 나가는 등의 물리엔진에 따른 효과가 자연스럽게 일어나게 됩니다. 정확히는 충돌체와 충돌체 즉 Collider가 맞닿으면 충돌이 일어납니다. 컬라이더의 크기는 자유롭게 정할 수 있기 때문에 그것이 꼭 눈에 보이는 물체의 모양과는 다를 수도 있습니다. 만약 어떤 한 물체의 컬라이더를 매우 크게 정해서 그것의 겉모양 그래픽보다 훨씬 크게 되면, 다른 것과 부딪히는 것도 매우 빨리 일어납니다.

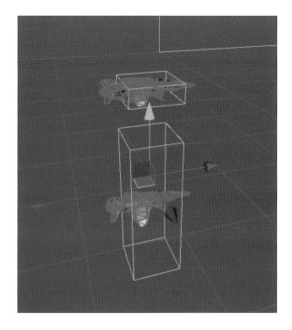

즉 위 그림에서 녹색은 각 물체의 Box Collider의 사이즈를 나타내는데, 아래의 비행기 물체의 그래픽 바깥으로 컬라이더가 나와있음을 볼 수 있고, 이 녹색 사각형은 게임에서는 눈에 보이지 않으므로 아래의 비행기는 조금만 위로 움직이면 위의 비행기와 충돌이 일어나게 됩니다. 따라서 게임 기획적으로 필요해서 특별히 의도

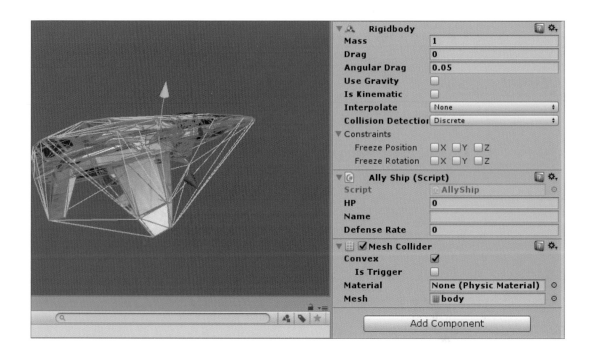

즉 위와 같이 아군 기체에 Mesh Collider를 붙이고
Mesh 항목에 body라는 이름의 메쉬를 등록해주고
Convex에 체크를 해주면, 최대한 기체의 모양과 유
사하게 컬라이더가 생성됨을 볼 수 있습니다.

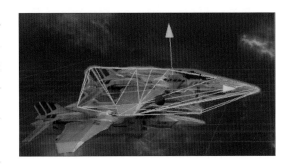

이제 충돌을 테스트해 보겠습니다. 먼저 omega_
fighter. 즉 아군 기체를 복사하여 2개로 만들고 서로
위치를 조금 떨어지게 해 놓습니다. 물론 이 기체 2
개에는 컬라이더와 리짓바디가 모두 붙어있어야 합
니다. 게임을 플레이하고 그 상태에서 Scene화면으
로 돌아와서 비행기중 어느 한쪽을 잡고 끌어 다른 비
행기와 충돌시키면 서로 부딪혀서 튕겨나가는 것을
확인할 수 있습니다. 그런데 우리가 원하는 것은 아군 비행기가 부딪힌 후에 이리저리 마음대로 날아가는 것
은 아닙니다. 게임 화면에서 봤을 때 움직이거나 돌아서는 안 되는 방향이 있습니다. 이렇듯 충돌 후 물리엔진
에 의한 자연스러운 움직임을 특정 방향으로는 인위적으로 제약하는 기능도 있습니다. Rigidbody 항목에서
Constraints에서 제한하고 싶은 곳에 체크를 하면 됩니다.
충돌하더라도 여기서는 이렇게 Z방향으로 움직이지 않게 하고, X, Y방향으로 돌지 않게 했습니다.

그럼 이제 실제로 충돌을 했을 때 우리가 원하는 동작(OnConflict 메써드 호출)을 하기 위해서 충돌관련 스크
립트를 짜야 합니다. AllyShip에 다음과 같은 코드를 추가합니다.

### ✔ 활용 #1

```
void OnCollisionEnter(Collision other)
    {
        OnConflict(other.GameObject);
        Debug.Log("This ship conflict with "+other.GameObject.
name);
    }
```

OnCollisionEnter는 유니티에서 만들어둔 함수로서 컬라이더와 리짓바디를 가진 물체가 다른 물체와 충돌
을 시작할 때 호출되는 함수입니다. ( ) 괄호 안의 Collision은 이 물체가 충돌하는 그 다른 물체를 가리킵니다.
Debug.Log는 충돌했다는 것을 콘솔 창에 찍어서 확인하기 위해 두었으며 별도로 OnConflict 함수도 호출합
니다. OnConflict는 우리가 사전에 만들어둔 충돌할 때 아군 기체의 HP에 데미지를 입히는 함수입니다. 이것

은 매개변수로 GameObject를 받으므로, 호출할 때도 위와 같은 식으로 other.GameObject를 넘겨줍니다.

여기서 의문이 생기는 것은 어차피 OnConflict는 충돌할 때만 호출할 것이면 별도로 둘 필요 없이 그냥 On-CollisionEnter에 같이 둬도 되지 않냐는 것입니다. 맞는 말입니다. 게임 기획상 오직 실제로 부딪혔을 때만 뭔가 처리를 한다면 그렇게 하는 게 간소합니다. 그런데 가령 Collider가 붙은 물체끼리 충돌하지 않고 뭔가 다른 게임상의 효과에 의해 충돌시키는 경우도 있다면? 이때는 OnCollisionEnter가 호출되지 않으므로 여기서처럼 별도의 펑션을 둘 필요가 있을 것입니다.

이제 아군기체 만들기는 여기서 일단락 짓고 다음으로 적군기체를 만들어 보겠습니다. 아군기체에 대한 추가적인 구현은 나중에 또 나올 것입니다.

# SECTION 02 | 적군 기체 만들기

그럼 이제 적군 기체를 만들어 보겠습니다. 충돌관련 부분을 비롯해서 아군기체와 대부분은 비슷합니다. 스크립트 부분에서 다를 뿐입니다. 우선 적군 기체로 쓸 3D 모델링을 구해야 할 것입니다. 실제로 제작할 때는 전문가에게 의뢰하여 맡기던지 아니면 에셋 스토어에서 마음에 드는 것으로 고르면 됩니다. 여기서는 무료로 구해보겠습니다. 앞에서도 나왔지만 에셋 스토어에서 SciFi Enemies and Vehicles라는 이름의 에셋을 다운로드 받습니다.

유니티에서 다운받으면 다음과 같은 폴더가 새로 생깁니다.

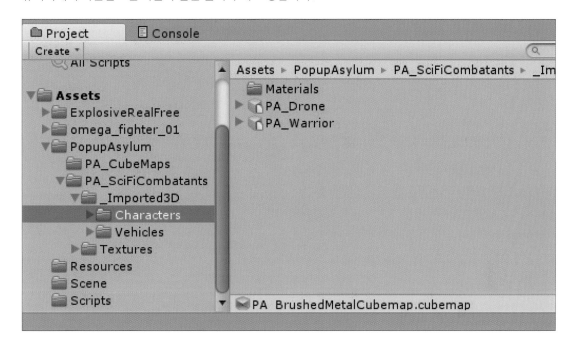

여기서 먼저 PA_Drone이라는 에셋을 사용해 보겠습니다. 하이어아키로 드래그 앤 드랍하여 끄집어 냅니다.
그리고 트랜스폼 수치를 대강 다음과 같이 적어 위치를 맞춰 봅니다.

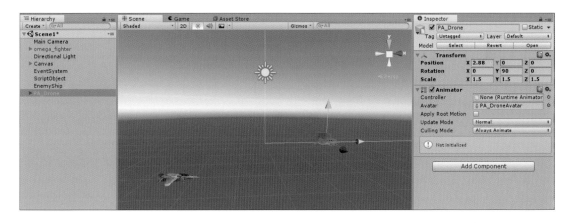

우선 적군은 주로 오른쪽 화면 끝에서 등장하여 왼쪽에 있는 아군 쪽을 향해 공격을 할 것이므로 각도, 즉 Ro-
tation에서 Y를 90도로 했습니다. 그리고 포지션에서 Z값은 아군기체와 맞추면 됩니다. 여기서는 둘 다 0으
로 설정했습니다.

참고로 현재 아군기체의 인스펙터는 다음과 같이 되어있습니다.

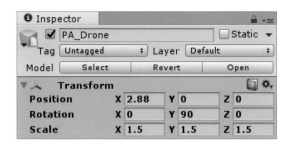

이어서 적기체에도 컬라이더와 리짓바디를 붙입니다. 그리고 EnemyShip 스크립트도 붙입니다. 컬라이더는 일반적인 박스 컬라이더를 쓰고 사이즈를 조정하여 적기체의 그래픽에 맞춥니다. 조정을 다하면 이렇게 됩니다.

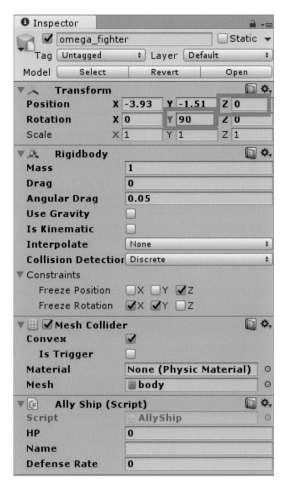

이제 이 아군기체와 적기체를 프리팹으로 등록시킵니다. 적기체든 아군기체이든 게임을 진행하는 와중에 파괴되거나 혹은 재생성 될 일이 많습니다. 이렇게 자주 활용되는 물체는 프리팹으로 만들어두면 향후 게임 안에서 생성시킬 때 쓸 수 있습니다.

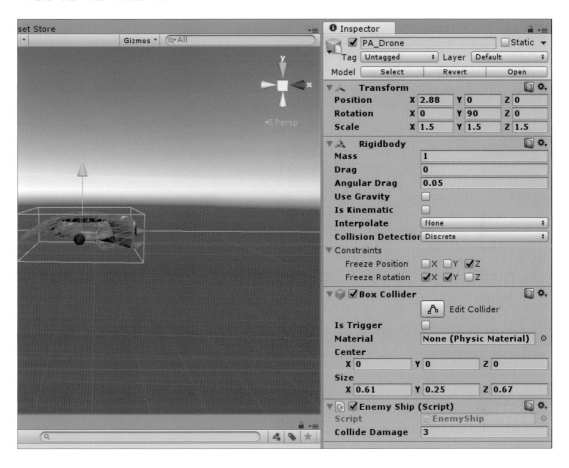

위의 그림과 같이 아군기체의 이름을 OurShip으로 바꾸고, 적 기체의 이름을 Enemy1으로 바꿨습니다. 그리고 프로젝트란에서 Resources 폴더 밑에 Prefab 폴더를 만들고 그 안에 위 2개의 오브젝트의 프리팹을 만들었습니다. 프리팹을 만들려면 앞에서도 다루었지만 오브젝트를 끌어다가 프로젝트란 안의 원하는 폴더 위치에 놓으면 됩니다.

이제 적군 기체도 기본 형체는 완성되었으니 본격적으로 코드를 짜서 이 물체들을 움직이게 하고 또 상호작용하도록 해야 합니다. 그 내용을 다음 챕터에서 살펴보겠습니다.

# CHAPTER 08

# 유니티
# 스크립팅

# 08
# 유니티 스크립팅

## SECTION 01 | 유니티와 C# 프로그래밍에 대해서 ▼

여기서 잠시 유니티와 프로그래밍의 기본적인 부분에 대해서 이야기 해보려고 합니다.

## 1. 클라이언트 프로그래밍의 개념

프로그래밍이란 무엇인가요? 단순하게 말하면 알고리즘을 설계하고 코드를 짜는 일입니다. 그럼 알고리즘이란 무엇인가요? 어떤 일의 규칙, 방법, 처리과정을 의미합니다. 게임이라면 내가 원하는 '게임의 기획', '그것을 구현하기 위해 어떻게 코드를 짤 것인가' 하는 원리를 말합니다. 그럼 이것은 어떻게 설계하나요? 처음 시작할 때는 무조건 많은 코드를 접하는 것이 중요합니다. 커뮤니티, 선생님, 동료 누구의 코드든 상관 없습니다. 그 다음에는 직접 코드 짜는 연습도 필요합니다.

그런데 여기서 코드, 코드 하는데 코드가 뭔가요? 코드(Code)란 기계, 즉 컴퓨터가 어떤 작업, 처리, 계산을 하도록 영문으로 약속된 문법에 따라 작성하는 일종의 기호를 말합니다. 혹은 사람의 언어를 컴퓨터가 이해하는 0과 1로 번역하기 위한 목적으로 작성하는 언어이기도 합니다. 사람이 이해할 수 있는 언어로 코드를 짜면, 코드는 기계가 이해할 수 있는 0과 1의 집합으로 바뀌고 최종적으로 컴퓨터가 사람의 의도대로 일을 수행합니다.

즉 게임 클라이언트 프로그래밍이란 기획한 게임의 구현, 정보처리 순서를 어떻게 컴퓨터에게 전달할 것인지 생각한 후, 그대로 코드를 작성함으로써 그것을 현실로 구현하는 것을 말합니다.

딱 2문장으로 말할 수 있지만 실제로 이것을 능숙하게 수행하기 위해선 일정 시간의 훈련과 공부가 필요합니다. 또 프로그래밍의 세계에서도 계속 새로운 언어, 규칙, 과제, 코드 예제 등이 나오고 있으므로 끝없는 공부와 시간투자가 필요합니다. 유니티에서 주로 쓰이는 C#언어도 계속 버전이 업그레이드 되어 최근에 6.0이 발표되었습니다. 버전이 업그레이드 될수록 새로운 명령어와 문법을 쓸 수 있게 됩니다.

게임은 계속 발전하고 있고 새로운 시스템이 기획됩니다. 기획자가 구현한 그것을 정확하게 구현하기 위해서 계속 새로운 도전에 직면하는 일이 프로그래밍입니다. 비물질적인 기획과 생각에 몸을 만들어 입히는 작업이고, 그것은 결코 쉬운 일은 아닙니다.

## 2. MVVM

프로그래밍은 결국 시간이라는 한정된 자원과의 싸움입니다. 그런데 게임을 만들다 보면 비슷한 알고리즘과 코드들이 중복 사용되는 경우가 종종 생깁니다. 또 이미 만들어 둔 코드를 관리하거나 수정해야 할 때도 있습니다. 그래서 많은 컴퓨터 과학자, 프로그래머들은 이런 문제를 해결하기 위해 다양한 개념과 알고리즘을 연구하여 일종의 패턴을 개발해왔습니다. MVVM도 그중 하나입니다. MVVM이란 M(Model), V(View), VM(View-Model)의 약자로서, MVC, M(Model), V(View), C(Controller)라고도 합니다.

프로그래밍 구현에는 세 가지 규칙이 필요한데 첫째, 게임의 보이지 않는 곳에서 돌아가는 규칙인 게임 기획이 있고, 둘째, 눈에 보이는 UI, 셋째 로직과 UI를 연결하는 부분의 구현이 바로 그것이며 이는 각각 모델, 뷰, 뷰모델을 의미합니다.

게임의 경우에는 겉으로 보이는 뷰가 모든 게임마다 다르기 때문에 코드 재사용이 불가능하다고 볼 수 있습니다. 그러나 게임의 뒤에 숨은 규칙(모델)은 서로 비슷하거나, 아예 같은 규칙이 적용될 때도 있기 때문에 이미 완성된 코드를 재사용할 수 있습니다. 이런 코드를 재사용하게 되면 개발 기간이 단축되고, 그만큼 노력을 절감할 수 있습니다.

또 이런 식으로 코드의 영역을 분리하여 짜게 되면 나중에 수정할 필요가 생겼을 때 수정이 쉽습니다. 코드가 서로 밀접하게 연관되어 있을수록 수정해야 할 일이 많아지기 때문에 이 작업은 아주 중요합니다. 따라서 어떤 게임을 프로그래밍 할 때 되도록 코드재사용, 관리, 수정까지 염두에 두고 짜는 습관을 들이도록 해야합니다.

이를 위해 MVVM을 각각 분리해서 설계, 구현한다고 해도 과언이 아닙니다. 물론 유니티의 경우에는 에디터로 뷰를 만들고, 뷰모델 역시 유니티 자체에서 통제하는 부분이 많기 때문에 이런 전통적인 구분방법이 다소 희미하게 느껴질 수 있습니다. 그러나 모델부분은 온전히 코드의 영역이기 때문에 모델 코드 부분을 최대한 분리해 두면 다른 게임을 만들 때도 약간의 수정이나 보완을 통해 코드를 재사용할 수 있게 됩니다.

모델을 분리한다는 것은 게임의 로직(Logic) 부분의 코드를 짤 때, 그것을 UI로 드러내는 코드와 서로 분리하여 최대한 서로 겹치지 않게끔 하는 것입니다. 만약 분리해두지 않으면, 다른 게임을 만들 때는 대게 게임의 UI는 모두 다르므로 기존 게임의 코드를 재사용하기 위해서는 기존의 게임 특유의 UI를 조작하는 부분의 코드는 모두 제거하고 가져와야 합니다. 자기가 직접 짠 코드라 하더라도 전부 기억하고 있을 수 없기 때문입니다.

그러나 이런 부분은 개인차도 존재하므로 본인에게 맞는 프로그래밍 패턴을 익히는 것이 가장 중요합니다.

## 3. 코드의 관리, 가독성

프로그래밍을 하다보면 코드를 수정 관리해야하고, 이때 가독성을 고려해야만 합니다.

게임의 변경이나 업그레이드를 할 때 코드를 수정하는 일은 피할 수 없습니다. 그렇기 때문에 수정 시에 최소한의 노력으로 최소한의 필요한 부분만 수정할 수 있도록 하는 것이 가장 좋습니다. 그러기 위해서는 각 코드의 부분들을 타이트하게 엮지 말고 느슨하게 엮어두어야 합니다. 코드의 각 부분들을 최대한 독립시켜 각자의 역할을 구분해야 한다는 뜻입니다.

코드를 작성하고 난 직후라면 문제가 없을 수도 있지만 수정 작업은 수 주, 혹은 수개월, 또는 수 년 후에 진행될 수도 있습니다. 이때 자신이 작성한 코드를 완전히 기억하는 것은 불가능한 일입니다. 또 혼자 작업한 내용만이 아니라 공동 프로그래밍 한 코드의 경우에는 코드 작성자와 수정자가 다를 수도 있습니다. 이런 상황을 대비하여 코드의 구조를 독립적으로 만들어두고, 스크립트 개개의 길이를 최대한 짧게 만드는 것이 필요합니다. 스크립트 하나의 길이가 너무 길면 전체적인 구조를 파악하거나, 수정이 필요한 부분을 찾기도 힘듭니다.

또한 변수(Variable) 및 메써드(Method)의 이름을 직관적으로 지어야 합니다. 하나의 스크립트, 하나의 클래스는 되도록 부여받은 이름에 맞는 작업만을 수행하도록 해야 합니다. 이를 코드의 관심사 분리라고 합니다. 각 클래스나 메써드의 소관사항을 최대한 독립적이고 분리하여 설계한다는 말입니다. 각각의 스크립트 별로 게임에 필요한 기능을 나눠서 맡게 하고 해당 스크립트에서는 자신이 맡은 기능과 관련된 코드만 가지도록 체계적으로 분류하고 조직하는 것이 좋습니다.

코드의 가독성도 중요하게 고려해야 할 사항입니다. 코드가 쉽게 읽히며, 또 쉽게 의미 파악이 되어야 한다는 말입니다. 그럼 이 가독성을 높이기 위해서는 어떻게 해야 할까요. 위에서 서술한 원칙을 우선 지키고, if else문의 사용을 최대한 자제해야 합니다. if else문을 남용하다보면 코드의 가독성이 떨어지기 때문입니다. 하지만 문법적으로 편리한 기능이기 때문에 꼭 필요할 때 1회만 사용하도록 합니다. if else문 안에 다시 또 if else가 들어가는 식의 2회 이상 if가 중복되는 사용은 지양해야 하며, 3회 이상의 사용은 피해야 합니다. 코드의 가독성이 떨어지면 코드를 파악할 때 필요 이상의 노력이 들어가게 되고, 작업 효율이 떨어질 수밖에 없습니다.

## 4. 유니티, 프로그래밍 학습방법

유니티가 채용하고 있는 C#은 여러 가지 문법을 지원하고 있습니다. 본서에서 그것들을 모두 다루지는 않고 기본적인 부분과 게임제작에 실제로 많이 쓰이는 부분들 위주로만 소개할 것입니다. 남이 짜놓은 코드를 보고 이해하기 위해서도 C#의 문법에 대해서는 공부가 필요합니다. 검색을 활용하거나, 관련 서적을 읽는 것도 좋은 방법입니다.

처음 프로그램을 공부할 때는 무조건 코드를 따라 작성해 보는 것도 좋은 방법입니다. 코드의 의미를 잘 모르더라도 에디터에 직접 한 글자, 한 글자 따라 타이핑 해보는 것입니다. 이런 경험을 통해 코드는 자신의 것이 될 수 있습니다.

단순히 C#문법의 개념과 원리를 알았다고 해도 그것은 반쪽짜리 지식에 불과합니다. 실제 프로젝트와 게임기획을 하기 위해서는 실제로 C#의 문법과 개념을 스스로 활용하고 직접 코드로 작성하여 몸으로 익히는 것이 가장 중요합니다. 이 작업은 하루아침에 완성되는 것이 아니며 끝없는 노력과 경험이 필요합니다. 모르는 것이 생기면 언제든 선후배나 전 세계의 프로그래머들과 교류하며 질문해야 합니다. 이런 경험으로 수많은 낮과 밤을 지새다보면 비로소 조금씩 발전하여 어느 순간 능숙해질 것입니다.

# SECTION 02 | 아군 기체 기능 구현 ▼

이제까지는 주로 게임에서 사용될 물체를 만드는 것을 알아보았습니다. 이제는 그것들을 살아 움직이게 해야 합니다. 이 부분은 어떻게 어떤 방식으로 움직이게 할 것이냐는 문제이므로 게임 기획의 문제입니다. 이 게임 기획은 천차만별로 다를 수 있기 때문에 주로 프로그래밍을 통해, 즉 코드를 짜서 특수한 게임 기획에 맞는 형태로 구현해야 하는 부분입니다.

## 1. 기체의 스탯(얕은 복사와 깊은 복사)

보통 슈팅 게임을 기획할 때 아군 기체에 HP, 즉 생명 포인트 수치가 설정되는 경우가 많습니다. 일정한 수치, 가령 100을 HP로 가지고 있으면, 이 수치가 0이 되면 기체가 파괴되는 것입니다. 여기서는 HP와 방어력 수치 등 간단하게 설정했으나, Stat이라고 하여 기체의 각종 수치를 설정하여 세분화하는 경우도 많습니다. 수치를 세분화하면 게임의 변수가 많아지고, 유저가 개입할 수 있는 여지가 늘어나 흥미로운 게임이 됩니다.

핵심 원형을 알기 위해서, 기본적인 Stat 클래스를 만들어 보겠습니다. 먼저 Classes 스크립트에 다음 클래스를 추가합니다.

### ✔ 기체의 스탯 #1

```
[System.Serializable]
public class Stat
{
    public int HP;
    public int MaxHP;
    public int defense;
}
```

그리고 Ship 추상 클래스에 public Stat shipStat;와 같이 스탯 클래스 변수를 설정합니다.

AllyShip 스크립트의 인스펙터에 Ship Stat이라는 드롭다운 메뉴가 생기고 여기서 각종 스탯 수치를 조정해줄 수 있습니다. 이런 스탯의 각종 수치는 게임을 진행하는 와중에 수시로 바뀌게 됩니다. 아이템의 효과, 적이나 아군의 특수한 능력 등 다양한 이유로 스탯이 변경됩니다. 변경된 후에 다시 원래의 스탯으로 돌아오게끔 하고 싶을 때가 있습니다. 이럴 때는 어떻게 해야 할까요. 가령 public Stat reserveStat; 이와 같은 식으로 Stat 타입의 변수를 추가로 하나 더 설정

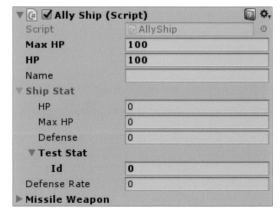

하고 reserveStat = shipStat; 이렇게 할당해주면 될까요? 실제로 실험해보면 알 수 있지만, reserveStat 혹은

shipStat 어느 쪽의 하위 변수, 가령 HP를 바꿔도 다른 쪽의 HP도 같은 값으로 바뀌어 버립니다.

지금 우리가 원하는 건 이런 식이 아니라, shipStat과 같은 값을 그냥 복사하되, 나중에 shipStat의 값을 바꾸더라도 영향 받지 않고 독립적으로 존재하는 변수를 설정하려는 것입니다. 그럼 어떻게 해야 할까요. 일단 reserveStat = shipStat라고 쓰지 말고 별도로 reserveStat 변수의 인스펙터에서 일일이 수동으로 shipStat의 값과 동일하게 입력해주는 방법이 있습니다. 이것은 Stat 클래스의 하위 변수가 적을 때는 가능하나 수가 많아질수록 하기 힘들어지며 귀찮은 방법입니다. 대신에 C#에서 기본적으로 제공하고 있는 클래스 내의 모든 변수를 복사하는 MemberwiseClone() 메써드를 이용하면 편하게 할 수 있습니다. Classes에서 Stat 클래스 안에 다음 코드를 추가합니다.

✔ **기체의 스탯 #2**

```
[System.Serializable]
public class Stat
{
    public int HP;
    public int MaxHP;
    public int defense;
    public Stat Clone()
    {
        return (Stat)MemberwiseClone();
    }
}
```

public Stat Clone() 여기서 Stat은 이 함수가 있는 클래스명과 동일해야 합니다. 그리고 Clone()은 함수명으로서 임의로 지을 수 있습니다. 그리고 MemberwiseClone() 코드 앞에 (Stat)으로 괄호 안에 본 클래스명과 같은 타입을 적어줘야 합니다.

이제 실험을 해보면, AllyShip 스크립트에서,

✔ **기체의 스탯 #3**

```
public Stat reserveStat;
void Start()
    {
        weapons.Add(missileWeapon);
        weapons.Add(bulletWeapon);
        thisWeapon = Weapon.Missile;
        thisShipScore = 0;
        shipStat.HP = 100;
        reserveStat = shipStat.Clone();
        shipStat.HP = 1000;
    }
```

reserveStat이라는 보존용 변수를 별도로 두고, shipStat.Clone() 메써드로 shipStat의 값을 복사해둡니다. 초기에 shipStat에 값을 설정해 둔 후 그 값들을 그대로 복사해서 보존하는 용도, 혹은 레벨업 등 별도로 보존할 필요가 있을 때 사용하게 될 것입니다. 그후에 shipStat.HP = 1000;처럼 어딘가에서 shipStat의 값이 변하더라도, reserveStat의 값은 변하지 않습니다. 직접적으로 reserveStat의 값을 조작하지 않는 한 말입니다. 게임을 실행해서 값을 비교해보면 알 수 있습니다.

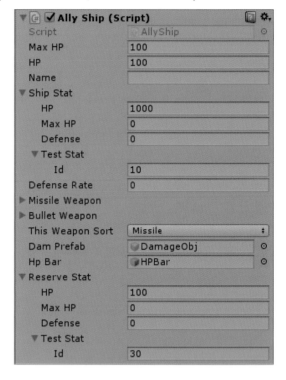

다시 shipStat을 원래의 값으로 되돌리고 싶을 때에는 ship-Stat = reserveStat.Clone(); 라는 클론 메써드를 역으로 써줍니다.

그러나 이는 클래스 안에 또 다른 클래스가 있는 경우(참조타입의 변수)에는 적용되지 않습니다. 예를 들어, Classes에서 Stat2 클래스를 추가합니다.

비교해보면 알 수 있습니다.

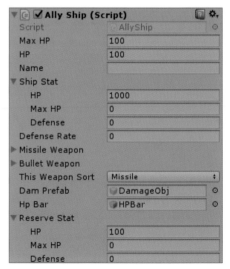

### ✅ 기체의 스탯 #4

```
[System.Serializable]
public class Stat2
{
    public int id;
    public Stat2(int num)
    {
        id = num;
    }
}
```

그리고 Stat에 Stat2 변수를 추가합니다.

### ✅ 기체의 스탯 #4

```
public class Stat
{
    public int HP;
    public int MaxHP;
    public int defense;
    public Stat2 testStat;
```

그리고 AllyShip에서 테스트 할 때 shipStat.Clone(); 전후에 shipStat.testStat.id = 30;으로 설정했다가 Clone 카피 후에 10으로 바꾸는 등 추가로 코드를 넣어보면 이 값은 reserveStat이나 shipStat 같이 바뀌는 것을 볼 수 있습니다. 완벽하게 별도의 독립된 개체가 되지 않은 것입니다. 만약 한 클래스 안에 다른 클래스의 변수가 없이 int, string 등 일반적인 값 타입의 변수만 있다면 이런 문제는 생기지 않습니다. 그러나 때에 따라서는 다른 클래스의 변수를 복사하면서도 독립적인 코드가 필요할 수도 있습니다.

전자를(MemberwiseClone을 써서 하는 복사) 얕은 복사(Shallow Copy)라고 하고, 참조 타입의 변수도 독립적으로 복사하는 것을 깊은 복사(Deep Copy)라고 부릅니다. 깊은 복사는 어떻게 할까요. 코드를 보는 것이 이해가 빠릅니다.

## ✅ 기체의 스탯 #5

```
[System.Serializable]
public class Stat
{
    public int HP;
    public int MaxHP;
    public int defense;
    public Stat2 testStat;

    public Stat ShallowCopy()
    {
        return (Stat)MemberwiseClone();
    }

    public Stat DeepCopy()
    {
        Stat other = (Stat) MemberwiseClone();
        other.testStat = new Stat2(testStat.id);
        other.HP = HP;
        other.MaxHP = MaxHP;
        other.defense = defense;
        return other;
    }
}
```

DeepCopy 함수가 깊은 복사를 하는 코드입니다. other라는 별도의 클래스 인스턴스 변수를 선언한 후에 그냥 new Stat(); 이런 식으로 할당할 수도 있습니다. 어차피 밑에서 다 새로 변수를 할당하기 때문입니다. 이제 AllyShip 스크립트의 Start 함수를 다음과 같이 바꾸고 게임을 실행하여 테스트를 해봅니다.

## ✅ 기체의 스탯 #6

```
void Start()
    {
        weapons.Add(missileWeapon);
        weapons.Add(bulletWeapon);
        thisWeapon = Weapon.Missile;
        thisShipScore = 0;
        shipStat.HP = 100;
        shipStat.testStat.id = 30;
        reserveStat = shipStat.DeepCopy();
        shipStat.HP = 1000;
        shipStat.testStat.id = 10;
    }
```

게임 실행후 AllyShip의 인스펙터를 보면,

Ship Stat의 Test Stat의 Id 값과는 별개로, Reserve Stat의 Id 값은 처음에, 즉 DeepCopy를 호출한 시점의 값 그대로 남아있음을 볼 수 있습니다.

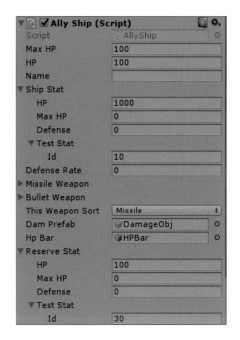

이제 다 되었습니다. 자신이 만드는 게임의 상황에 따라 얕은 복사와 깊은 복사를 활용하면 될 것입니다. 깊은 복사는 코드가 길어지게 되므로 가급적 얕은 복사로 될 수 있도록 구조를 짜는 것이 좋습니다. 또는 이후에 게임 저장과 관련해서 약간 더 자세히 다루는 JSON(제이슨)을 이용해서 클래스를 전체적으로 한꺼번에 저장하고 또 저장한 값을 불러와서 적용시키는 방법도 있으니 클래스의 변수가 많거나 하위에 또 다른 복잡하고 많은 다른 클래스가 있는 경우에는 제이슨을 이용해서 값을 보존해두는 것도 하나의 방법입니다.

## 2. 기체의 움직임 구현

다음으로 아군 기체를 움직이게 해봅시다. 우리는 이 게임을 만들어 스마트폰에서 구동할 것이므로, 폰에서 터치로 기체를 움직일 수 있도록 해야 합니다. 이때 터치를 통해 어떤 식으로 개체를 움직이게 할 지를 먼저 고려해야 합니다. 폰 화면의 좌우 끝부분에 터치로 꾹 누르고 있으면 그쪽으로 이동하게 되는 식으로 할 것인가? 아니면 한번 터치해두면 그 지점으로 기체가 알아서 이동하게 할 것인가? 기체를 잡고 끌면 그만큼 움직이게 할 것인가? 등등 여러 가지 방법이 있습니다.

여기서는 폰 화면에 조이스틱을 두고 그 조이스틱을 움직이면 기체가 그 방향으로 움직이는 방법을 채용해 보겠습니다. 요즘 슈팅게임 뿐만이 아니라 여타 액션 RPG게임 등에서 많이 사용되는 방법이지만 합니다. 처음부터 아무것도 없는 상태에서 구현하려면 꽤 많은 수고와 노력이 들어가는 부분이기지만 다행히 모바일 조작체계와 관련해서 유니티에서 자체적으로 제공해주는 만들어진 툴이 이미 있습니다. 그것을 그대로 가져와서 활용해 보겠습니다.

유니티 상단 메뉴에서 [Assets → Import Package → CrossPlatformInput]을 차례대로 선택합니다. 그 후 나오는 대화상자에서 전부를 선택하고 임포트 합니다.

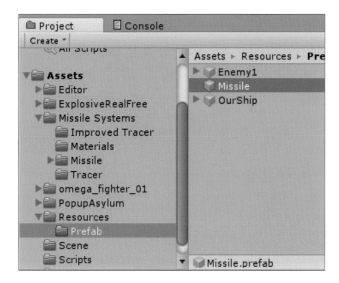

그럼 위와 같은 에셋들을 찾아볼 수 있는데 여기서 MobileSingleStickControl 프리팹을 바깥으로 끄집어 내서 씬에 올립니다.

위와 같이 되면 모든 준비는 끝난 것입니다. 이 상태에서 게임을 실행해보면,

이처럼 화면 좌하단에 방향키와 같은 표시가 나타납니다. 이것을 마우스로 잡고 끌어보면 상하좌우로 일정 범위 안에서 움직임을 알 수 있습니다. 폰에서는 이부분을 터치하여 드래그하는 식으로 조작 하게 됩니다. 우측의 Jump라고 되어있는 부분은 보통 윈도우용 빌드에서는 스페이스바에 해당하는 점프 버튼을 대신하는 모바일용 터치입력을 받는 부분입니다. 즉 폰에서 점프 부분을 터치하면 점프 버튼이 눌린 것으로 인식됩니다. 이 부분은 나중에 다시 자세히 살펴보고 활용하겠습니다.

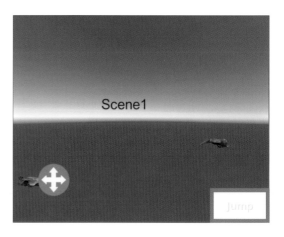

그럼 이제 이 조이스틱 부분의 움직임을 우리가 지금 만들고 있는 기체와 연결시켜야 됩니다. 이 부분도 스크립트로 구현해야 합니다. 우선 AllyController라는 스크립트를 하나 만듭니다. 여기에 들어가야 할 핵심 내용은, 조이스틱을 상하좌우로 움직였을 때, 아군 기체도 동시에 움직이게 하는 것입니다.

다음과 같이 스크립트를 작성합니다.

### ✅ 기체의 움직임 구현 #1

```
using UnityEngine;
using System.Collections;
using UnityStandardAssets.CrossPlatformInput;

public class AllyController : MonoBehaviour
{
    public float speed;
    private Rigidbody rigidbody;
    void Start()
    {
        rigidbody = GetComponent<Rigidbody>();
    }

    void FixedUpdate()
    {
        float moveHorizontal = CrossPlatformInputManager.GetAxis("Horizontal");
        float moveVertical = CrossPlatformInputManager.GetAxis("Vertical");

        Vector3 movement = new Vector3(moveHorizontal, moveVertical, 0);
        rigidbody.velocity = movement * speed;
    }
}
```

전체적인 구조는, 유니티에서 제공하는 모바일 조이스틱을 CrossPlatformInputManager 부분으로 불러오고, 그것을 아군 기체의 움직임과 연동시키는데, 이때 아군기체의 Rigidbody를 조종합니다. 먼저 자신에게 달린 Rigidbody의 레퍼런스를 가져오기 위해 rigidbody라는 변수를 설정하고 Start 펑션에서 가져왔습니다. 그리고 기존에 쓰던 Update가 아닌 FixedUpdate를 썼습니다. 일반 업데이트는 프레임에 영향을 받기 때문에 느린 폰에서 실행하면 이 업데이트 안에 있는 코드들은 안정적으로(초당 일정한 횟수로) 실행되지 않고 제멋대로 들쑥날쑥하기 때문입니다. 툭툭 끊기는 현상이 생기는 겁니다.

대신 픽스드 업데이트를 쓰면 폰의 느려짐에 상관없이 일정하게 내부의 코드들을 실행합니다. 따라서 리짓바디는 픽스드 업데이트와 같이 쓰는 게 보통입니다.

픽스드 업데이트 안에 상하좌우 입력을 받아오는 부분이 바로 GetAxis 부분입니다. 좌우의 움직움직 받아올 때 Horizontal을 쓰고, 상하의 움직임은 Vertical로 읽어옵니다. 이 값을 float 변수에 각각 저장했다가, rigidbody.velocity에 읽어온 값을 적용하면 물리강체(Rigidbody) 및 그것이 붙어있는 게임 오브젝트가 그쪽으로 움직이게 됩니다. 여기서 움직이는 속도를 조절하고 싶을 것이므로 speed라는 변수를 인스펙터로 끄집어내서 플레이를 해보면서 속도를 조절하면 됩니다. 이 스피드 값으로 4나 5정도가 적당해 보입니다. 이 값은 여러분 나름대로 실험해보면서 설정해도 무방합니다.

이 스크립트를 OurShip 오브젝트에 붙이고 게임을 플레이 해보면, 화면 우하단 방향키 그림을 상하좌우로 잡고 끄는 것에 따라서 기체도 움직이는 것을 볼 수 있습니다. 이로서 일단 핵심적인 기능은 완성입니다.

보통 모바일이 아닌 PC, 즉 윈도우 상에서 게임을 만들 때에는 W A S D 키를 방향키 대신으로 많이 씁니다. 그럼 이 W A S D 키를 눌렀을 때 이동하게 하려면 어떻게 해야 할까요. 위의 스크립트에서 CrossPlat-formInputManager를 그냥 Input으로 바꿔주면 됩니다. 그럼 W A S D 키 혹은 방향키로 조작이 가능합니다. 그럼 이 W A S D 혹은 방향키 자체를 다른 키로 바꾸고 싶으면 어떻게 해야 할까요. 이것들은 일반적으로 많이 쓰이는 키들이므로 유니티에서 디폴트로 세팅을 해 놓은 것인데 이것 자체를 바꿀 수도 있습니다. 상단 유니티 메뉴에서 [Edit → Project Settings → Input] 항목으로 갑니다. 그리고 인스펙터 화면을 보면,

다음과 같은 화면을 볼 수 있는데 Horizontal 부분에서 ❶ Negative Button에 left라고 되어 있습니다. 이게 가로방향의 주된 입력으로 마이너스 방향은 왼쪽방향키를 쓴다는 의미입니다. 그리고 밑에 ❷ Positive Button에 right라고 되어 있는 부분이 플러스 방향으로 오른쪽 방향키를 쓴다는 의미이고, 그리고 그 밑에 Alt 라고 붙는 항목이 Alternative. 즉 왼쪽, 오른쪽 방향키 외에 또 다른 같은 기능을 하는 키를 의미하는데 여기에 A, D 키가 있음을 볼 수 있습니다. 즉 이것을 다른 키로 바꾸면 좌우로 조작하는 키를 바꿀 수 있습니다. 밑에 Vertical도 이와 같은 식입니다.

그럼 계속해서 몇 가지 이동과 관련된 것들을 구현해 보겠습니다. 먼저 기체가 아래위로 이동할 때는 약간 회전을 주면 더 사실적으로 보일 것입니다.

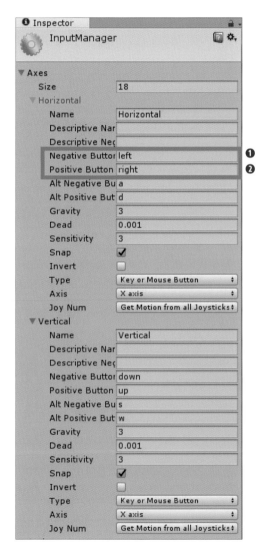

스크립트 하단 부분에 이 코드를 추가합니다.

### ✔ 기체의 움직임 구현 #2

```
rigidbody.rotation = Quaternion.Euler(0, 90, rigidbody.velocity.y
* value);
```

그리고 기울기 변수값으로 value라는 변수를 위에 추가합니다. public float value;는 강체의 각도를 직접 설정하는 것입니다. Quaternion.Euler라는 유니티에서 미리 만들어 둔 명령어로 할 수 있고, 이것을 설정하면 게임 오브젝트의 트랜스폼 항목의 Rotation 항목이 직접 이 설정값으로 변경되는 효과가 있습니다.

현재 우리의 기체는 로테이션 x, y, z 값이 0, 90, 0입니다. 카메라가 기체를 옆에서 보기 때문에 y값을 90으로 해놓았습니다. 그럼 기체가 위나 아래로 움직일 때 이것

| Transform | | | | | |
|---|---|---|---|---|---|
| Position | X | -3.3 | Y | 1.24 | Z 0 |
| Rotation | X | 0 | Y | 90 | Z 0 |
| Scale | X | 1 | Y | 1 | Z 1 |

과 연동하여 각도, 즉 Rotation의 Z값을 수정해주면 좌우로 기울어지게끔 할 수 있습니다. 따라서 위의 코드와 같이 Euler값을 0, 90은 고정시켜 놓고 Z부분만 기체의 현재 y축 값을 넣어준 것입니다. 이것의 기울기 정도를 우리가 수정하고 싶을 수 있으므로 value 변수값을 별도로 설정했습니다. 이 값은 10 전후가 보기에 적당해 보입니다.

또 해야 할 게 남았습니다. 현재 기체를 움직여보면, 화면 바깥으로 나가버리는 경우가 있습니다. 이것은 우리가 원하는 것이 아닙니다. 자유롭게 움직일 수 있으되 한계를 둬서 화면 바깥으로는 나가지 않도록 해야 할 것입니다. 이를 위해 기체가 상하좌우 어디까지 움직일 수 있는지 정해야 합니다.

우선 게임을 플레이한 상태에서 기체를 움직여 화면의 좌하단과 우상단 최외각 지점에 두고, 하이어아키에서 기체를 선택하여 인스펙터 화면을 띄운 후 트랜스폼의 포지션의 값을 기억해 둡니다. 기체를 선택후 좌하단, 우상단 등으로 최대한 보이는 곳까지 움직였을 때의 포지션의 값을 한계값으로 쓰는 것입니다.

좌하단 최외각 지점의 포지션 값은 x, y, z값이 각각 대략 -4, -3, 0 정도라고 보면 됩니다. z값은 0으로 설정해도 문제가 없기 때문에 x, y값만 체크하면 됩니다.

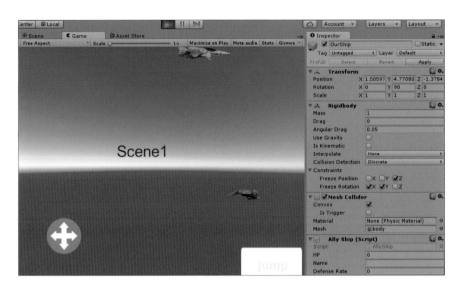

다음으로 우상단 최외각에 위치한 경우의 사진입니다. x, y 값이 각각 약 1.5, 4.8임을 알 수 있습니다. 이 값들을 변수로 저장하고 최외각의 값으로 활용하겠습니다. 즉 x의 최소값은 -4, 최대값은 1.5이며, y의 최소값은 -3, 최대값은 4.8이 됩니다. z는 0으로 설정하면 됩니다.

이제 우리가 해야 할 일은 기체가 어떻게 움직이든 간에 이 값들 사이에서만 움직이도록 해야 합니다. 이를 달성하기 위한 방법에는 여러 가지가 있습니다. 강제로 트랜스폼의 포지션을 제한하는 방법, 화면 가장자리에 보이지 않는 컬라이더를 가진 일종의 '벽'을 둬서 그 넘어서는 이동할 수 없게 하는 방법 등이 있을 수 있습니다. 여기서는 물리강체의 포지션을 강제로 일정 범위 내로 되도록 하는 방법을 씁니다. 이를 위해 필요한 명령어가 Mathf.Clamp입니다. 유니티 API페이지를 보면, http://docs.unity3d.com/ScriptReference/Mathf.Clamp.html 명령어가 있는데 이 명령어는 3개의 float 변수값을 받습니다. 첫 번째로 고정시킬 값, 두 번째로 최소값, 마지막으로 최대값이 들어갑니다. 즉 첫 번째 값은 최소값보다 작다면 최소값으로 고정되고, 최대값보다 크다면 최대값으로 고정됩니다. 그 사이에서는 자유롭게 어떤 값이든 가질 수 있는 식입니다. 최종적으로 스크립트에서 다음과 같이 입력하고 컴파일링 합니다.

## Mathf.Clamp

public static float **Clamp**(float value, float **min**, float **max**);

## Description

Clamps a value between a minimum float and maximum float value.

```
using UnityEngine;
using System.Collections;

public class ExampleClass : MonoBehaviour {
    void Update() {
        transform.position = new Vector3(Mathf.Clamp(Time.time, 1.0F, 3.0F),
    }
}
```

#### ✅ 기체의 움직임 구현 #3

```
using UnityEngine;
using System.Collections;
using UnityStandardAssets.CrossPlatformInput;

public class AllyController : MonoBehaviour
{
    public float speed;
    public float value;
    public float xMin;
    public float xMax;
    public float yMin;
    public float yMax;

    private Rigidbody rigidbody;
    void Start()
    {
        rigidbody = GetComponent<Rigidbody>();
    }

    void FixedUpdate()
    {
        float moveHorizontal = CrossPlatformInputManager.GetAx-
is("Horizontal");
        float moveVertical = CrossPlatformInputManager.GetAx-
is("Vertical");

        Vector3 movement = new Vector3(moveHorizontal, moveVerti-
cal, 0);
        rigidbody.velocity = movement * speed;
        rigidbody.rotation = Quaternion.Euler(0, 90, rigidbody.
velocity.y * value);

        rigidbody.position = new Vector3(Mathf.Clamp(rigidbody.
position.x, xMin, xMax),
            Mathf.Clamp(rigidbody.position.y, yMin, yMax), 0);
    }
}
    }
}
```

rigidbody.position값을 새로운 Vector3값으로 설정하는데, 이 중에서 x와 y값을 위에서 나온 수치대로 최소,
최대값을 고정하는 코드입니다. 저장 후 인스펙터에서 x, y의 최소, 최대값을 지정해 줍니다.

이렇게 설정한 후 게임을 플레이 하여 테스트 해 봅니다. 어떻게 움직여도 아군 기체는 여기서 설정한 경계 위치 바깥으로는 나가지 않는 것을 볼 수 있습니다.

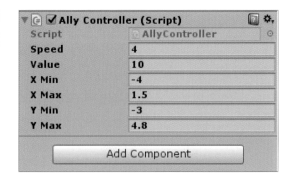

# 3. 발사체 구현

다음으로 무기를 구현해볼 차례입니다. 어떤 무기를 등장시킬 것이며 어떤 효과를 가지고 있는지 등을 결정해야 합니다. 여기서는 가장 단순하게 화면의 우하단 발사 버튼을 누르면 미사일이 나가는 식으로 구현하겠습니다. 한 번 누를 때마다 한 발만 발사된다면 너무 자주 눌러야 해서 유저가 피곤해지고, 한 번 누르고 있으면 계속 알아서 발사되는 방식은 재미가 없습니다. 따라서 한 번 누를 때마다 여러 발씩 발사되지만 그 이후에는 다시 손을 뗐다가 다시 터치해야 하는 식으로 만든다고 가정하겠습니다. 우선 터치할 곳의 영역 텍스트를 수정하겠습니다.

텍스트를 선택하고,

위처럼 텍스트를 '발사'라는 것으로 고쳤고 Shadow 항목에서 알파값을 최대로 주어서 글자가 뚜렷하게 보이도록 했습니다. 텍스트는 '발사' 혹은 'Fire' 등 원하는 어떤 것으로 바꿔도 무방합니다.

그리고 발사버튼도 다음과 같이 수정합니다. 먼저 하이어아키에서의 이름은 아무렇게나 수정해도 상관없지만 이왕이면 직관적으로 알아보기 쉽게 기능을 나타내는 이름으로 바꿨습니다.

인스펙터에서 Name 항목을 Jump에서 Fire로 바꿉니다.

그리고 AllyController 스크립트에서 다음 항목을 추가합니다.

### ✅ 발사체 구현 #1

```
void Update()
    {
        if (CrossPlatformInputManager.GetButtonDown("Fire"))
        {
            Debug.Log("Fire pressed");
        }
    }
```

게임을 실행 후 Fire 버튼 영역을 마우스로 눌러보면(실제 폰에서는 이 영역을 터치하면 컴퓨터에서 왼쪽 마우스 버튼을 누르는 것과 동일한 효과가 나타납니다) 콘솔창에 Fire pressed라는 문자열이 나타나는 것을 알 수 있습니다. 이제 이 부분에 기체가 발사하는 로직을 코드로 짜넣으면 됩니다.

그럼 이제 이 로직에 해당하는 발사 함수를 만들어야 될 차례입니다. 우선 가장 기본적으로 발사버튼을 누르면 미사일이 나가는 것을 만들겠습니다. 그러면 발사되는 위치와 발사되는 미사일, 그리고 미사일을 움직이는 코드가 필요합니다. 먼저 발사되는 위치를 만들어 보겠습니다. 보통 기체의 앞부분에서 미사일이 발사되겠지요. 아군 기체를 선택한 후에, 상단 메뉴 [GameObject → Create Empty Child]를 선택해 줍니다.

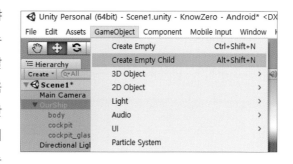

그러면 빈 게임 오브젝트가 기체 가운데에 생성됩니다. 이것을 기체의 앞부분으로 옮기고 이름도 BulletPos로 바꿔줍니다. 이름은 뭐로 뭘도 상관없고 자신이 알아보기 쉬운 것으로 지으면 됩니다.

기체의 무장창처럼 보이는 하단 부근 앞쪽으로 위치를 설정했습니다. 이제 이 지점에서 미사일이 발사될 겁니다.

다음으로 미사일이 필요합니다. 에셋 스토어에서 다음 에셋을 다운로드 및 임포트 합니다. 에셋의 이름으로 검색해서 찾으면 됩니다.

이 에셋은 유도 미사일을 구현한 것입니다. 미사일이 어떤 물체를 향해서 가도록 하기 위한 방법으로 Transform.Translate 명령어를 써서 직접적으로 움직이게 했습니다. 흥미 있는 분은 에셋 안에 있는 샘플 씬이나 스크립트들을 보면 됩니다. 처음에 프로그램 실력을 늘리기 위해서는 남이 짜 놓은 코드를 많이 보는 것이 필요합니다. 점점 많이 알아갈수록 수준 있는 코드에 대한 안목도 길러지고 자신에게 필요한 부분이 무엇인지도 알게 될 것입니다. 일단 여기서는 미사일 형태의 모델링만 가져가 쓰겠습니다.

다운받은 에셋에서 missile이라는 모델을 하이어아키로 끄집어내고 거기에 빠진 텍스쳐를 입혀줍니다.

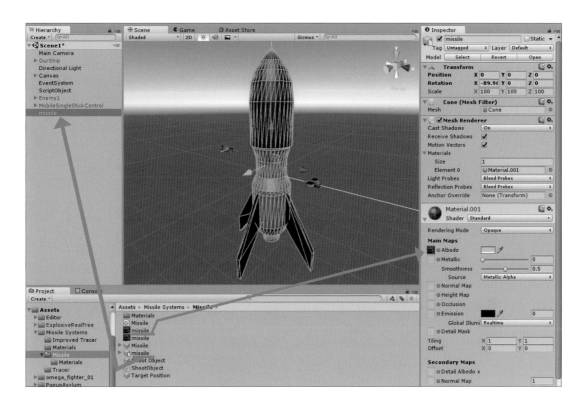

화살표 표시대로 missile이라는 모델링 에셋 및 텍스쳐 에셋을 각각의 위치로 드래그 앤 드랍하면 됩니다. 끄집어 내놓고 보니 미사일의 크기가 너무 큽니다. 크기를 좀 줄이고 각도도 좀 조정해 보겠습니다.

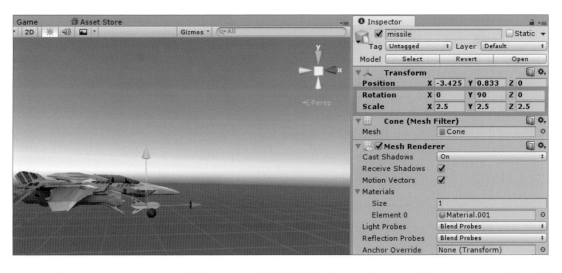

이와 같이 트랜스폼의 Scale 부분에서 100으로 되어 있던 것을 약 2~3 정도로 수정하고 Rotation 부분도 Y를 90도로 설정하여 맞췄습니다. 대강 발사될 위치에 놓아보고 적당하게 조정하면 됩니다.

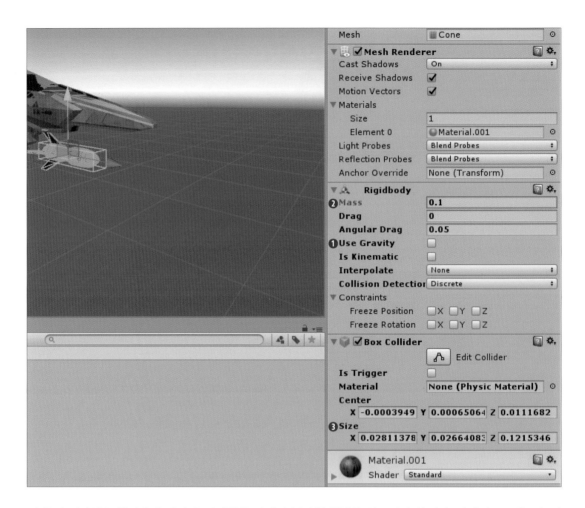

이제 이 미사일은 발사돼서 적 혹은 장애물을 만나면 부딪혀 폭발을 일으켜야 합니다. 따라서 Rigidbody와 Collider를 추가합니다. 리짓바디에서는 중력의 영향은 받지 않아야 하므로 ❶ Use Gravity는 체크해제하고 ❷ Mass, 즉 질량은 0.1로 좀 줄였습니다. 보통 1을 기준으로 하는데 미사일은 좀 가벼운 것이 자연스럽기 때문입니다. 이런 수치들은 자신의 게임 기획에 맞게끔 얼마든지 조정할 수 있고 또 그래야 합니다. 그리고 박스 컬라이더에서도 크기를 좀 조정하여 미사일의 몸통 부분과 일치시켰습니다. 컬라이더의 사이즈를 조정하는 방법은 ❸ 컬라이더 콤포넌트에서 Center와 Size 의 수치를 직접 입력하거나 아니면 위에 Edit Collider를 클릭한 후 Scene 화면의 컬라이더의 각 6면의 가운데에 나타나는 점과 같은 형태의 포인트를 잡고 끌어서 조정할 수 있습니다.

이제 미사일 모델은 준비되었으므로 이것을 움직이게 할 코드를 짜야 합니다. 이렇게 간단한 미사일 하나를 만드는 데에도 해야할 일이 3가지나 됩니다. 어떤 무기와 형태를 쓸지 결정해야 하고, 실제로 그 기획에 맞는 그래픽 모델링 혹은 그림을 제작해야 하며, 이 그래픽적 요소를 기획에 맞게 움직이고 작용, 반응하도록 프로그래

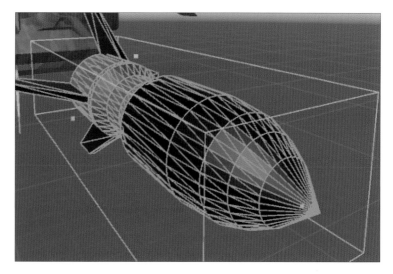

밍으로 코드를 짜야 합니다. 혼자서 할 때는 이 모든 일을 다 처리해야 하므로 작업을 극히 단순화해야 하지만, 또한 각 영역은 매우 전문적이므로 가능하면 분업화하여 게임을 만드는 것이 좋습니다.

다시 미사일을 움직이는 코드 얘기로 돌아와서, 일단 미사일이 발사되어 제 위치에 생성이 되면, 다음에 미사일이 할 일은 그저 앞으로 힘을 받으며 날아가면 됩니다. 물론 이때도 어떻게 날아가느냐, 적을 향해 유도되는가 아닌가 등 여러 가지 게임 기획적 사항들이 있지만 일단 여기서는 가장 단순한 형태로 그냥 앞으로 나아가고 장애물에 부딪히면 폭발하는 식으로 만들어 보겠습니다. 우선 미사일용의 스크립트를 하나 만듭니다. MissileControl로 이름을 짓겠습니다.

미사일은 생성되자마자 앞으로 발사되면 됩니다. 그래서 미사일에 달린 리짓바디에 힘을 가해서 앞으로 나가게 하는 방법을 쓰겠습니다. 이외에도 transform.Translate로 직접 움직이게 하는 방법도 있습니다만 여기서는 무게나 힘 등 물리법칙에 영향을 받도록 하기 위해서 rigidbody.Addforce를 쓰겠습니다.

유니티 문서(http://docs.unity3d.com/ScriptReference/Rigidbody.AddForce.html)를 보면, AddForce 다음에 힘을 가할 방향과 힘을 가하는 방식인 ForceMode를 지정하게 되어 있습니다. 우선 현재 우리 게임은 오른쪽을 향해서 보고 있고 미사일도 생성되면 오른쪽으로 발사되어야 합니다. 즉 트랜스폼의 로테이션의 Y값이 90도로 설정되어 있습니다. 따라서 오른쪽 방향으로 힘을 가해야 합니다. 그리고 포스모드에는 4가지가 있는데 각각 고르면서 시험해볼 수 있도록 하겠습니다.

# Rigidbody.AddForce

**SWITCH TO MANUAL**

public void **AddForce**(Vector3 **force**, ForceMode **mode** = ForceMode.Force);

# Parameters

| | |
|---|---|
| **force** | Force vector in world coordinates. |
| **mode** | Type of force to apply. |

이런 내용으로 스크립트를 짜면 다음과 같이 됩니다.

✅ **발사체 구현 #3**

```
using UnityEngine;
using System.Collections;

public class MissileControl : MonoBehaviour
{
    public float speed;
    public ForceMode mode;
    private Rigidbody rigidbody;
      void Start ()
      {
          rigidbody = GetComponent<Rigidbody>();
      }
      void FixedUpdate () {
        rigidbody.AddForce(Vector3.right * speed, mode);
      }
}
```

speed는 말 그대로 미사일이 날아가는 속도를 설정하기 위한 변수입니다. mode는 포스모드 중에 선택하기 위한 변수인데 이런 것을 지정하지 않고 AddForce에서 그냥 방향만 지정하면 기본적으로 ForceMode.Force 즉 첫 번째 모드가 적용됩니다. 포스모드는 이 페이지에 설명이 나와있습니다.

→ http://docs.unity3d.com/
ScriptReference/ForceMode.
html

힘을 한번만 가하느냐, 꾸준히 가하느냐, 리짓바디의 질량, 즉 mass 값을 고려하느냐 하지 않느냐 등에 따라서 4가지의 모드가

있습니다. 직접 하나씩 바꿔가면서 게임상에서 실험해보시면 차이점을 잘 알 수 있습니다.

이 스크립트에서 핵심적인 내용은 rigidbody.AddForce이고, 여기서 방향으로 오른쪽을 지정했습니다. 오른쪽을 나타내는 구문이 Vector3.right입니다. 이제 이 스크립트를 미사일 오브젝트에 붙이고 게임을 실행해 보면 실행 하자마자 미사일이 앞으로(오른쪽으로) 나아가는 모습을 볼 수 있습니다. 관찰하면서 speed값과 mode값을 적당히 조절해 보면 됩니다. 이 부분도 게임 기획에 해당합니다.

또한 미사일의 리짓바디에서 Constraints 항목에서 Freeze Rotation 에 x, y, z 값 모두에 체크를 해주어서 회전을 막았습니다. 그렇지 않으면 앞으로 나아가면서 제멋대로 회전하기 때문입니다.

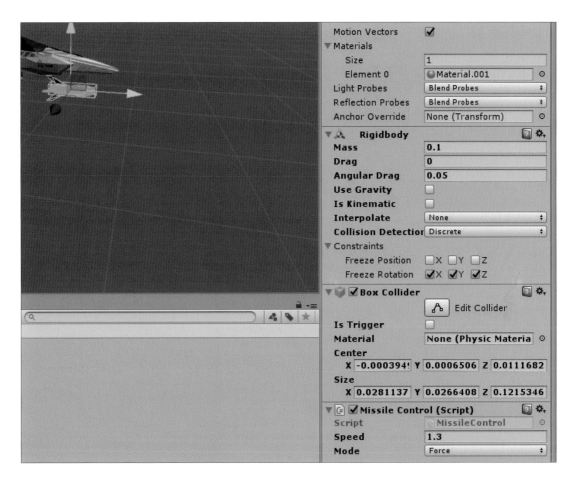

위에서 나온 내용대로 설정한 사진입니다.

이제 해야 할 일은, 발사버튼을 누르면 미사일이 생성되게 하는 부분입니다. 미사일 모델 자체는 어느 정도 완성됐다고 보고 이제 이것을 프리팹으로 저장한 후에 하이어아키에서는 지워줍니다. 게임을 시작하자마자 처음부터 미사일이 나와서는 안되니까요.

AllyController 스크립트에서 Fire 함수부분을 다음과 같이 바꿔줍니다.

### ✅ 발사체 구현 #4

```
void Fire()
    {
        Instantiate(BulletObj, BulletPos.position, BulletPos.
rotation);
    }
```

그리고 스크립트의 맨 위에 변수값들을 설정하는 곳에서 다음과 같은 2개의 변수를 추가합니다.

### ✔️ 발사체 구현 #5

```
public GameObject BulletObj;
public Transform BulletPos;
```

여기서 Instantiate가 나왔는데 이것은 굉장히 자주 쓰이는 유니티 명령어입니다. 어떤 물체를 생성시켜서 게임상에 등장시킬 때 사용됩니다. Instantiate 다음에 3개의 매개변수를 받는데, 첫 번째부터 차례대로, (생성시킬 물체, 생성시킬 위치, 생성시의 각도)가 됩니다. 유니티의 문서(http://docs.unity3d.com/ScriptReference/Object.Instantiate.html)를 보면, 그냥 생성시킬 물체만 선택하고 위치와 각도는 생략하는 문법도 있음을 볼 수 있는데 이 경우 위치는 Vector3.zero 즉 (0,0,0) 위치로 설정되고, 각도는 생성 시의 부모물체의 각도, 혹은 생성 시에 별도의 부모물체가 없다면 월드, 즉 세계 자체의 각도와 일치하게 됩니다. 이것을 Quaternion.identity라고 합니다.

지금 우리는 미사일을 생성시킬 위치를 위에서 이미 설정했고 미사일 자체도 만들어서 프리팹으로 준비해 두었습니다. 이제 이 위치와 프리팹을 스크립트의 변수에 등록하면 됩니다.

하이어아키에서 OurShip 물체의 자식 중 위에서 이미 우리가 만들어둔 위치, BulletPos를 잡아서 끌고 AllyController 스크립트의 Bullet Pos란에 놓습니다. 또 리소스 폴더의 Missile 프리팹은 스크립트의 Bullet Obj란에 끌어다 놓습니다.

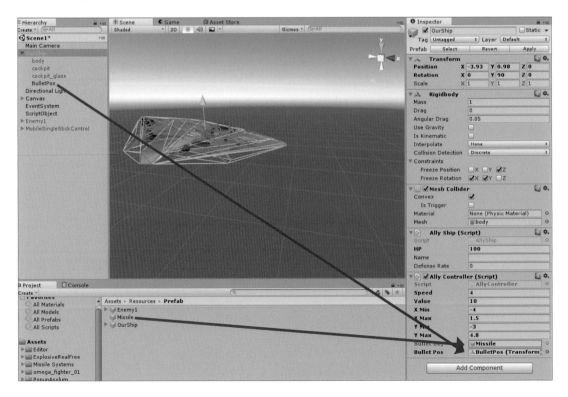

변수에 트랜스폼 위치와 미사일 프리팹을 배치했다면 이제 게임을 실행해서 테스트해 보세요. 발사버튼을 누

를 때마다 미사일이 생성돼서 날아가는 것을 볼 수 있습니다. 그런데 발사버튼을 좀 빠르게 연타해보면 이상한 점이 생깁니다. 콘솔창을 보면 아군 기체가 미사일과 충돌했다는 메시지가 나오는 것을 알 수 있습니다. 또 미사일끼리도 서로 충돌하여 다른 방향으로 발사되는 것을 볼 수 있습니다. 이 문제를 수정해야 합니다. 미사일이 생성되는 위치가 아군기체의 컬라이더 내부와 겹쳐서 미사일의 컬라이더 박스와 충돌하기 때문에 생기는 문제입니다. 생성 위치를 조정하면 보기에 이상하므로, 위치는 그대로 두고 다른 방식으로 해결하겠습니다. 유니티 명령어 중에 Physics.IgnoreLayerCollision이라는 것을 쓰면 두 개의 레이어에 속하는 물체는 서로 충돌하지 않도록 합니다. 레이어란 일종의 층으로서 물리법칙의 적용에도 응용될 수 있습니다. 이제 아군 기체와 아군 미사일은 전부 Allies라는 레이어를 만들고 여기에 속하도록 하겠습니다. 그리고 같은 Allies 레이어끼리는 서로 충돌하지 않도록 하겠습니다. 먼저 레이어를 만들어야 합니다.

아무 물체에서 위와 같이 Layer 부분을 클릭한 후 Add L
음과 같이 Allies라는 레이어를 추가합니다.

이 때 왼쪽을 보면 User Layer 8이라고 되어 있습니다. 이게 유저가 직접 만든 레이어이고 레이어 넘버는 8번이라는 의미입니다. 다음으로 아군 기체와 미사일을 이 레이어로 바꿔줍니다. 먼저 프리팹 폴더에서 미사일을 선택합니다.

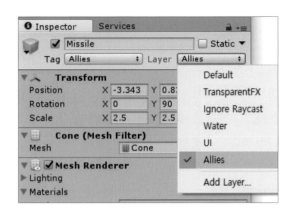

그리고 위의 사진처럼 Missile이 선택된 상태에서 인
스펙터에서 레이어를 Allies로 바꿔줍니다. 또 하이어
아키에서 OurShip을 선택 후 역시 레이어를 Allies
로 바꿔줍니다. 이때 자식물체까지 모두 바꾸겠느냐
는 대화상자가 나오는데 자식까지 모두 바꾸는 게 간
편하므로 Yes를 눌러줍니다.

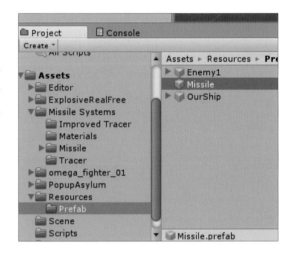

이제 아군기체와 미사일 프리팹의 레이어를 설정했
으니 이 8번 레이어끼리는 서로 충돌하지 않도록 하
는 코드를 짜주면 됩니다. Physics.IgnoreLayerCol-
lision(8, 8); 이 코드를 아무 스크립트의 Start 부분
에 써 줍니다. 게임 시작 시에 한번만 실행되면 그 이

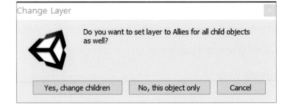

후부터 계속 게임상에 효과를 미치므로 간단합니다. 이제 게임을 플레이 해보면 발사버튼을 빨리 눌러서 미사
일끼리 겹치게 해도 아무 이상 없이 자연스럽게 발사되는 것을 알 수 있습니다. 또 아군 기체와도 충돌하지 않
습니다.

다음으로 미사일이 무언가와 부딪히면 폭발하도록 하고, 적이면 데미지를 입히게 해야 합니다. 그리고 무언가
와 부딪히지 않아도 일정 시간이 지나면 사라지도록 해야 게임상에서 남아있지 않게 되어 좋습니다. 씬에 많은
물체가 남아있을수록 게임은 느려지게 됩니다. 게임은 빠르게 구동되는 것이 미덕이며 더 낮은 사양의 폰에서
도 잘 돌아갈수록 좋습니다. 따라서 항상 게임의 실행속도, 즉 퍼포먼스에 신경을 써야 합니다.

그래서 요즘은 아예 Instantiate를 잘 안 쓰기도 합니다. 몇 개 혹은 수십 개 이상의 물체를 생성시키는 것은
Instantiate를 써도 좋지만 수천, 수만 개 혹은 그 이상의 수의 물체를 생성시키고 파괴시키며 다시 생성시키

고 하는 것은 게임의 퍼포먼스가 떨어질 우려가 높기 때문입니다. 그럼 어떻게 물체를 나타나게 할까요? 오브젝트 풀링(Object Pooling)이라고 해서 오브젝트들을 게임의 맨 처음에 한 번 생성시켜놓거나 혹은 아예 처음부터 게임상에, 즉 게임을 만들 때부터 하이어아키에 끄집어 내놓는 것입니다. 그 오브젝트들을 평소에는 유저가 보는 카메라에는 잡히지 않게끔 해놓고 필요할 때마다 거기서 꺼내와서, 즉 위치를 옮겨서 쓰면 됩니다. 그후 사라져야 할 때는 다시 원래 보관장소로 돌아가게끔 하는 식입니다. 이렇게 하면 Instantiate 명령어 자체를 쓰지 않고도 수많은 물체를 나타나게 했다가 없앴다가 하는 것이 가능합니다. 단점은 에셋을 구입하거나 스스로 이런 시스템을 구축해야 해서 작업량이 늘어난다는 점 정도입니다. 하지만 장점도 확실하므로 쓸지 말지는 자신이 만들고자 하는 게임에 따라서 판단하면 됩니다. 자세한 것은 구글링 검색을 통해서 습득할 수 있고 에셋스토어에도 있는 에셋이며, 유니티 홈페이지에 있는 학습동영상 중에도 나오는 주제입니다.

다시 미사일 주제로 돌아가서 이제 시간이 지나면 미사일이 파괴되도록 해야 합니다. MissileControl 스크립트의 Start에서 다음 한 줄만 추가하면 쉽게 가능합니다.

### ✅ 발사체 구현 #6

```
Destroy(GameObject, deadTime);
```

이 구문은 파괴시킬 때 가장 많이 쓰이는 구문으로서, Destroy 다음의 ( ) 괄호 안에 첫 번째로 파괴시킬 물체를, 두 번째로 float 타입의 변수를 써서 이 시간 후에 파괴시키는 용도로 설정할 수 있습니다. 화면상에서 미사일이 발사돼서 화면 끝을 지난 후에, 즉 유저의 시야에서 사라지는데 걸리는 시간을 고려해서 그 시간 후에 자연스럽게 파괴되도록 하면 됩니다. 여기서는 deadTime을 약 3으로 설정합니다. public float deadTime = 3;를 변수위치에 새로 설정합니다. 그럼 미사일은 생성된 후 3초가 지나면 자연적으로 파괴되어 사라집니다.

다음으로 미사일이 뭔가와 부딪혔을 때 폭발하고 또 사라지도록 해야 합니다. 유니티에서는 보통 뭔가와 부딪혀 폭발할 때 폭발효과를 미리 만들어 두고 프리팹으로 저장해 뒀다가 사건이 벌어졌을 때 이 폭발효과를 게임상에 생성시키는 식으로 제작합니다. 또 폭발할 때 효과음도 나오면 좋습니다. 이런 폭발효과를 만드는 부분이나 사운드를 넣는 방법은 다음 챕터들에서 좀 더 자세히 살펴보기로 하고 우선 여기서는 부딪혔을 때 폭발효과를 생성시키고 사라지도록 하는 부분만 스크립트에 추가해 두겠습니다. 전체적으로 현재까지 MissileControl의 스크립트 내용은 다음과 같이 됩니다.

```
public class MissileControl : MonoBehaviour
{
    public float speed;
    public ForceMode mode;
    public float deadTime;
    public GameObject explodeObj;
    private Rigidbody rigidbody;
      void Start ()
      {
      rigidbody = GetComponent<Rigidbody>();
        Destroy(GameObject, deadTime);
      }
      void FixedUpdate () {
         rigidbody.AddForce(Vector3.right * speed, mode);
      }

    void OnCollisionEnter()
    {
        if(explodeObj != null)
            Instantiate(explodeObj, transform.position, Quatern-
ion.identity);
        Destroy(GameObject);
    }
}
```

OnCollisionEnter가 무언가와 충돌했을 때 폭발효과를 생성시키고 자신은 파괴되는 부분입니다. 폭발효과로 쓸 explodeObj가 있는지 없는지 검사한 후 생성시킵니다. 없는데도 생성시키려고 하면 오류가 나기 때문입니다.

또 미사일이 적에게 부딪혔을 경우에는 적에게 데미지를 주어야 합니다. 즉 미사일의 데미지 수치를 결정하고 관리해야 하는 일이 남았습니다. 그리고 무기는 미사일 말고도 여러 가지가 있을 것입니다. 따라서 무기에 해당하는 별도의 클래스가 필요하게 됩니다. 지금은 무기별로 데미지와 생성시켰을 때의 프리팹 등 몇 가지 안 돼서 간단하므로 굳이 별도 클래스를 만들지 않아도 상관없지만 앞으로 다른 게임에 응용하기 위해서나 혹은 이 게임에서도 여러 가지 기능을 확장할 필요가 생긴다면 지금 클래스로 만들어 놓는 연습을 하는 것도 좋습니다.

게임에서 무기를 사용하는 것에 대해서는 게임 기획적으로 앞으로 여러 가지 무기가 존재할 것이고 그것들을 포용할 수 있는 가능성을 염두에 두고 스크립트를 조금 수정해 보겠습니다. 먼저 무기들을 일반화하여 WeaponClass라는 이름의 추상클래스를 만듭니다. 그리고 일반적으로 무기 클래스에 들어갈만한 내용을 생각해보면, 먼저 무기의 종류를 지정해야 할 것이고 이는 위에서 이미 설정한 Weapon이라는 Enum값을 활용하면 됩니다. 그리고 무기 별로 다른 데미지를 설정할 수 있도록 damage 변수가 필요합니다. 또 이 무기를 발사했을 때 나타날 무기 별 모델링 프리팹을 저장할 GameObject 변수도 있어야 합니다. 이런 식으로 Classes 파일에 다음 스크립트를 추가하겠습니다.

```
public abstract class WeaponClass
{
    public Weapon weaponSort;
    public float damage;
    public GameObject weaponObj;

    public virtual void WeaponFunc(GameObject enemyObj)
    {
        Debug.Log("This is weapon's general function");
        enemyObj.GetComponent<EnemyShip>().DealDamage((int)dam-
age);
    }
}
```

먼저 WeaponClass라는 이름으로 추상클래스를 선언했습니다. 다음으로 위에서 말한 3가지 변수를 설정하고, 일반적인 무기관련 함수의 기능 중에서 데미지를 입히는 것은 거의 필수로 들어갑니다. 그래서 Weapon-Func 함수를 만들고 거기에 데미지를 입히는 코드를 넣었습니다. 또 이 함수가 호출되었다는 사실을 콘솔창에서 확인해보기 위해서 Debug.Log 명령어를 넣었습니다. 여기서 주목할 것은 virtual 키워드를 쓴 부분입니다. 애초에 이 웨폰클래스는 추상클래스로서 다른 구체적인 무기관련 클래스, 즉 미사일클래스, 불릿클래스 등이 상속해서 가져다 쓸 것을 전제로 하고 있습니다. 그리고 무기관련 펑션도 각각의 무기의 특성에 맞춘 독자적인 코드들을 넣고 싶을 것입니다. 하지만 아직 게임 기획이 완전히 확정되지 않은 지금 그 모든 구체적인 것들이 어떤 것이 될지는 모릅니다. 따라서 우선 임시로 WeaponFunc라는 함수를 설정해두고 이것을 쓰다가 향후 구체적인 각 무기 별로 클래스에 들어갈 내용이 생기면, 그 때 그 구체적인 무기의 클래스에서 이 WeaponFunc라는 함수를 재정의하여 쓸 수 있도록 하면 됩니다.

이제 추상클래스를 만들었으니 바로 이어서 구체적인 클래스도 몇 개 만들어 봅시다. 미사일클래스와 불릿클래스를 만들어 보겠습니다.

✅ 발사체 구현 #9

```
[System.Serializable]
public class MissileWeapon : WeaponClass{
    public override void WeaponFunc(GameObject enemyObj)
    {
        base.WeaponFunc(enemyObj);
        Debug.Log("This is Missile's additional function");
    }
}
[System.Serializable]
public class BulletWeapon : WeaponClass
```

```
{
    public override void WeaponFunc(GameObject enemyObj)
    {
        base.WeaponFunc(enemyObj);
        Debug.Log("This is Bullet's additional function");
    }
}
```

System.Serializable 키워드로 이 클래스들을 인스펙터에서 구체적인 수치들을 설정할 수 있게 준비하고, 각 클래스에서 WeaponFunc 함수를 재정의 하였습니다. 함수를 재정의할 때는 override 키워드를 써서 합니다. 그리고 추상클래스의 원래 함수의 내용도 그대로 우선 호출하고 싶다면 base.WeaponFunc와 같은 식으로 base 키워드를 써서 할 수 있습니다. Debug.Log로는 이 함수가 호출되었다는 것을 콘솔창에서 찍어보아서 알기 위해 썼습니다.

그럼 이제 각 무기에 대한 일반적인 클래스와 구체적인 클래스로 나눠서 작성하는 식으로 구조를 변경했으므로 스크립트의 다른 해당 부분도 바꿔줘야 합니다. 우선 여러 무기 중에 현재 사용하는 무기를 결정하는 부분이 필요합니다. 또한 발사버튼을 눌렀을 때 현재 사용중인 무기에 해당하는 효과가 나와야 할 것입니다. 즉 미사일이면 미사일 모델링이 나와야 하고 불릿이면 총탄 모델링이 나와야 하는 것입니다.

먼저 AllyShip 스크립트를 다음과 같이 바꿨습니다.

### ✅ 발사체 구현 #10

```
using System.Collections.Generic;
using UnityEngine;

public class AllyShip : Ship, IAlly
{
    ❶ public static AllyShip Instance;
      public int defenseRate;
      public MissileWeapon missileWeapon;
      public BulletWeapon bulletWeapon;
      public List<WeaponClass> weapons = new List<WeaponClass>();
      public WeaponClass thisWeaponClass;
      public Weapon thisWeaponSort;

    ❷ void Start()
    {
        weapons.Add(missileWeapon);
        weapons.Add(bulletWeapon);
        thisWeapon = Weapon.Missile;
    }
    public override void DealDamage (int dam)
    {
```

```
            float finalDamage = dam - dam * (defenseRate / 100);
            HP -= (int)finalDamage;
        }
    public override void OnConflict (GameObject other)
    {
        if (other.GetComponent<EnemyShip>() != null)
        {
            HP -= other.GetComponent<EnemyShip>().collideDamage;
        }
    }
    public Weapon thisWeapon {
        get { return thisWeaponSort; }
      ❸ set
        {
            thisWeaponSort = value;
          ❹ foreach (WeaponClass weapon in weapons)
            {
                if (weapon.weaponSort == value)
                    thisWeaponClass = weapon;
            }
        }
    }
    private int Score;
    public int thisShipScore {
        get { return Score; }
        set
        {
            Score = value;
            //UIManager 스코어 업데이트
        }
    }
    public void AllyMethod()
    {
        Debug.Log(Name + " AllyMethod is called");
    }

    void OnCollisionEnter(Collision other)
    {
        OnConflict(other.GameObject);
        Debug.Log("This ship conflict with "+other.GameObject.
name);
    }
}
```

❶ 우선 맨 위의 변수 선언 부분에서 각 구체적인 무기클래스, 여기서는 우선 미사일과 불릿클래스만 만들고
추가했습니다. 또한 지금 현재 사용되고 있는 무기를 나타내기 위해 추상 클래스인 WeaponClass 타입의 변
수, thisWeaponClass를 추가했습니다. 그리고 현재 선택된 무기의 타입을 나타내기 위해 thisWeaponSort

라는 변수도 추가했습니다. 그리고 각 구체적인 웨폰클래스들을 한군데로 집어넣어서 데이터를 관리하고 검색하기 위한 용도로 List<WeaponClass> 변수를 설정했습니다.

❷ void Start 구문을 추가해서 게임 시작 시에는 우선 무기를 미사일로 선택해주는 부분 및 각 구체적인 클래스를 weapons라는 리스트에 넣었습니다. 실제 게임에서는 게임 기획에 맞게 초기의 무기를 설정하는 부분입니다. 그리고 public Weapon thisWeapon 부분을 수정하여 현재 무기를 바꾸는 것에 따라서,

❸ 즉 set 부분에서 thisWeaponClass가 어떤 구체적인 클래스를 가리키는지 foreach 구문으로 List 변수값을 검색한 후에 Weapon Enum값이 일치하면 그 클래스를 할당해 주었습니다.

여기서 List라는 문법이 새로 나왔습니다. 매우 자주 쓰이는 것이므로 잠깐 짚어보고 넘어가겠습니다. List란 어떤 특정한 타입의 값들을 추가, 삭제, 개수측정 등 기본적인 작업부터 복잡한 작업까지 할 수 있는 편리한 배열명령어의 하나입니다. 주요 명령어로 List.Add, List.RemoveAt, List.Count 등이 있습니다. 각각 아이템의 추가, 삭제, 개수측정에 해당합니다. List는 스크립트의 맨위에 using System.Collections.Generic;과 같이 네임스페이스를 선언해 줘야 합니다.

❹ 그리고 foreach도 새로 나왔습니다만 이것도 매우 자주 쓰입니다. foreach는 배열 혹은 열거형 컬렉션에 속한 모든 값에 대해서 특정한 처리를 하고자 할 때 쓰입니다. 여기서는 무기클래스가 가지는 weaponSort라는 변수를 활용하여 같은 Weapon 타입의 Enum값을 설정할 때 그 값과 일치하는 Enum값을 가지고 있는 구체적인 WeaponClass를 검색하여 일치하면 현재 그 무기에 해당하는 클래스로 thisWeaponClass값을 정해주는 것입니다.

구체적인 값이 몇 개 없을 때는 굳이 이런 일반화 프로그래밍이 필요 없지만 앞에서도 나왔듯이 값이 많아지거나 공통된 값에서 일정한 함수 처리 명령을 내리고 싶을 때 매우 유용하게 쓰일 수 있으므로 미리 연습해두는 차원에서 사용해 보았습니다. 나머지 부분은 위에서 이미 나왔던 부분이라 동일하므로 여기서 설명하지 않겠습니다.

다음으로 다른 스크립트들도 수정해야 할 곳이 있습니다. AllyControl의 Fire 함수를 다음과 같이 수정합니다.

✅ 발사체 구현 #11

```
void Fire()
{
        WeaponClass weapon = GetComponent<AllyShip>().thisWeaponClass;
        GameObject bullet = (GameObject)Instantiate(weapon.weaponObj,
BulletPos.position, BulletPos.rotation);
        bullet.GetComponent<MissileControl>().thisWeapon = weapon;
}
```

이것은 무기를 발사할 때, 현재 사용된 무기가 무엇인지에 대한 정보를 담고 있는 thisWeaponClass 변수를 발사체에 전달하기 위함입니다. 그리고 다음으로 MissileControl 스크립트도 다음과 같이 수정합니다.

### ✅ 발사체 구현 #12

```csharp
using UnityEngine;
using System.Collections;

public class MissileControl : MonoBehaviour
{
    public float speed;
    public ForceMode mode;
    public float deadTime;
    public GameObject explodeObj;
    public WeaponClass thisWeapon;
    private Rigidbody rigidbody;
      void Start ()
      {
          rigidbody = GetComponent<Rigidbody>();
        Destroy(GameObject, deadTime);
      }
      void FixedUpdate () {
        rigidbody.AddForce(Vector3.right * speed, mode);
      }

    void OnCollisionEnter(Collision other)
    {
        if(explodeObj != null)
            Instantiate(explodeObj, transform.position, Quaternion.
identity);
        thisWeapon.WeaponFunc(other.GameObject);
        Destroy(GameObject);
    }
}
```

미사일이 무언가와 충돌하면 OnCollisionEnter 함수가 호출되고, 그 때 이 무기가 가지고 있는 함수가 실행되게끔 합니다. thisWeapon.WeaponFunc 부분입니다. 이제 이 스크립트는 미사일 뿐만이 아닌 다른 무기에도 활용될 수 있는 스크립트가 되었습니다.

또 EnemyShip 스크립트도 테스트를 위해 수정해야 합니다. 즉 미사일이 가서 맞았을 때 HP가 닳도록 해야 합니다.

### ✅ 발사체 구현 #13

```csharp
using UnityEngine;
using System.Collections;

public class EnemyShip : Ship
{
    public int collideDamage = 3;
```

```
    void Start () {

    }
  public override void DealDamage(int damage)
  {
      HP -= damage;
  }

  public override void OnConflict(GameObject other)
  {
  }
}
```

EnemyShip도 Ship 추상클래스를 상속하도록 바꾸고 그럼 자연스럽게 HP 변수도 가지게 됩니다. 또 Deal-Damage 부분을 추가하여 데미지를 받는 방식을 결정합니다. 우선은 적은 그냥 바로 직접적으로 HP에 데미지를 받는다고 가정하면 단순히 HP -= damage와 같은 식으로 처리하면 됩니다. 이렇게 변경하고 나서 Enemy1을 선택해서 인스펙터에서 HP값을 임의로 설정합니다. 여기서는 100으로 주었습니다.

이제 이런 것들이 잘 작동하는지 테스트를 해 봅시다. OutShip 물체를 클릭한 후 인스펙터에서 Weapon 변수 값들을 설정해 줍니다.

미사일 웨폰 변수에서 Weapon Sort를 미사일이니까 미사일로 선택해주고, Damage에는 임시로 테스트용으로 아무 수치나 넣어봅니다. 그리고 Weapon Obj에는 이 무기가 발사될 때 생성될 프리팹을 넣는 곳이므로 아까 만들어둔 Missile 프리팹을 지정했습니다. 다른 무기 변수도 이와 같이 설정하면 되고 우선 여기서는 미사일 웨폰만 설정했습니다. 그리고 게임을 실행하고 아군 기체를 조금 아래로 움직인 후 발사버튼을 눌러 미사일을 적 기체에 맞도록 발사해 봅니다.

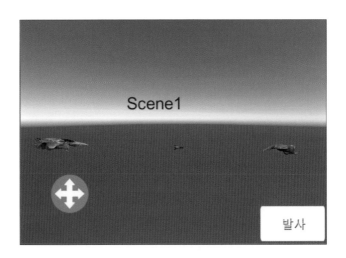

미사일이 적에게 맞으면 적 기체가 조금 뒤로 물러납니다. 이는 서로 충돌한 후에 물리엔진이 자연적으로 작동한 결과입니다. 그런데 너무 많이 튕깁니다. 그래서 적 기체의 물리강체의 무게, 즉 Mass를 10으로 설정하겠습니다. 그리고 EnemyShip 스크립트의 적 HP를 보면 97로 되어있는 것을 볼 수 있습니다. 위에서 미사일의 데미지로 3을 설정했으니 이 3만큼 데미지를 받아 97이 된 것입니다. 성공입니다. 의도대로 잘 작동했습니다.

지금은 미사일이 적중하면 그냥 사라져서 조금 심심합니다. 맞을 때 효과음과 폭발효과가 생성되면 좋을 것입니다. 이 부분은 뒤에서 살펴보기로 하고 이제 적군 기체로 넘어가 보겠습니다.

# SECTION 03 | 적군 기체 기능 구현

먼저 적군이 해야 할 일에 대해서 생각해 봅시다. 적군도 여러 가지 종류가 있을 것입니다. 여기서는 우선 가장 기본적인 적에 대해서 생각해 봅니다. 일단 적군은 어떤 경로를 따라서 자동적으로 움직일 것입니다. 그리고 아군기체와 직접 부딪혀서 데미지를 입힐 목적으로 아군 기체 쪽으로 움직이거나 혹은 어떤 무기를 발사할 것입니다. 이런 기능들을 구현해야 합니다.

먼저 일정한 경로를 따라 움직이는 경우를 생각해 봅시다. 이것을 달성하는 데는 여러 가지 방법이 있으나 여기서는 비교적 간단하게 복잡한 경로를 따라 이동하는 것도 가능한 미들웨어인 iTween을 활용하는 방법을 쓰겠습니다. 우선 에셋 스토어에서 iTween Visual Editor를 다운받습니다.

→ https://www.assetstore.unity3d.com/kr/#!/content/180

그리고 임포트한 후 샘플씬 폴더에서 샘플을 열어보

면 대강 감을 잡을 수 있습니다. 핵심은 씬 화면 위에서 물체가 움직이게끔 하고 싶은 경로를 만들어놓고 그 위로 움직이게 하는 것입니다. 우선 테스트로 이동경로를 하나 만들어 봅니다. 빈 게임 오브젝트를 하나 만들고 거기에 iTweenPath 스크립트를 붙입니다. 그리고 Node Count를 늘리면 경로의 각 지점을 직접 씬 화면에서 보면서 설정할 수 있습니다.

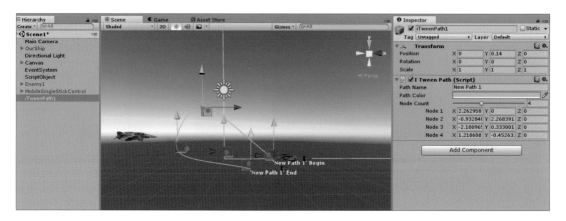

이 상태에서 게임을 실행해보면 적군 기체가 경로를 따라 움직이는 것을 볼 수 있습니다. 그런데 굉장히 빨리 움직입니다. 따라서 이 속도를 조절할 필요가 있습니다. 속도를 조절하는 데에는 2가지 방법이 있습니다. 먼

저 time 항목에 체크하고 값을 주면 그 시간(초) 안에 설정해둔 경로의 처음부터 끝까지 움직이게 됩니다. 따라서 속도를 빠르게 하고 싶다면 이 시간을 적은 값으로 하면 빨리 돌아야 하니까 속도가 빨라질 것입니다. 또 하나는 speed 값으로 직접 속도를 지정할 수 있습니다. 이러면 시간과는 관계없이 이 속도대로 움직입니다.

처음엔 각종 설정값들이 많아서 굉장히 복잡하게 보일 것입니다. 중요한 것은 경로와 경로이동시간, 그리고 이동타입(easetype)입니다. ❶ path에서 드롭다운 항목을 이용해 설정해둔 아이트윈 패스 목록에서 사용할 패스를 선택해줍니다. 그리고 ❷ time 항목에서 경로이동시간을 지정해주고, ❸ easetype은 움직일 때 어떤 패턴으로 움직이느냐 하는 것으로서 아무 패턴을 주고 싶지 않으면 Linear로 선택하면 됩니다.

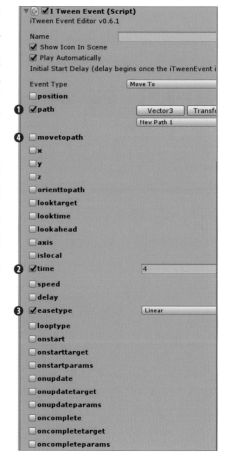

각 타입이 어떤 패턴을 가지느냐는 이 사이트(http://robertpenner.com/easing/easing_demo.html)에서 타입을 선택하고 화면 상의 위치를 마우스로 찍어보면 공이 선택된 타입대로 움직이게 됩니다. 이 움직임을 보고 해당 타입이 어떤 움직임을 보여주는지 미리 알 수 있습니다.

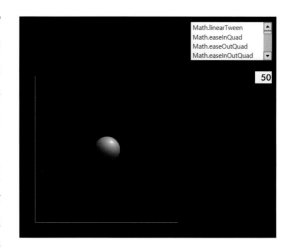

❹ 또 movetopath 변수는 물체의 현재 위치에서 이동경로로 선택된 경로의 시작 위치까지 움직이게 할 것이냐 입니다. 설정하지 않으면 기본적으로 true로 되어있어서 시작위치까지 움직입니다. false 로 바꾸면 현재의 위치에서 경로의 시작위치까지는 순간이동 한 후에 시작위치부터 종료위치까지 경로대로 움직이게 됩니다.

그리고 밑의 on으로 시작하는 시리즈들은 이동의 시작 시, 중간, 종료 시에 호출되는 함수명(string값)이 함수를 가지고 있는 게임 오브젝트, 그리고 이 함수에 할당할 매개변수를 지정해줄 수 있습니다. 자세한 것은 이 페이지(http://itween.pixelplacement.com/documentation.php)를 보면 됩니다.

이제 적군기체의 움직임을 만드는 방법을 알아 보았습니다. 적군도 여러 개를 만들고 각각 마다 다른 경로를 움직이게 해야 게임이 풍성해집니다. 또한 이동 경로도 여러 개 만들어 두고 매번 그 경로 중에서 랜덤하게 선택하여 이동하게끔 하는 것도 좋습니다.

적군 기체의 무기발사 및 공격에 관해서는 아군 기체와 동일한 방법으로 구현이 가능하므로 여기서 반복하지 않겠습니다. 이제 적군 기체의 기본적인 기능들은 이렇게 구현하면 됩니다.

# SECTION 04 ㅣ 배경 만들기 및 움직이기

이제 게임배경을 만들고 그것을 움직여 보겠습니다. 이는 게임의 스테이지(배경)을 만드는 작업으로서 게임의 분위기를 살리는 주된 요소입니다.

# 1. 화면 해상도 설정

우선 화면 사이즈를 생각해 봅시다. 일단 우리 게임은 가로로 긴 형태이므로 폰을 가로로 쥐고 플레이 하는 것에 맞추는 것이 자연스럽습니다. 폰을 가로로 놓으면 보통 폰의 해상도로 볼 때 최소 가로 1920, 세로 1080이 됩니다. 따라서 이 풀해상도로 게임을 맞추겠습니다. 먼저 하이어아키에서 Canvas를 선택하고 인스펙터에서 설정값을 다음과 같이 합니다.

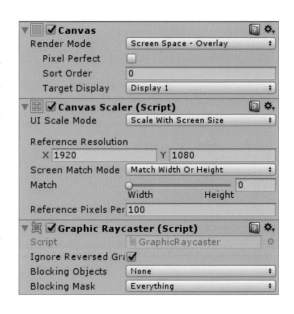

다른 것은 바꾼 것이 없고 Canvas Scaler에서 UI Scale Mode를 Scale With Screen Size로 하고 가로 세로에 해당하는 X, Y 값을 1920, 1080으로 바꿨습니다. 그리고 게임화면 표시해상도에서 풀해상도를 만들고 설정합니다. Scale With Screen Size 로 선택하면 다양한 폰의 각종 해상도에 맞춰서 알아서 UI의 전체적인 사이즈와 위치를 조절해주므로 편합니다.

이 메뉴에서 맨 밑의 ⊕ 버튼을 누르고 가로 1920 세로 1080이 되도록 하고 이름, Label란에는 FHD라는 이름으로 하고 OK 를 눌러 만들었습니다. 화면이 커져서 상대적으로 기체를 움직이는 조이스틱의 크기가 작아졌습니다. MobileJoystick 오브젝트를 찾아서 Width Height를 각각 150~200 정도의 크기로 키워줍니다. 그럼 이것으로 화면의 설정은 다 되었습니다. 이제 이 해상도에 맞게끔 배경 이미지를 만들고 움직여야 합니다.

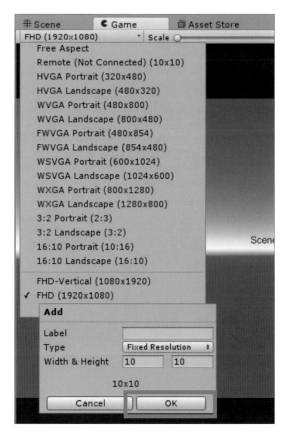

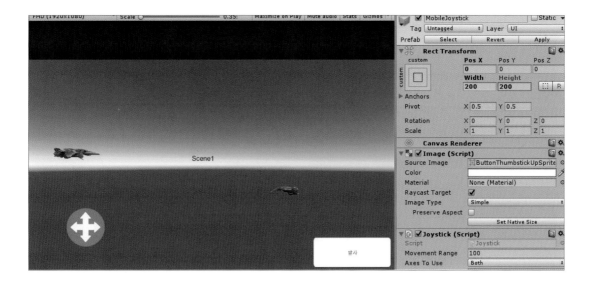

## 2. 배경 만들기

배경으로 사용할 이미지가 필요합니다. 에셋 스토어에서 다음 에셋을 다운로드 받습니다.

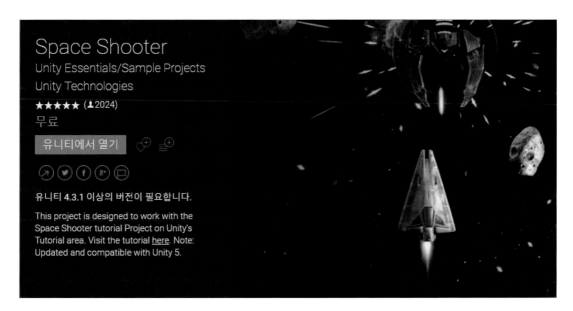

유니티 자체에서 제작한 튜토리얼용 에셋입니다. "유니티에서 열기" 버튼을 클릭해서 유니티에서 같은 창이 열리면 다운로드 후 임포트합니다. 임포트 할 때 여기서 사용할 것들만 임포트하면 됩니다.

임포트 한 후 Textures 폴더에 보면 tile_nebula_green_dff라는 이름의 이미지가 있습니다. 이것을 배경으로 쓰려고 합니다.

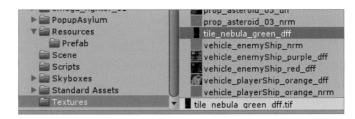

인스펙터를 보면 여러 가지 설정을 할 수 있습니다. 맨 위의 텍스쳐 타입에서 보통 UI용으로 쓸 때는 Sprite로 많이 바꿉니다. 보통 다른 것은 크게 건드릴 일이 많지 않고 맨밑에 포맷과 Max Size를 조정할 일이 많습니다. 폰에 들어가는 게임은 가급적 용량을 적게 하는 것이 중요하며, 이를 위해서 그림과 사운드 파일을 압축하는 것이 필요합니다. 그러나 너무 압축해 버리면 퀄리티가 많이 떨어집니다. 따라서 용량과 퀄리티를 모두 어느 정도 만족시키는 중간의 최적값을 찾아서 적용시키는 것이 좋습니다. 여기에는 정답은 없고

각 게임과 기획자의 기획방향에 맞게끔 해야 합니다. 일단 여기서는 아무 값도 건드리지 않고 그대로 두겠습니다.

배경 이미지를 만들기 위해 먼저 상단 메뉴에서 GameObject → 3D Object → Quad를 선택합니다.

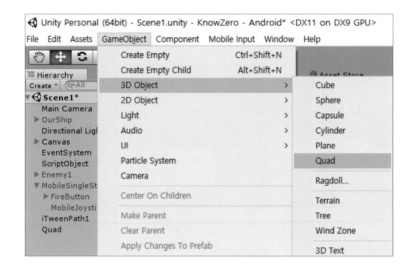

이 쿼드 오브젝트에 이미지를 잡고 끌어서 놓습니다. 그럼 자동으로 Material이 생성되고 거기에 텍스쳐가 입혀져서 세팅 됩니다. 쿼드의 위치와 스케일 값을 조정해서 카메라로 봤을 때 뒤에 넓게 위치하여 배경으로 기능하도록 합니다.

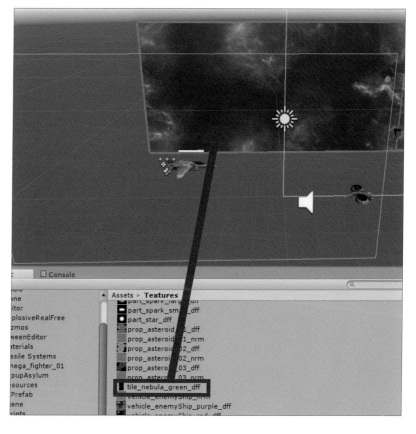

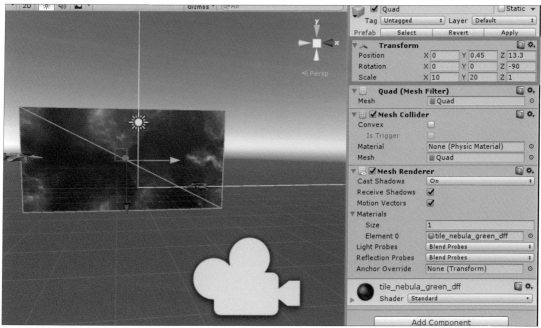

Z값을 13, 스케일 X, Y 값을 10, 20으로 세팅했습니다. 그리고 각도에서 Z값을 -90을 줘서 옆으로 기울였습니다. 이것은 원래 이미지가 가로 세로 비율이 1 : 2로서 세로로 길쭉한 형태이므로 원래의 이미지의 비율대로 스

케일을 맞춰줘야 이미지가 왜곡되지 않고 자연스럽게 표현되기 때문입니다. 그런데 우리 게임은 가로로 긴 형태이므로 배경 이미지를 옆으로 90도 눕힌 것입니다.

Quad 이름을 BackgroundImage로 바꿨고 이것을 그대로 복사하여( Ctrl + D 키) 자식물체로 위치시켰습니다. 그리고 가로로 길게 이어지게 하기 위해서 자식물체의 포지션의 Y값을 1로 했습니다.

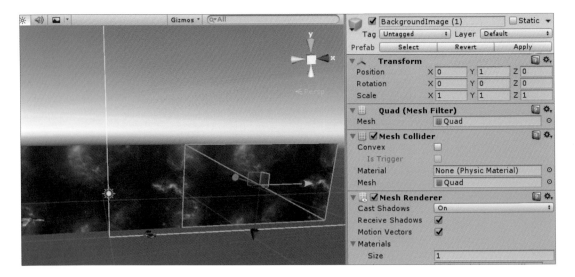

이제 배경이 만들어졌으니 배경을 조금 움직여 보겠습니다. 기체가 왼쪽에서 오른쪽으로 진행하고 있는 설정이므로 배경은 그와 반대로 우에서 좌로 움직이는 게 자연스럽습니다.

배경을 움직이는 것은 게임매니저 스크립트에서 담당하도록 하고 다음 코드를 추가합니다.

## ✅ 배경 만들기 #1

```
public class GameManager : MonoBehaviour
{
    public float scrollSpeed;
    public float length;
    public Transform backTransform;

    private bool moveOn;
    void Start ()
    {
      ❶ StartCoroutine(MoveBackground());
    }
    IEnumerator MoveBackground()
    {
        Vector3 startPosition = backTransform.position;
        moveOn = true;
      ❷ while (moveOn)
        {
            float newPosition = Mathf.Repeat(Time.time*scroll-
Speed, length);
            backTransform.position = startPosition + Vector3.
left*newPosition;
            yield return null;
        }
    }
}
```

먼저 ❶ StartCoroutine이란 것이 나왔습니다. 매우 자주 쓰이는 코드로 어떤 작업이 완료될 때까지 전체적인 게임 진행을 멈추거나 일정시간 동안 어떤 작업을 별도로 하게 할 때 사용됩니다. StartCoroutine 다음에 함수 이름을 쓰고 매개변수도 같이 줄 수 있습니다. 여기서는 매개변수 없는 기본적인 코루틴을 사용합니다. 다른 함수와 달리 void가 아닌 IEnumerator라는 키워드를 씁니다. 그리고 이것은 내부에서 반드시 값을 리턴해야 합니다. 아무것도 리턴 할 것이 없으면 yield return null; 이런 식으로 쓰면 됩니다. 내부에서 ❷ while() 이런 식으로 썼는데 이것은 while 다음의 괄호 안의 조건문이 참이면 그 다음의 문장을 계속 돌리면서 실행시키게 됩니다. 여기서는 별도의 불린(bool, 혹은 Boolean)값인 moveOn을 두고 만약 배경이 스크롤링 되는 것을 멈추고 싶다면 이 코루틴을 멈추거나 (StopCoroutine 명령어로) 혹은 moveOn을 false로 바꿔주면 됩니다. IEnumerator 안에서 몇 초간 기다리는 것도 많이 사용되는데 이를 위해서는 yield return new WaitForSeconds(waitTime) 이런 식으로 쓰면 됩니다. 괄호 안의 waitTime 에 float 값으로 기다릴 시간을 지정해주면 됩니다. 이 코루틴에 대한 자세한 것 및 추가적인 팁은 필자의 유데미 강의를 참조하면 됩니다.[6]

여기서는 backTransform 변수에 배경 이미지를 등록해놓고, 이것의 포지션을 계속 바꿔주는 식으로 스크롤

---

6 https://www.udemy.com/unity-lecture-2-how-to-make-turn-based-card-game

링을 표현합니다. Mathf.Repeat는 이 페이지(http://docs.unity3d.com/ScriptReference/Mathf.Repeat.html)에 자세한 설명이 나와 있으며, 어떤 값을 0부터 특정한 최대값 이하로 고정시키는 것입니다. 만약 어떤 값이 최대값을 넘어가면 그 값을 다시 0으로 만들어서 다시 시작하게 합니다. 예제를 보면 Mathf.Repeat(-Time.time,3)이라고 하면 이 값은 시간이 지남에 따라 0부터 점점 증가하게 되지만(시간이 증가하는 속도대로 증가함) 3보다는 큰 값이 되지 않습니다. 따라서 3이되고 그걸 넘어서는 순간 다시 0이 되고 0부터 다시 값이 증가합니다. 즉 0~3을 계속 반복하게 됩니다. 3이 된 후에 값이 줄어들어서 0이 되는 것이 아니라 3을 넘어서면 즉시 0이 되어서 다시 올라간다는 것에 주의해야 합니다. 즉 배경이미지가 왼쪽으로 스크롤링되고, 일정한 값에 다다르면(이미지의 가로길이의 끝) 다시 처음으로 돌아가서 반복하므로 유저가 보기에는 배경이미지가 계속 끝없이 움직이는 것처럼 보이게끔 할 수 있는 것입니다. 이때 이미지의 왼쪽 끝부분과 오른쪽 끝부분이 겹치므로 두 부분이 겹쳐도 자연스럽게 보여야 합니다. 그렇지 않으면 어긋난 이미지로 인해 위화감이 생깁니다. 여기서 사용하는 유니티에서 제작한 이미지는 좌우가 맞게끔 되어 있어서 2장으로 만들어 좌우를 겹쳐서 쓰는 것입니다.

이제 게임매니저의 인스펙터에서 Scroll Speed(스크롤 스피드)와 렝쓰(Length)를 설정합니다.

스피드는 게임을 실행해보면서 적당하다고 생각하는 배경 이미지가 움직여야 할 속도를 지정해주면 되고 렝쓰는 20정도로 했습니다. 배경 이미지의 Y스케일 값을 20으로 설정했기 때문입니다. 이보다 작으면 한 번 스크롤 다 된후 뚝뚝 끊어지면서 돌아가는 게 게임을 플레이 하는 와중에 눈에 보이게 되므로 안 됩니다. 이제 게임을 플레이 해보면 배경이 왼쪽으로 스크롤링 되는 것을 볼 수 있습니다. 우리의 의도대로 완성되었습니다.

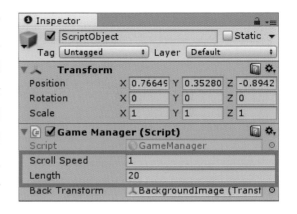

# CHAPTER 09

# 이펙트 및 애니메이션

게임 그래픽의 한 분야인 이펙트와 애니메이션은 게임을 게임답게 꾸미는 기능을 합니다. 게임의 몰입감을 높이고 게임의 전반적인 퀄리티와 심지어 게임성에까지도 영향을 미칠 수 있는 매우 중요한 부분입니다. 그래픽이란 요소가 한 번 눈에 익으면 그 다음부터는 게임을 하는데 있어 전혀 관계없다고 하지만 그래픽이 나쁘면 아예 처음부터 그 게임을 하지 않으려는 사람들이 있는 것도 사실입니다.

# 09
# 이펙트 및 애니메이션

## SECTION 01 | 이펙트 만들기

유니티는 자체에서 이펙트를 만들 수 있습니다. 상단 메뉴에서 GameObject → Particle System을 선택하면 됩니다. 그럼 인스펙터에서 파티클 시스템과 관련된 다양한 설정을 할 수 있는 툴이 나옵니다. 여기서 다양하게 설정을 바꿔서 각종 이펙트를 제작할 수 있습니다. 그러나 직접 해보면 알 수 있지만 이 일은 굉장히 전문적이고 또 시간이 많이 걸리는 일입니다. 시간을 들여도 노하우를 모르면 퀄리티 있게 만들기 매우 힘듭니다. 그래서 대개 기업에서는 별도로 게임 이펙트 전문가를 고용하거나 키우며, 개인은 주로 에셋 스토어에서 이미 만들어져서 팔고 있는 이펙트를 사서 하는 경우가 많습니다. 이펙트까지 혼자 다 하기에는 너무나 많은 시간과 노력이 들기 때문입니다. 그리고 투입하는 시간에 비례하여 퀄리티가 스토어에서 파는 에셋보다 좋게 나오기도 힘듭니다. 하지만 이펙트를 사서 한다고 해도, 기본적인 수정 방법은 알아두는 게 좋습니다. 그래서 여기서는 간단한 이펙트를 만들어 보면서 기본적인 옵션들에 대해서 알아보겠습니다.

먼저 위에서 나온 대로 파티클 시스템을 하나 생성합니다.

여기서 Particle System 항목은 기본적인 사항들을, 그 밑으로 왼쪽에 흰색 동그라미가 있는 항목들은 체크를 하면 활성화되며 기타 각종 사항들을 활성화하여 조정할 수 있습니다. 우선 여기서 만들고자 하는 것은 아군 기체 뒤에서 엔진이 구동되고 있다는 것을 나타내는 엔진출력 이펙트입니다. 처음 파티클을 생성한 상태에서 보면 흰색 알갱이 같은 것이 뿜어져 나오는 모습을 하고 있습니다. 이것을 아군 기체에 자식물체로 만들고 트랜스폼을 조절하여 기체 뒤에서 나오는 형태로 우선 만들었습니다.

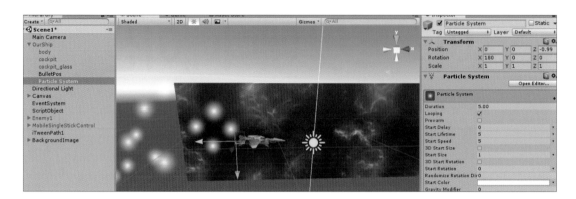

그리고 Shape 항목에서 Cone을 Mesh로 바꿨습니다. 또 꼬리가 너무 길기 때문에 Start Lifetime을 약 0.3 정도로 줄이겠습니다. Start Lifetime 항목의 오른쪽 끝에 보면 삼각형의 드롭다운 메뉴 ▼가 있는데 펼쳐보면 4가지 서브메뉴가 나옵니다. Constant 는 고정된 수치를 입력할 수 있고, Curve는 수치의 변화를 커브형태로 조절할 수 있습니다. 커브를 선택한 후 하단의 커브그래프가 나오면 마우스 우클릭을 해서 Add Key 버튼을 누르면 키가 추가되어 그 지점을 기점으로 그래프의 기울기와 각도를 마음대로 조절할 수 있습니다. 4가지 항목 중에 밑에 Random Between 시리즈는 2개의 값을 설정하고 그 중의 하나를 랜덤 하게 선택하여 적용하는 기능입니다.

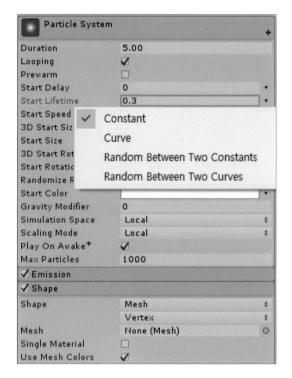

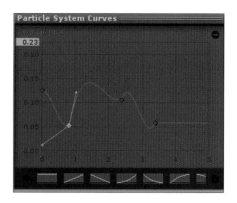

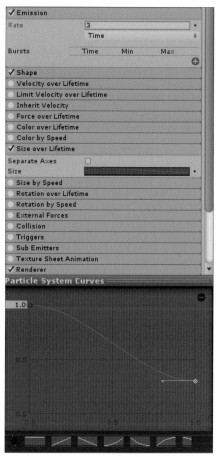

다시 수치조정으로 돌아가서, 입자가 좀 커 보이므로 약간 줄이 겠습니다. Start Size를 1이하의 수치로 합니다. 여기서는 0.3 정도로 고쳤습니다. 꼬리가 너무 길게 보이므로 Start Speed 도 1.3정도로 수정하겠습니다. 또 입자간격을 좀 더 촘촘하게 하기 위해 Emission 항목에서 Rate를 약 15정도로 고쳤습니다. 그리고 입자의 크기가 처음과 끝이 동일해서 심심하므로 처음에 엔진에서 나올 때는 크고 멀어질수록 크기가 작게끔 하겠습니다. 이를 위해서 Size over Lifetime 항목에 체크하여 활성화한 후 Size의 오른쪽 끝 점을 클릭 후 드래그하여 밑으로 좀 내립니다.

또 엔진출력 이펙트이므로 색깔이 하얀색이면 좀 밋밋합니다. 따라서 Start Color 항목에서 Gradient를 선택합니다. 그리고 다시 항목을 클릭하면 별도의 색깔을 설정할 수 있는 창이 나옵니다.

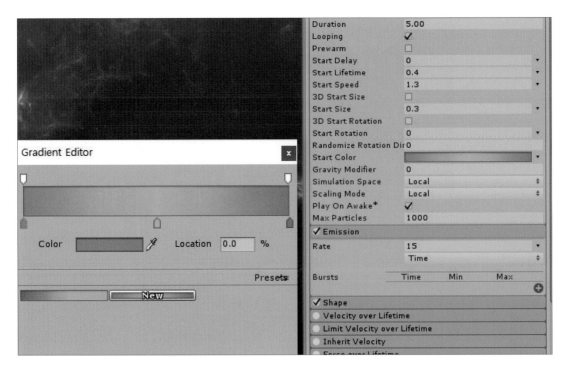

여기서 그래프의 가운데쯤에 마우스 왼클릭하여 위치눈금을 하나 만든 후 각 눈금자를 클릭하여 색깔을 지정해 줍니다. 처음과 끝의 색깔을 비슷하게 했는데 왜냐하면 한 번 입자가 사출되어서 나온 후에 색깔이 위 그래프를 따라서 변해가는데 양쪽 끝의 색깔이 다르면 갑자기 다른 색이 나오기 때문입니다. 이펙트에 따라서 다른 문제입니다만 여기서는 엔진출력이 지속적으로 나오는 것이므로 갑자기 색깔이 바뀌면 이상하게 느껴지므로 이렇게 양쪽 끝의 색을 비슷하게 맞춘 것입니다. 이제 게임화면에서 확인하면 이렇게 됩니다.

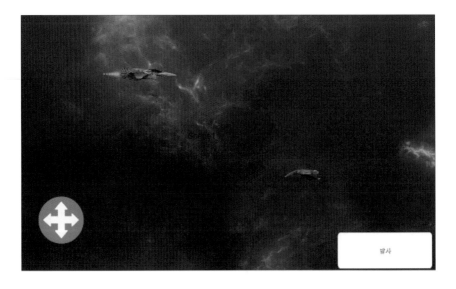

각자 게임 실행을 해보고 각종 수치를 자신이 보기에 적당하게끔 나름대로 수정해 보시기 바랍니다. 여기서는 이 정도로 해두겠습니다. 마지막으로 파티클 시스템의 이름을 Engine Effect 등 적당한 것으로 바꿔주고 OurShip 물체의 자식물체로 되어 있는지 확인하면 끝입니다. 그럼 기체가 움직일 때 항상 따라다닐 것입니다.

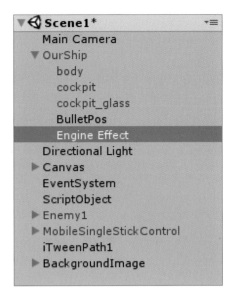

## SECTION 02 │ 애니메이션

애니메이션도 굉장히 전문적인 분야입니다. 게임에서는 캐릭터들을 살아서 움직이게 하는 분야이므로 매우 중요하고 또 애니메이션 퀄리티에 따라 게임성이나 게임의 전반적인 퀄리티가 크게 좌우되기도 합니다.

그래서 보통 개인이나 소규모인력으로 게임을 제작하는 경우에는 애니메이션을 구입하는 경우가 많습니다. 3D 게임모델링에 보통 애니메이션까지 같이 붙어서 나오는 경우가 많고 그게 아닌 경우는 별도로 애니메이션 동작만 사서 가지고 있는 3D 모델의 뼈대에 적용시키는 방법도 있습니다.

일단 여기서는 유니티에서 제공하는 기본적인 애니메이션 관련 기능들에 대해서 간단히 보는 수준 정도로 다루겠습니다. 게임에서 필요로 하는 것을 실제로 만들면서 기능을 알아보면 이해가 빠를 것이기에 데미지 수치에 간단한 애니메이션을 적용하여 아군 혹은 적 기체가 피격 시 데미지가 생성되고 그 데미지 표시가 위로 스크롤되면서 올라가는 부분을 애니메이션으로 구현해 보겠습니다.

먼저 상단메뉴에서 GameObject → UI → Text를 클릭하여 텍스트 UI를 하나 만듭니다. 그리고 이름을 Damage로 바꿨습니다.

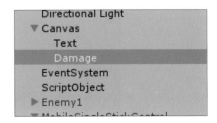

그리고 폰트사이즈가 너무 작으므로 좀 늘리고 색깔도 알아보기 쉽게 흰색으로 바꿨습니다.

또 Horizontal Overflow / Vertical Overflow 항목을 모두 Overflow로 설정하여 데미지 트랜스폼의 Width와 Height에 관계없이 폰트사이즈 조절만으로 크기가 조정될 수 있도록 했습니다.

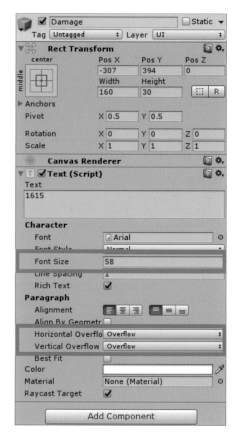

그리고 위치를 조정하여 아군 기체 위에서 나타났을 때의 크기나 위치 등을 가늠해 봅니다. 이때 씬 화면을 보면 UI만 크게 나타나므로 게임화면을 봐야 알 수 있습니다.

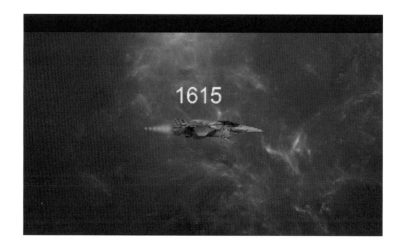

여기서 기체가 데미지를 입으면 이 수치가 기체 위에서 나타나 위쪽 방향으로 올라가면서 사라지게끔 하고 싶다고 가정해 보겠습니다. 우선 위로 올라가도록 만들어야 됩니다. 어떻게 해야 할까요? 트랜스폼의 위치값을 직접 스크립트로 조정할 수도 있지만 여기서는 애니메이션 챕터이므로 애니메이션으로 해보겠습니다.

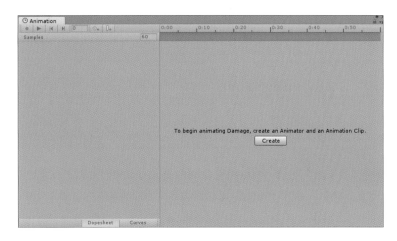

상단메뉴 Window → Animation으로 애니메이션 창을 띄웁니다. 그리고 **Create** 를 누르고 원하는 폴더에 원하는 여기서는 리소스 폴더에 damage라는 이름으로 만들었습니다.

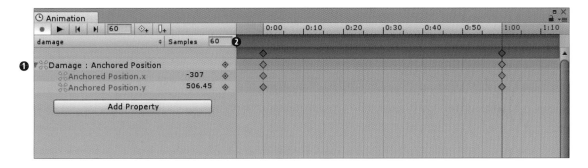

그리고 하이어아키에서 Damage가 선택된 상태로 애니메이션 윈도우에서, Add Property 버튼을 눌러 나오는 항목 중 ❶ Damage : Anchored Position을 선택합니다. 그리고 오른쪽 끝의 키에 가서 Anchored Position.y값으로 적당하게 높은 값을 넣어줍니다. 여기서는 506정도로 했습니다. 애니메이션 윈도우 창의 플레이 버튼을 눌러보면 우리가 원하는 대로 데미지 수치 표시 UI가 위로 올라가는 것을 볼 수 있습니다. 여기까지 해도 기본적인 것은 완료됩니다.

게임을 플레이 해보면 데미지 수치가 위로 올라간 후에 다시 처음 포지션에서 시작해서 또 올라가는 것을 볼 수 있습니다. 이를 한 번 끝까지 올라간 후에는 멈추도록 하려면 애니메이션 파일을 선택 한 후 인스펙터에서 Loop Time을 체크 해제하면 됩니다.

창의 다른 부분에 대해서 잠시 설명하면 위에서 ❷ Samples란에 수치를 입력하면 전체의 작업구간의 범위가 그 수치만큼 줄어들거나 늘어납니다.

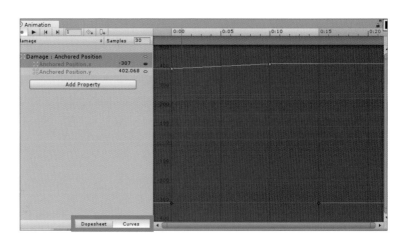

또 창의 하단부에는 Dopesheet와 Curves가 있어서 번갈아 가면서 확인하고 조작할 수 있습니다. 세로로 긴 빨간선은 현재 그 선이 위치한 상태에서의 애니메이션 유니티 화면에서 확인할 수 있으며 좌우로 움직여서 현재 프레임을 확인 후 그 위치에서 키를 추가한다든가 하는 각종 조정을 할 수 있습니다. 그래프 범위를 넓히거나 좁히려면 스크롤 바의 끝부분을 잡고 끌면 됩니다.

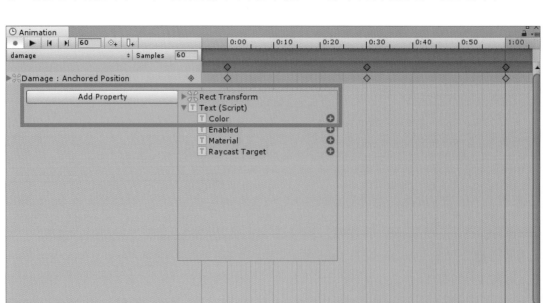

애니메이션 창에서 Add Property → Text (Script) → Color 오른쪽 옆의 ⊕ 아이콘을 클릭합니다. 그리고 애니메이션의 끝부분에 빨간색 커서를 둡니다. 글자가 사라지게 하기 위해서 글자색의 알파값을 조절해서 점점 투명하게 만들어야 되는데 애니메이션의 끝부분에서 0이 되게 하면 되기 때문입니다. 그리고 Color.a 항목에서 0을 입력합니다.

이제 애니메이션 창에서 플레이버튼을 눌러서 숫자가 올라가면서 사라지는지 확인해 봅니다. 여기서 추가로 자신의 마음에 들게끔 조정을 마쳤다면 끝입니다. 지금은 애니메이션 하나를 만든 것이었지만 유니티에서는 이렇게 만들어진 각 애니메이션들을 엮어서 상황에 맞는 애니메이션이 나오게끔 하는 좀 더 복잡한 작업도 할 수 있습니다. 이제 이 데미지 표시가 기체가 데미지를 입었을 때 나타나게 해야 합니다. 이를 위해서 몇 가지 바꿔야 할 것이 있습니다.

먼저 위에서 만든 Damage를 별도의 캔버스 오브젝트의 밑에 두고 이것을 OutShip 물체 밑에 둡니다.

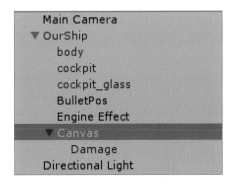

그리고 캔버스의 설정값을 다음과 같이 바꿉니다. Render Mode를 월드 스페이스로 바꿔줘야 합니다.

원래 있던 캔버스의 설정값이 아닙니다. 데미지 표시 UI를 위해 별도로 만든 캔버스인 것에 주의하세요.

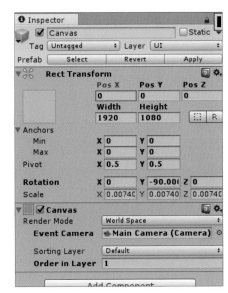

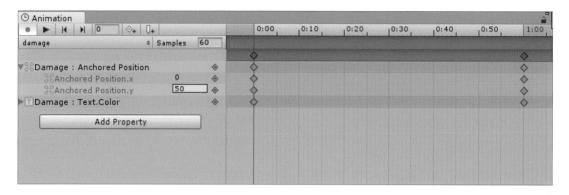

그리고 Damage를 선택한 상태에서 다시 애니메이션 윈도우를 열어 애니메이션의 처음과 끝의 Anchored Position 의 X값은 모두 0으로, Y값은 50, 150으로 바꿔줍니다.

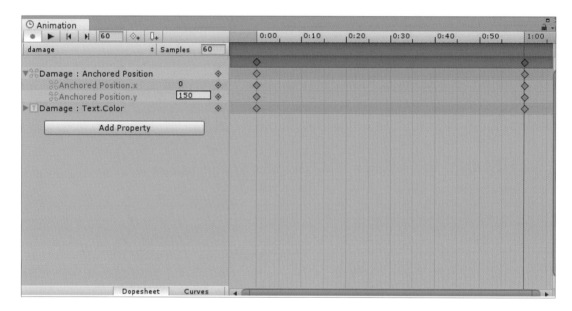

정확히 기체보다 약간 위에서 시작되어 위로 스크롤 되기 위해서 값을 이렇게 설정한 것입니다.

이제 이 캔버스 오브젝트 자체를 이름을 바꾸고 프리팹으로 만듭니다.

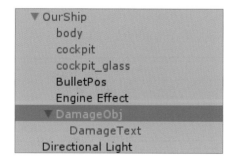

이제 이 데미지 프리팹이 생성되게 하는 스크립트를 짜야 합니다. AllyShip 스크립트를 다음과 같이 수정, 추가했습니다.

✅ 애니메이션 #1

```
public class AllyShip : Ship, IAlly
{
    public static AllyShip Instance;
    public int defenseRate;
    public MissileWeapon missileWeapon;
    public BulletWeapon bulletWeapon;
    public List<WeaponClass> weapons = new List<WeaponClass>();
    public WeaponClass thisWeaponClass;
    public Weapon thisWeaponSort;
    ❶ public GameObject damPrefab;

    void Start()
    {
        weapons.Add(missileWeapon);
        weapons.Add(bulletWeapon);
        thisWeapon = Weapon.Missile;
    }

    void Update()
    {
        if (Input.GetKeyDown("a"))
        {
            DealDamage(3);
        }
    }
    public override void DealDamage (int dam)
    {
        float finalDamage = dam - dam * (defenseRate / 100);
        HP -= (int)finalDamage;
        ❷ GameObject damObj = (GameObject)Instantiate(damPrefab,
transform.position, Quaternion.identity);
        damObj.GetComponentInChildren<Text>().text = finalDamage.
ToString();
        ❸ damObj.transform.parent = transform;
    }
    public override void OnConflict (GameObject other)
    {
        if (other.GetComponent<EnemyShip>() != null)
        {
            DealDamage(other.GetComponent<EnemyShip>().collid-
eDamage);
        }
    }
}
```

먼저 생성될 데미지 프리팹이 필요하므로 ❶ damPrefab 변수로 선언했습니다. 또 업데이트에서는 데미지 표시를 생성시키는 것을 테스트 하기 위해 임시로 A 키를 누르면 생성되게끔 했습니다. 그리고 DealDamage 부분에서 이제 데미지 프리팹을 생성시킵니다. 기체의 현재위치에서 생성되어야 하므로 transform.position 으로 이 스크립트 즉 AllyShip이 달려있는 물체인 아군기체를 가리키는 것이 transform이고 이 기체의 현재 위치값이 position입니다. 이것을 읽어와서 이 위치에서 ❷ Instantiate 명령어로 생성시킵니다. 그리고 데미지를 표시해야 되므로 GetComponentInChildren으로 자식 물체 중에 Text 타입의 컴포넌트를 읽어와서 이것의 텍스트를 현재 받은 데미지 수치로 바꿔줬습니다. 이 데미지 표시는 기체가 움직여도 계속 따라다녀야 하므로 ❸ damObj.transform.parent = transform;으로 데미지 표시의 부모물체로 기체를 지정해 준 것입니다. 이렇게 하지 않으면 데미지가 표시되고 올라가는 와중에 기체가 다른 곳으로 움직여 버려도 데미지 표시가 따라가지 않으므로 어색하게 보입니다.

이제 AllyShip 스크립트에 데미지 프리팹을 Dam Prefab 변수 항목에 등록하고 게임을 실행하여 A 키를 눌러봅니다.

이렇게 기체 위의 약 50만큼 위로 떨어진 y지점에서 생성되어 150까지 위로 올라가면서 희미해지는 표시가 나타났다면 성공입니다. 우리가 원하는 대로 되었습니다.

그런데 기체를 상하좌우로 움직이면서 테스트 해보면 조금 이상한 점이 있습니다. 우리는 앞에서 기체를 상하로 움직일 때 약간 기울어지게 했습니다. 그러다 보니 기울어졌을 때 생성된 데미지 표시도 각도가 약간 기울어지는 현상이 나타난 것입니다. 게임을 실행한 후 a키를 연타하여 많은 데미지 표시를 생성시켜 놓고 각 물체를 찍으면서 각도를 확인해보면 x값이 크게 다른 것들 것 있음을 알 수 있습니다. 그럼 생성되고 나서 각도가 휘어지지 않도록 강제로 고정시키면 됩니다. 다음 라인을 데미지 표시가 생성되고 난 후에 추가합니다.

```
damObj.transform.localEulerAngles = new Vector3(0, -90f, 0);
```

이는 강제로 물체의 각도를 특정 값으로 고정시켜 버리는 코드입니다. 이제 다시 실행해보면 각도가 위에서 지정해준 대로 나옴을 볼 수 있습니다. 이제 거의 다 됐습니다. 마지막으로 해야 할 일은 생성된 데미지 표시를 일정 시간이 지난 후에 제거하는 일입니다. 그렇게 하지 않으면 계속 게임에 남게 되어 퍼포먼스 저하 등등 여러모로 좋지 않기 때문입니다. 이것 역시 간단합니다. 생성된 데미지 오브젝트에 대한 레퍼런스가 있으니 그것을 그대로 Destroy 명령어에 넣어주기만 하면 됩니다. 얼마의 시간 후에 파괴시킬 것인가는 적당히 정해주면 됩니다. 글자가 위로 완전히 다 올라간 후가 되어야 하는 것은 당연합니다.

최종적으로 이런 것들이 추가된 코드는 아래와 같이 됩니다.

### ✔️ 애니메이션 #2

```
public override void DealDamage (int dam)
    {
        float finalDamage = dam - dam * (defenseRate / 100);
        HP -= (int)finalDamage;
        GameObject damObj = (GameObject)Instantiate(damPrefab,
transform.position, Quaternion.identity);
        damObj.GetComponentInChildren<Text>().text = finalDamage.
ToString();
        damObj.transform.parent = transform;
        damObj.transform.localEulerAngles = new Vector3(0, -90f,
0);
        Destroy(damObj, 3);
    }
```

이상으로 간략하게 유니티 애니메이션에 대해서 알아보았습니다. 애니메이션은 게임캐릭터 등 3D오브젝트 뿐만이 아니라 2D물체, 혹은 UI에도 많이 사용되고 있습니다. 자신의 게임에서 애니메이션이 매우 중요하다면 본격적으로 파고들어가 보는 것도 나쁘지 않습니다.

# CHAPTER 10

# 스테이지 만들기
## 및 게임매니저

# 10
# 스테이지 만들기
## 및 게임매니저

## SECTION 01 | 스테이지 및 게임 진행 ▼

어느 정도 기본적인 오브젝트를 만들고 움직이는 것에 대해서 알아봤으면 이제 좀 더 넓은 스케일의 게임기능을 생각해볼 차례입니다. 보통 슈팅게임에서는 스테이지 개념이 있습니다. 그리고 더 넓게는 장면 개념이 있습니다. 보통 게임을 처음 실행시키면 타이틀 화면이 나옵니다. 거기에 각종 메뉴가 나열되어 있고, 그것을 눌러서 옵션 화면이나 상점, 게임 시작, 튜토리얼(게임 연습모드) 등으로 넘어가게 되는 것입니다. 게임을 시작한 후에는, 슈팅 게임을 예로 들면, 스테이지가 시작되고 적들이 나옵니다. 아군 기체를 움직여서 적을 물리치며 플레이하다가, 보스가 나오거나 이벤트가 발생합니다. 그리고 그것이 끝나면 결과를 처리하는 화면이 나옵니다. 여기서 점수만 보여주고 간단하게 넘어가는 게임도 있고 아예 멈추고 유저로 하여금 휴식할 시간을 주고 기체의 업그레이드 등을 할 수 있는 화면으로 넘어가는 경우도 있습니다. 그리고 유저의 선택에 따라, 혹은 자동으로 다음 스테이지로 진행됩니다.

그럼 이 전체적인 게임의 장면 진행을 어떻게 만들어야 할까요? 뒤에서 이것들을 컨트롤 하면서 진행시켜주는 스크립트, 즉 코드가 필요함을 알 수 있습니다. 그리고 그것 역시 개발자가 만들어야 하는 일입니다.

여기서 어떤 식으로 게임을 진행시킬 것인지도 게임 기획의 문제입니다. 사실 이런 전통적인 구조는 이미 너무나 많은 게임에서 사용되었고 그래서 게이머들도 익숙하게 거쳐왔던 부분이기에 너무나 당연하게 여겨지는 파트입니다.

이런 게임 진행을 담당하는 코드를 짜야 하는데 어떻게 해야 할까요. 한 번 아무런 배경지식이 없는 상태에서 생각해 봅시다. 뭔가가 게임의 장막 뒤에서 모니터링 하고 있다가 개발자가 게임 상에 마련해 놓은 어떤 버튼을 유저가 누르면 그 때, 혹은 게임 안의 어떤 조건이 달성되면 그 때 게임의 장면이 바뀐다거나 진행되거나 해야 하는 것입니다. 그럼 이 코드는 계속 실행되고 있어야 함을 알 수 있습니다. 유저가 언제 입력할지, 게임 안의 조건이 언제 달성될지 모르기 때문입니다.

이 모니터링 코드를 만드는 방법으로 보통 2가지를 생각해 볼 수 있습니다. 유니티에서 기본적으로 제공하는 void Update 함수 안에 if로 시작하는 조건문을 두고 만드는 방법과 StartCoroutine으로 코루틴을 시작하는 방법입니다. Update 안에 있는 코드는 쉽게 말해 초당 수십 번씩 혹은 그 이상 호출된다고 보면 됩니다. 그럼 어느 것을 쓰면 될까요? 자신의 프로젝트에 따라 다릅니다. 비슷한 효과를 거둘 수 있으므로 어느 것을 써도 좋습니다만 StartCorotine은 일정시간 동안 혹은 어떤 다른 코드가 완료될 때까지 멈춘다든지 하는 좀 더 다양한 기능을 쓸 수 있습니다. 그리고 Update를 쓸 때는 만약 이 안에서 많은 물체들을 생성시키거나 하는 작업을 할 때는 직접 안에 쓰기보다는 매니저 형식으로 간접적으로 쓰는 게 퍼포먼스 측면에서 좋습니다.  여기서 하는 작업 정도로는 크게 눈에 띄거나 체감될만한 차이점은 없기 때문에 아무렇게나 해도 상관없습니다.[7]

업데이트를 쓸 때는 현재 게임의 상황을 나타내는 불값, 즉 bool값 변수를 생성시키거나 혹은 현재 씬의 각종 상황을 enum값으로 만든 후에 그것들을 바꾸면서 하는 식으로 해야 할 것입니다. 여기서는 좀 더 알아보기 쉽게끔 enum값을 쓰고, 또 코루틴을 써서 해보겠습니다. 이것은 게임의 진행을 컨트롤 하는 코드이므로 GameManager 스크립트에 두는 것이 자연스럽습니다.

# SECTION 02 | 게임매니저 스크립트 ▼

먼저 현재 게임의 상황, 즉 지금 어떤 장면인지 나타내는 enum값을 만들어야 합니다. 차후 복잡한 게임이나 여러분의 각 게임에 필요한 장면은 모두 다 다르므로 여기서는 가장 기본적인 것으로 어떻게 만드는지만 다루겠습니다. 방법만 알면 그대로 추가하는 것은 각자 알아서 충분히 응용할 수 있을 것입니다. 게임 장면은 처음 시작 할 때 나오는 타이틀 장면, 실제로 게임을 플레이 하는 스테이지 장면, 그리고 하나의 스테이지가 끝났을 때 중간결과를 확인하거나, 업그레이드 등을 할 수 있는 '인터미션(중간단계장면)' 등이 있습니다. 그래서 이것들을 코드로 표현하면 다음과 같이 됩니다.

✔ 게임 매니저 스크립트 #1

```
public enum GameScene
{
    Title, Stage, InterMission,
}
```

이 코드는 어떤 스크립트에 둬도 상관없습니다만 그 스크립트의 MonoBehaviour의 괄호 바깥에 둬야 합니다. 여기서는 GameManager 스크립트에서 이 enum을 많이 쓸 것 같으므로 같은 GameManager 스크립트에 두겠습니다. 물론 모노비헤이비어 바깥에 둬야 다른 스크립트에서 쓸 때도 GameManager.GameScene

---

7 더 자세한 정보는 http://blogs.unity3d.com/2015/12/23/1k-update-calls/

이라고 하지 않고 바로 GameScene이라고 쓸 수 있으므로 더 편합니다.

### ✅ 게임 매니저 스크립트 #2

```csharp
using System;
using System.Collections;
using UnityEngine;

public class GameManager : MonoBehaviour
{
    public float scrollSpeed;
    public float length;
    public Transform backTransform;

    private bool moveOn;
    void Start ()
    {
        StartCoroutine(MoveBackground());
    }
    IEnumerator MoveBackground()
    {
        Vector3 startPosition = backTransform.position;
        moveOn = true;
        while (moveOn)
        {
            float newPosition = Mathf.Repeat(Time.time*scroll-
Speed, length);
            backTransform.position = startPosition + Vector3.
left*newPosition;
            yield return null;
        }
    }
}

public enum GameScene
{
    Title, Stage, InterMission,
}
```

그럼 이 게임 장면, 즉 GameScene을 나타내는 변수를 설정하고, 이것이 바뀔 때 특정한 처리를 거치도록 하기 위해서 이 변수를 숨기고 또 바꿀 때는 특정한 처리를 거치도록 짜보겠습니다. 게임 매니저 스크립트 안에 다음과 같은 코드를 추가합니다.

현재 GameManger 스크립트의 모습은 이렇습니다.

```
private GameScene CurrentScene;

public GameScene ChangeScene
    {
        get { return CurrentScene;}
        set {
            if (value != CurrentScene)
            {
                CurrentScene = value;
                GameSceneChanged(CurrentScene);
            }
        }
    }

    public void GameSceneChanged(GameScene scene)
    {
        Debug.Log("Game scene changed to "+scene);
    }
```

먼저 현재 무슨 씬인지 나타내는 CurrentScene 변수를 설정했습니다. 그리고 앞에서 다룬 내용에서 나온 대로 속성을 바꾸는 코드를 넣고 현재 씬을 바꾸면 GameSceneChanged 함수가 실행되도록 했습니다. 여기에 씬이 바뀔 때 들어가야 될 코드를 집어넣으면 됩니다. 일단 여기서는 Debug.Log 명령어로 콘솔창에서 확인만 하는 기능을 넣어놨습니다.

그리고 이제 게임 진행, 즉 장면이 바뀌는 부분을 짜야 합니다. 앞서 코루틴을 이용한다고 했습니다. 메인으로 게임을 진행하는 루프를 만들고, 각 장면 별 코루틴을 별도로 만듭니다. 코드를 짜 넣으면 이렇게 됩니다.

✔ 게임 매니저 스크립트 #4

```
using System;
using System.Collections;
using UnityEngine;

public class GameManager : MonoBehaviour
{
    public static GameManager Instance;
    public float scrollSpeed;
    public float length;
    public Transform backTransform;
    private GameScene CurrentScene;
    private bool moveOn;

void Awake()
```

```csharp
    {
        Instance = this;
    }
❶ void Start ()
    {
        StartCoroutine(MoveBackground());
        StartCoroutine("MainGameLoop");
    }
    IEnumerator MoveBackground()
    {
        Vector3 startPosition = backTransform.position;
        moveOn = true;
        while (moveOn)
        {
            float newPosition = Mathf.Repeat(Time.time*scroll-
Speed, length);
            backTransform.position = startPosition + Vector3.
left*newPosition;
            yield return null;
        }
    }


    public GameScene ChangeScene
    {
        get { return CurrentScene;}
        set {
            if (value != CurrentScene)
            {
                CurrentScene = value;
                GameSceneChanged(CurrentScene);
            }
        }
    }


    public void GameSceneChanged(GameScene scene)
    {
        Debug.Log("Game scene changed to "+scene);
    }
    IEnumerator MainGameLoop()
    {
    ❷ for (;;)
        {
            while (CurrentScene == GameScene.Title)
            {
                yield return StartCoroutine(Title());
            }
            while (CurrentScene == GameScene.Stage)
            {
                yield return StartCoroutine(StagePlay());
```

```
                }
            while (CurrentScene == GameScene.InterMission)
            {
                yield return StartCoroutine(InterMission());
            }
        }
    }

    IEnumerator Title()
    {
        while (CurrentScene == GameScene.Title)
        {
            yield return null;
        }
    }
    IEnumerator StagePlay()
    {
        while (CurrentScene == GameScene.Stage)
        {
            yield return null;
        }
    }
    IEnumerator InterMission()
    {
        while (CurrentScene == GameScene.InterMission)
        {
            yield return null;
        }
    }
}

public enum GameScene
{
    Title, Stage, InterMission,
}
```

추가한 부분만 설명하겠습니다. 먼저 ❶ Start에서 게임시작 시 메인 게임의 루프를 시작합니다. 코루틴을 시작하는 방법으로 코루틴의 이름을 따옴표 안에 넣는 방식을 썼습니다. 나중에 혹시 이 메인 루프를 멈추고 싶을 때 StopCoroutine으로 이 루프만 멈출 수도 있게 하기 위해서입니다. 물론 꼭 코루틴 이름을 따옴표 안에 안 넣고도 변수할당으로 쓰는 방법도 많지만 여기서는 굳이 그렇게 하지 않았습니다. 그러나 이 따옴표 안에 넣는 방식은 파라미터로 하나밖에 넘겨줄 수가 없다는 점이 단점입니다.[8]

❷ 다음으로 MainGameLoop에서 for(;;)라고 썼습니다. 이것은 이 포문 안에 있는 코드들을 무조건 계속 실

---

8 http://docs.unity3d.com/ScriptReference/MonoBehaviour.StartCoroutine.html 참조

행시킬 때 씁니다. while(true)와도 같은 기능입니다. 그리고 그 다음으로 while(CurrentScene == xxxx) 부분으로 현재의 게임 장면에선 계속 그 장면에서 필요한 부분만 별도의 코루틴으로 돌립니다. 그리고 씬이 바뀌면 즉시 다른 코루틴으로 넘어가게 됩니다. 이제 각 장면에 맞는 코드를 IEnumerator InterMission() 등 필요한 부분에 집어넣으면 되는 것입니다.

그리고 씬을 변경시키려면 어떤 스크립트에서든,

### ✅ 게임 매니저 스크립트 #5

```
GameManager.Instance.ChangeScene = GameScene.Stage;
```

이렇게 호출하면 게임 장면이 바뀌고 해당 장면에 맞는 코드가 실행되는 것입니다. 같은 게임매니저 스크립트 내에서라면 GameManager.Instance 이 부분은 빼도 무방합니다.

보통 타이틀 씬에서는 유저가 스타트 버튼 등을 누를 때까지 그냥 대기하면 될 것입니다. 물론 이때 타이틀 화면을 보여주고 또 배경 음악은 나와야겠지요.

그리고 유저가 스타트 버튼을 누르면 게임 플레이 장면으로 바뀌어야 합니다. 이때 들어갈 코드로는 이제 타이틀 화면을 없애주고 게임 플레이 배경화면을 보여주면서 또 조작으로 기체를 움직일 수 있게 하고 적이 차례로 등장하는 코드를 넣어주면 됩니다. 스테이지 플레이 시에는 다른 배경 음악이 나와야 하는 것은 당연합니다.

마지막으로 인터미션 장면에서는 인터미션을 보여주는 UI를 출력하고 적이 나오는 것을 멈추며, 유저가 아군 기체를 조작해도 반응하지 않도록 하면 될 것입니다. 보통 게임을 시작한 후에는 이 게임플레이 장면과 인터미션 장면이 서로 계속 반복되는 식으로 될 것입니다.

요즘의 다른 모바일 게임처럼 일종의 홈(Home) 화면을 두고 싶다면, 타이틀 장면을 홈 장면으로 대체하고 스테이지 플레이 후에 인터미션으로 이벤트나 획득 경험치, 아이템 등 결과장면을 보여주고, 바로 다음 스테이지로 가는 게 아니라 홈 화면으로 일단 돌아오도록 할 수도 있습니다. 그래서 여기서 업그레이드나 상점 이용 등을 하도록 유도한 후 다시 다음 스테이지로 유저가 원할 때 넘어가는 식이 됩니다.

이런 부분들을 처리하는 코드를 각 IEnumerator Title() 등의 장면을 담당하는 함수 안에 넣어주면 되는 것입니다.

이제 게임 진행관련 부분을 어떻게 짜는지 핵심적인 원리와 예제를 알아보았으니 이제 다음으로 넘어가서 유저 인터페이스를 다루어 보겠습니다.

# CHAPTER 11

# 유저 인터페이스 만들기

어떤 게임을 만들든 간에 게임을 만드는 일의 거의 1/3, 혹은 그 이상을 차지하는 부분이 바로 UI 만들기 입니다. 유저가 게임상의 현재 정보를 판단하고, 조작하며, 아이템을 구입하게끔 하여 게임의 수익을 얻고, 각종 이벤트를 알리고, 에러 메시지를 띄워서 바른 행동을 유도하는 등의 거의 모든 일이 UI를 통해서 이루어지기 때문입니다. 그만큼 작업량이 많으며 지루하고 힘든 일이 됩니다. 하지만 피해갈 수 없으며 반드시 구현해야 될 부분이기도 합니다.

예전에는(4.6버전 이전) 유니티에서 지원하는 UI시스템이 매우 좋지 않았습니다. 코드를 짜서 직접 구현하는 방식이었는데 게임에 미치는 부하 측면에서 문제가 있었습니다. 그래서 많은 개발자들이 UI관련 미들웨어를 개발해서 에셋 스토어나 자신들만의 사이트에서 판매했고 이는 매우 인기 있는 에셋이었습니다. UI는 어떤 게임에서도 반드시 들어가게 되니까요. 그 중에서 EZGUI, NGUI 등이 특히 유명했고 널리 쓰였습니다. 그러다가 4.6 버전부터는 유니티에서 새로 UI시스템을 개발해서 추가했습니다. 기존의 외부개발자들에 의한 UI 미들웨어보다 굉장히 심플하고 편해서 요즘은 이것을 많이 쓰는 추세입니다.

따라서 유니티 GUI 시스템을 사용해서 UI를 만들어 보겠습니다.

# 11
# 유저 인터페이스
## 만들기

## SECTION 01 | HP바 만들기

먼저 만들어볼 것으로 HP바가 있습니다. 슈팅게임에서는 드물게 쓰이긴 하지만 기타 많은 게임 장르에서 쓰이고 있는 것이 HP바입니다. 노파심에서 HP바에 대해 설명하자면, 어떤 캐릭터 혹은 물체가 HP, 즉 Health Point 로 일컬어지는 체력수치가 있다고 가정하고, 그 수치가 게임을 진행하면서 변동하며, 0이 되면 죽음에 이르는 것으로 처리되는 것을 말합니다. 매우 중요한 수치이므로 언제든지 유저가 쉽게 이 수치를 게임 내에서 확인하도록 만들어야 하는 것은 당연합니다.

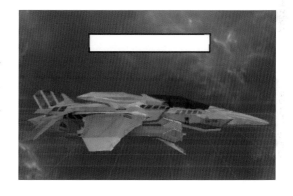

먼저 위에서 데미지 표시를 만들 때와 마찬가지로 캔버스 오브젝트 밑에 체력바 이미지로 쓸 UI Image를 붙입니다. 그리고 이것을 OurShip 기체 밑에 둡니다. 그리고 설정은 다음과 같이 합니다.

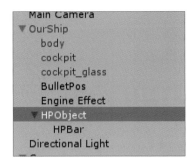

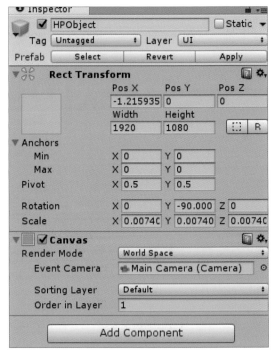

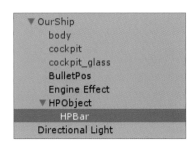

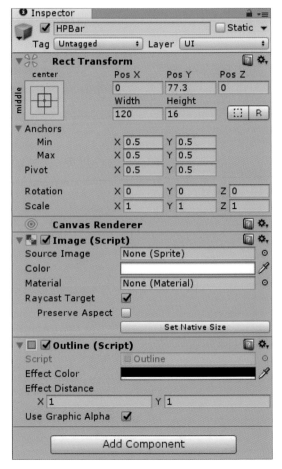

그러면 기체 위에 다음과 같이 이미지가 뜹니다.

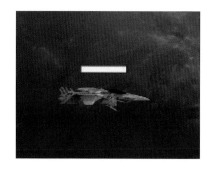

HP바 이미지 밑의 Outline 컴포넌트는 이미지를 눈에 띄게 쉽게 하도록 이미지의 테두리에 윤곽선을 검은색으로 쳐주는 역할입니다. Component → UI → Effects → Outline으로 붙여줄 수 있습니다. 붙인 후에 알파값(RGBA 중에서 A수치값) 이 기본적으로 절반으로 적용되어 있는데 여기서는 255, 즉 최대치로 설정하여 조금 더 검은색 윤곽선이 더 진해지도록 했습니다

이제 HP바는 만들어 졌으니 이제 HP의 증감에 따라 이 바의 이미지 크기를 줄여주고, 또 색깔을 바꿔서 직관적으로 알아보기 쉽게 해보겠습니다. 즉 HP바가 풀로 차있으면 녹색, 점점 줄어들수록 색깔을 적색에 가깝게 변하도록 하는 것입니다. 이는 HP바가 적다는 것을 유저에게 경고하는 의미로서 많은 게임에서 쓰이고 있는 방법입니다.

먼저 HPChangeColor라는 이름의 스크립트를 하나 만들고 다음과 같이 작성합니다.

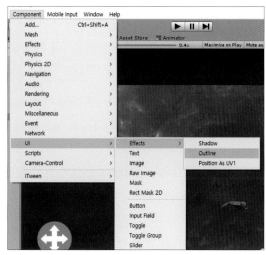

먼저 HPChangeColor라는 이름의 스크립트를 하나 만들고 다음과 같이 작성합니다.

### ✅ HP바 만들기 #1

```
using UnityEngine;
using UnityEngine.UI;

public class HPChangeColor : MonoBehaviour
{
    private Image image;
    public float min = 0;
    public float max = 1;
    public Color minColor = Color.red;
    public Color maxColor = Color.green;
    void Start()
    {
        image = GetComponent<Image>();
    }
    void Update()
    {
        image.color = ❶ Color.Lerp(minColor, maxColor,
      ❷ Mathf.Lerp(min, max, transform.localScale.x));
    }
}
```

핵심 컨셉은, HP바로 사용되는 이미지의 스케일의 X값을 줄여서 HP가 줄어들면 이미지의 좌우길이도 축소시키고, 그에 따라서 이미지 자체의 색깔도 녹색에서 점점 적색으로 바뀌게끔 하는 것입니다. 여기서 ❶ Color.Lerp라는 것이 새로 나왔습니다. 유니티 API 문서를 보면, 컬러 변수 2개를 받고, float 변수를 마지막에 받아서, 컬러가 첫 번째에서 두 번째 사이에서 float 변수의 값에 따라서 컬러의 중간 색깔이 정해지는 것입니다. 즉 Color.Lerp(Color a, Color b, float t) 이런 구조 하에서 이 전체가 결론적으로 컬러값을 반환하는데, 컬러 a와 b사이에서 t만큼의 지점에 해당하는 중을 의미합니다. t는 0과 1사이의 값으로 인식되고 t가 0이면 컬러 a, 1이면 컬러b가 반환됩니다. 즉 그래서 'image.color ='라는 식으로 HP바 이미지의 컬러에 대한 할당값으로 오른쪽 변에 Color.Lerp를 써서 정해지는 컬러를 쓰게 됩니다. 여기서 t값으로 다시 Mathf.Lerp를 썼습니다. t값은 0에서 1사이가 되어야 하므로 Mathf.Lerp가 확실하게 이 값을 0과 1사이로 확정 지어줄 수 있기 때문입니다.

❷ Mathf.Lerp 도 많이 쓰이는 구문이므로 자세히 보면, Mathf.Lerp (float a, float b, float t);와 같은 식으로 파라미터로 3개의 변수를 받습니다. a는 최소값, b는 최대값, t는 0과 1사이의 값으로 되어서 0이면 a값이 반환되고 1이면 b값이 반환됩니다. 0과 1사이의 값의 위치에 따라서 a와 b사이의 어떤 지점이 최종값으로 선택되어 반환됩니다. 사실 transform.localScale.x를 유저가 알아서 0과 1사이로 정해줄 수 있다면 Mathf.Lerp를 굳이 안 쓰고 바로 t 자리에 transform.localScale.x를 넣어도 됩니다. 하지만 만에 하나 이 값이 의도와는 다르게 변하는 등의 사태가 생기더라도 시스템 적으로 0과 1사이의 값만 반환되어 안심하고 값을 정할 수 있으므로 Mathf.Lerp를 썼습니다.

그럼 이제 HP의 변화에 따라서 이 HP바 이미지의 X스케일 값을 조정해줄 차례입니다. 먼저 최대 HP값을 새로 설정해줄 필요가 있습니다. 현재의 HP값만 가지고는 이것이 최대 HP값에 비했을 때 몇 퍼센트에 해당하는지 알 수가 없기 때문입니다. Classes 스크립트로 가서 다음 한 줄을 추가합니다. public int MaxHP;

#### ✅ HP바 만들기 #2

```
public abstract class Ship : MonoBehaviour
{
    public int MaxHP;
    public int HP;
```

그리고 AllyShip 스크립트에서 최대hp값을 일단 임의로 설정해줍니다. HP값보다는 같거나 커야 할 것입니다.

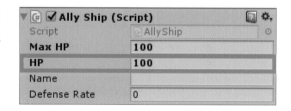

또 스크립트의 상단에 hpBar 오브젝트의 등록을 위한 변수를 하나 추가해 줍니다. public GameObject hpBar; 그리고 데미지를 입을 때마다 HP바의 크기 역시 세팅 해주는 함수를 아래와 같이 만듭니다.

```
public override void DealDamage (int dam)
{
    float finalDamage = dam - dam * (defenseRate / 100);
    HP -= (int)finalDamage;
    GameObject damObj = (GameObject)Instantiate(damPrefab, transform.position, Quaternion.identity);
    damObj.GetComponentInChildren<Text>().text = finalDamage.ToString();
    damObj.transform.parent = transform;
    damObj.transform.localEulerAngles = new Vector3(0, -90f, 0);
    Destroy(damObj, 3);
    SetHPBar((float)HP/(float)MaxHP);
}
public void SetHPBar(float hpValue)
{
    hpBar.transform.localScale = new Vector3(hpValue,
                hpBar.transform.localScale.y, hpBar.transform.localScale.z);
}
```

SetHPBar라는 이름의 함수를 만들고, 이 값은 hpValue라는 파라미터를 받는데 이 값은 0에서 1 사이여야 합니다. 왜냐하면 HP바 이미지의 가로크기가 최대일 때 스케일 값이 1이기 때문입니다. 그리고 SetHPBar((float)HP/(float)MaxHP); 이 부분에서 (float)를 붙여준 이유는, 원래 int 형식인 HP, MaxHP변수를 float값으로 변경해주어야 나눴을 때 0과 1사이의 소수점을 가지는 값으로 반환되기 때문입니다. 그러지 않으면 HP를 MaxHP값으로 나눴을 때 1보다 작은 값이 반환되면 전체적으로 int를 int로 나누면 소수점은 버리게 되어 여기서는 HP는 항상 MaxHP보다 작은 값이므로 MaxHP로 나누면 1이 아니면 0점 얼마가 되어 버리는데 이 0점 얼마는 곧바로 0이 되어 버립니다. 즉 HP가 조금만 작아져도 바로 0이 되므로 여기서는 맞지 않게 되는 것입니다.

이제 다 되었습니다. 스크립트의 hpBar에 HPBar 오
브젝트를 등록해주고 게임을 실행 후 A 키를 눌러 테
스트 해봅니다.

데미지가 가해져서 HP수치가 줄어들수록, HP바 이
미지의 가로길이도 짧아지고, 색깔도 점점 붉은색으
로 가까워짐을 볼 수 있습니다.

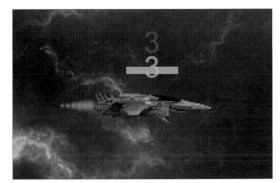

그럼 HP바 만들기는 완성입니다.

여기서 만약 HP바가 줄어들 때 가운데 지점을 기준으로 짧아지는 것이 아니라 왼쪽을 기준으로 짧아지게 하려
면 어떻게 해야 할까요? 위의 HpBar 게임오브젝트에서 Rect Transform의 Pivot 값에서 X가 0.5로 되어 있기
때문에 가운데가 기준점이 된 것입니다. 따라서 이것을 왼쪽으로 기준을 바꾸려면 이 X값을 0으로 하면 됩니
다. 반대로 오른쪽을 기준으로 하려면 값을 1로 변경하면 됩니다. 실제로 0 또는 1로 바꾼 후에 Scale의 X값을
늘렸다 줄였다 하면서 줄어드는 방향이 의도대로 구현되는지 확인해 보시기 바랍니다.

# SECTION 02 | 게임 스코어 표시

슈팅게임에서 적을 죽이거나 하면 점수가 올라가게 되는데 이것을 표시하는 UI를 만들어 보겠습니다. UI의 기
본적인 사용법으로서 매우 간단하게 할 수 있습니다. 먼저 상단메뉴에서 GameObject → UI → Text를 선택
합니다.

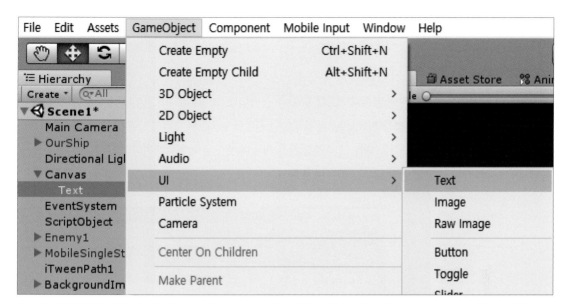

만들어진 Text 오브젝트의 이름을 바꿉니다.

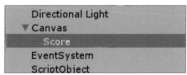

그리고 인스펙터에서 다음과 같이 세팅을 바꿉니다.

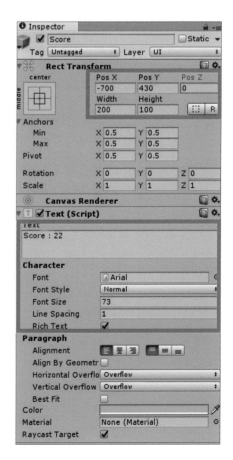

Rect Transform, 즉 맨 위의 항목에서 Pos X, Pos Y를 조정하면 위치를 바꿀 수 있습니다. 그리고 Width와 Height는 이 텍스트가 표시되는 사각형 UI오브젝트의 최대 크기를 정합니다. 밑에 Anchors와 Pivot, Rotation, Scale 등은 건드리지 않아도 됩니다.

그리고 Text 컴포넌트에서 폰트와 폰트사이즈를 정할 수 있습니다. 외부폰트, 즉 윈도우나 포토샵, 비쥬얼 스튜디오 등에서 쓰일 수 있는 확장자명이 .ttf로 된 트루타입 폰트나 .otf로 된 오픈타입 폰트를 유니티로 가져와서 쓸 수 있습니다. 유니티로 가져올 때는 그냥 해당 폰트 파일을 윈도우 파일탐색기에서 선택한 후 드래그 앤 드랍 식으로 끌어서 프로젝트란의 원하는 폴더에 놓으면 됩니다.

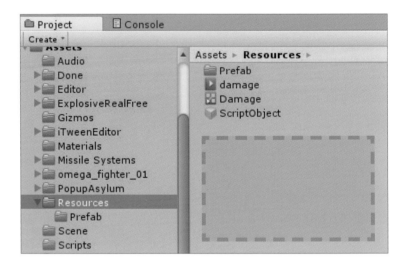

여기서 우측의 ScriptObject 밑의 빈 공간 아무 곳에나 놓으면 됩니다. 폰트뿐만이 아닌 사운드나 이미지, 모델링 파일 등도 유니티로 가져올 때는 이런 식으로 하면 됩니다.

다시 위의 텍스트 세팅을 계속 설명해 보면, Paragraph 항목에서 Alignment로 텍스트의 상하좌우 위치를 조정할 수 있습니다. 또 밑의 Horizontal Overflow, Vertical Overflow 항목은, Wrap이나 Truncate를 선택하면 Rect Transform 항목의 Width, Height에 영향을 받게 되고 이 상하좌우 폭을 넘어서면 글자가 잘리게 됩니다. Overflow를 선택하면 만약 긴 글자일 경우 상하좌우 폭을 넘어서서 잘리지 않고 표시됩니다. 그리고 밑의 Color에서 색깔을 지정할 수 있습니다.

대략 중요한 세팅 요소는 위와 같고, 보통 이런 Text에는 아웃라인을 덧씌워서 글자를 알아보기 쉽게 합니다. 그렇지 않으면 게임 배경의 색과 섞여서 텍스트가 흐릿하게 되어 가독성이 떨어져서 굉장히 나쁜 인상을 주게 됩니다.

하이어아키에서 Score가 선택된 상태 그대로 밑의 Add Component
버튼을 눌러 UI → Effect → Outline을 선택합니다.

아웃라인을 추가하면 디폴트(Default, 기본세팅)로 알파값이
128, 즉 절반으로 되어 있는 것을 볼 수 있습니다. 더 선명한 것
을 원한다면 여기서 255, 즉 최대로 올리는 것을 추천합니다. 또
Effect Distance값을 크게 하거나 하면 두께도 조절할 수 있습
니다. 이런 각종 수치들은 정해진 것이 없고 그래픽 디자인적인
요소이므로 각자 마음에 드는대로, 혹은 디자이너가 정해서 쓰
면 됩니다.

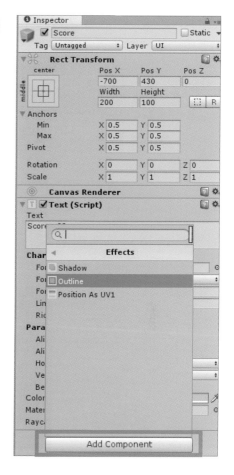

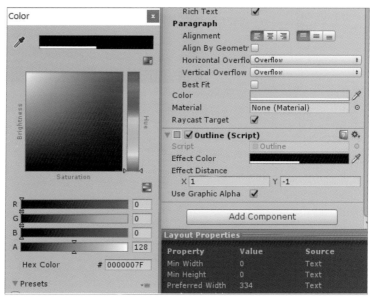

이제 스코어 텍스트를 만들고 적당한 위치에 옮겨 놓았으므로 남은 것은 게임 상의 스코어가 변할 때마다 이 스
코어 표시도 업데이트 해줘야 합니다. 먼저 이런 UI의 요소들과 관련된 코드를 작성할 별도의 스크립트를 만듭

니다. UIManager라고 이름 짓겠습니다. 사실 본 게임에서는 코드의 양이 얼마 안될 것이므로 굳이 별도의 스크립트를 만들 필요가 없습니다만 향후 더 복잡한 게임을 만들 때는 스크립트 내용이 너무 길어지면 가독성이 떨어지고 좋지 않으므로 적당히 스크립트 자체의 수를 늘리는 연습이 필요합니다.

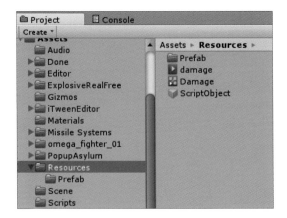

먼저 어디에서든 UIManager 스크립트에 쉽게 접근할 수 있도록 앞서 나왔던 Instance 코드를 넣습니다. 그리고 스코어 오브젝트를 업데이트 하기 위해 함수(UpdateScore)를 만들고 변수(scoreText)를 만들었습니다.

```
public class UIManager : MonoBehaviour
{
    public System.Net.Mime.MediaTypeNames.Text (multiple choices...)? (Alt+Enter)
    public Text scoreText;
    void Awake()
    {
        Instance = this;
    }
    void Start () {

    }

    public void UpdateScore()
    {

    }
}
```

scoreText 변수는 Text타입이므로 이렇게 선언했습니다. 맨 처음에 Text를 타이핑하면 이렇게 빨간색으로 나옵니다. 관련된 네임스페이스를 사용한다고 선언해야 이 에러가 없어집니다. 여기서 [Alt] + [Enter] 키를 누르면 해결책도 알아서 추천해 줍니다.

두 번째인 UnityEngine.UI.Text를 선택하면 using UnityEngine.UI;문이 스크립트 위에 자동으로 추가됩니다. 필자는 비쥬얼 스튜디오 플러그인으로 ReSharper를 쓰고 있어서 이렇게 나오는데 이 플러그인을 쓰지 않으면 수동으로 위의 네임스페이스 사용선언문을 적어주면 됩니다. 그리고 스코어 업데이트 함수를 이렇게 바꿉니다.

### ✅ 게임 스코어 만들기 #1

```
public void UpdateScore(int score)
    {
        scoreText.text = "Score : " + score;
    }
```

그리고 AllyShip 스크립트에서 스코어 업데이트 함수를 아래의 코드와 같이 호출하면 UI 스코어 텍스트가 게임 스코어를 반영하여 업데이트될 것입니다.

### ✅ 게임 스코어 만들기 #2

```
private int Score;
    public int thisShipScore {
        get { return Score; }
        set
        {
            Score = value;
            //UIManager 스코어 업데이트
            UIManager.Instance.UpdateScore(Score);
        }
    }
```

위의 유니티의 Text UI 컴포넌트를 조작하는 스크립트를 좀 더 자세히 살펴보면, 유니티 공식 API문서페이지는 다음과 같습니다.

→ https://docs.unity3d.com/ScriptReference/UI.Text.html

살펴보면 거의 모든 Text의 변수를 스크립트로 조작할 수 있음을 알 수 있습니다. 마찬가지로 다른 모든 UI컴포넌트들도 마찬가지입니다. 여기서 우리는 이 텍스트 UI 컴포넌트가 표시하는 글자, 즉 Score : 22 이런 식으로 Score : 뒤에 실제 우리 게임의 스코어가 표시되도록 해야 하는데, 그것을 가능하게 하는 코드가 바로 Text.text인 것입니다.

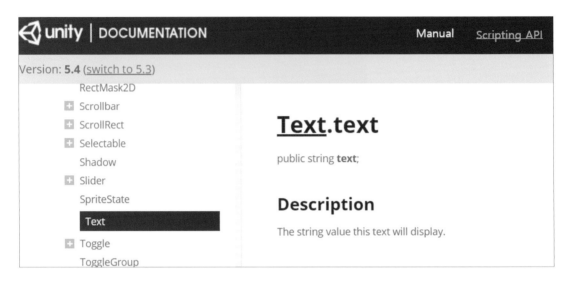

이제 이 UIManager 스크립트를 등록하고 Text 오브젝트를 할당해줘야 합니다.

하이어아키에서 ScriptObject를 선택한 후 UIManager 스크립트를 드래그 앤 드랍 혹은 Add Component 버튼으로 밑에 붙입니다.

그리고 하이어아키의 Score 오브젝트를 드래그 앤 드랍하여 UIManager 의 변수에 할당해 줍니다.

이제 테스트를 해봐야 합니다. AllyShip 스크립트의 Update 안에 Ⓐ 키를 누르면 데미지를 가하는 테스트 코드가 있으므로 바로 밑에 Ⓢ 키를 누르면 5씩 스코어에 더하는 코드를 추가하겠습니다. 이때 thisShipScore는 값을 할당할 수만 있으므로, 적을 죽였을 때마다 스코어를 추가하려면 별도로 현재의 스코어에 새로 얻은 스코어를 더해서 최종적인 값을 산출하고 이것을 다시 현재스코어로 할당해주는 코드가 필요함을 알 수 있습니다. 그리고 이 스코어는 게임의 관리측면에 속하는 것이므로 GameManager 안에 있는 것이 자연스럽습니다. 따라서 게임 매니저 스크립트에 다음 함수를 추가합니다.

#### ✅ 게임 스코어 만들기 #3

```
public void AddScore(int amount)
    {
        AllyShip.Instance.thisShipScore = AllyShip.Instance.
thisShipScore + amount;
    }
```

위에서 말한 것을 코드로 짠 것입니다. 그럼 이제 스코어를 더하려면 이 함수를 호출하면 됩니다. 계속해서 AllyShip 에서 테스트하는 코드를 짜 보면,

#### ✅ 게임 스코어 만들기 #4

```
void Update()
    {
        if (Input.GetKeyDown("a"))
        {
            DealDamage(3);
        }
        if (Input.GetKeyDown("s"))
        {
            GameManager.Instance.AddScore(5);
        }
    }
```

이렇게 됩니다. 즉 Ⓢ 키를 누르면 게임매니저의 AddScore 함수를 호출하는 것입니다. 게임을 실행하면 스코어를 0으로 초기화해야 하므로 초기화하는 코드도 추가합니다. AllyShip의 Start 함수 안에 thisShipScore = 0; 한 줄을 추가하면 됩니다. 이제 게임을 실행 후 Ⓢ 키를 눌러보면 스코어 UI가 5씩 올라가는 것을 볼 수 있습니다. 적을 파괴하면 스코어를 추가해주는 함수만 호출하면 되게끔 기본 틀을 만들었습니다. 그럼 이 틀에 실

제로 적이 파괴될 때 스코어를 추가해주도록 수정해 보겠습니다. EnemyShip 스크립트를 엽니다. 지금은 데미지를 입을 때 그냥 HP에서 빼주는 코드만 구현되어 있습니다.

### ✅ 게임 스코어 만들기 #5

```
using UnityEngine;
using System.Collections;

public class EnemyShip : Ship
{
    public int collideDamage = 3;

      void Start () {
      }
    public override void DealDamage(int damage)
    {
        HP -= damage;
    }

    public override void OnConflict(GameObject other)
    {
    }
}
```

여기에 추가해야 할 것은, HP가 0이 되거나 그보다 작아지면 파괴시켜야 하는 코드를 추가하고, 그 때 GameManager의 AddScore 함수에서 자신이 파괴될 때 얻는 점수를 파라미터로 넘겨서 호출하는 코드를 넣어주면 되는 것입니다. 그럼 먼저 적은 죽을 때 얼마의 점수를 주는가가 결정 되어야 합니다. 결정 되었다면 그 값을 등록할 변수를 만듭니다. 그리고 위에서 서술한 함수를 Death라는 이름으로 추가합니다. 실제로 작성하면 이런 모습으로 될 것입니다.

### ✅ 게임 스코어 만들기 #6

```
using UnityEngine;
using System.Collections;

public class EnemyShip : Ship
{
    public int collideDamage = 3;
    public int scoreAdd = 10;

      void Start () {
      }
    public override void DealDamage(int damage)
    {
```

```
        HP -= damage;
        if (HP <= 0)
            Death();
    }

    public void Death()
    {
        GameManager.Instance.AddScore(scoreAdd);
    }

    public override void OnConflict(GameObject other)
    {
    }
}
```

파괴될 때 10점을 주는 것으로 설정했고, HP가 0보다 작거나 같으면 Death 함수를 호출합니다. 이 함수에서
적이 파괴될 때 작동해야 할 각종 기능들을 넣으면 될 것입니다. 대표적으로 적이 파괴될 때 파괴되는 이펙트를
생성시켜야 하고, 또 파괴되는 사운드를 내야하며, 위처럼 스코어를 업데이트 해줘야 합니다. 기타 자신의 게
임에 맞는 어떠한 작용이라도 여기에 넣어주면 됩니다. 이로서 게임 스코어 표시는 완료입니다.

# SECTION 03 │ 상점 인터페이스 UI 만들기 ▼

이제 인게임 상점을 만들어 보겠습니다. 게임의 수익화를 위해서 요즘 많은 모바일 게임에서 널리 쓰이는 것
으로서 게임 안에 상점을 만들어서 게임에 도움이 되는 각종 아이템들을 만들어 두고 유저가 이를 실제 현금
으로 구매할 수 있도록 하는 것입니다. 먼저 상점 UI를 어떤 식으로 구성할지 먼저 기획해야 합니다. 기본적으
로 별도의 창과 같은 이미지를 만들고, 그 안에 구매할 수 있는 각종 아이템을 나타내는 별도의 버튼 및 이미지,
텍스트로 이루어진 묶음을 둡니다. 그리고 이 창안에 한 화면에 다 보여주지 못할 정도로 여러 개의 아이템이

있을 경우, 이 창 자체를 스크롤 할 수 있게 만들어서 다른 아이
템도 보여줄 수 있게 만들어야 합니다. 이 UI는 다른 곳에도 매
우 많이 쓰이며 응용의 범위가 넓으므로 꼭 알아두어야 합니다.

먼저 상단메뉴 GameObject → UI → Scroll View로 스크롤
뷰를 하나 생성합니다. 그리고 크기를 조절하여 아래와 같이 세
팅합니다. 가로로 길게 만들고 아이템들이 가로로 스크롤되게
끔 하려고 합니다. 가로든 세로든 한 방향으로만 하는 방법을 알
면 다른 하나는 충분히 응용하면 할 수 있습니다.

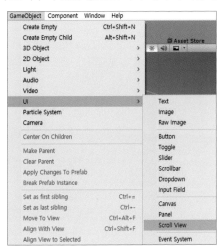

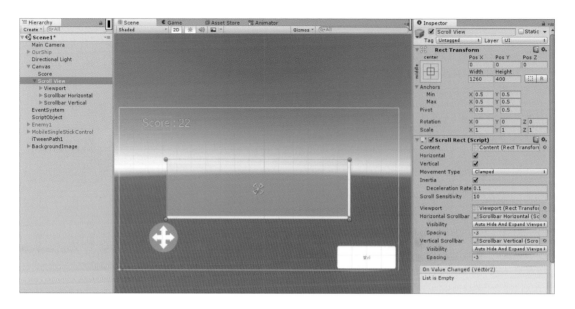

인스펙터의 Scroll Rect 부분에서 Movement Type을 Elastic에서 Clamped로 바꿨습니다. 창 안의 스크롤 화면에서 아이템 리스트의 좌우 끝부분에서 튕기듯이 움직이는 것을 원한다면 Elastic을 해도 됩니다. Inertia 는 한번 터치로 쓸어서 스크롤을 시작했을 때 관성으로 그 방향으로 계속 움직이게 하는 것을 조절하는 것이고 Deceleration Rate는 1에 가까울수록 계속 움직이려고 하게 됩니다. Scroll Sensitivity는 스크롤의 민감도 를 세팅합니다. 나머지는 기본세팅 그대로 두면 되고 이제 자식 물체인 Viewport와 Content를 살펴보겠습니 다. 뷰포트에서는 바꾼 것이 없습니다.

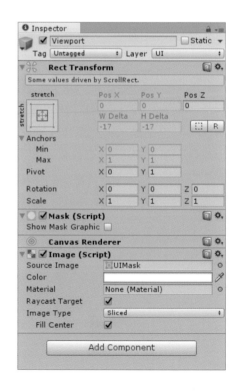

뷰포트 밑의 컨텐트에서는 다음과 같이 바꿨습니다.

먼저 Rect Transform의 ❶ 좌상단에 있는 사각형 아이콘을 클릭하여 스트레치(stretch)로 바꿉니다. 그리고 Horizontal Layout Group과 Content Size Fitter 컴포넌트를 추가했습니다. 바로 밑에 보이는 Add Component 버튼을 클릭한 후 검색창에 영문으로 검색하면 쉽게 찾아서 붙일 수 있습니다. ❷ Horizontal Layout Group은 아이템 리스트들이 여러 개 생성될 부모물체에 붙이는 것으로서 Padding은 상하좌우 일정한 간격을 띄울 수 있습니다. Spacing은 하위의 여러 개의 아이템 간의 간격을 띄웁니다. 기타 다른 옵션은 그대로 둬도 무방합니다. 만약 세로로 길게 스크롤 되는 아이템 목록을 만들고 싶다면 Vertical Layout Group을 붙이면 됩니다. 그리고 ❸ Content Size Fitter는 하위의 물체들의 간격을 맞춰주는 컴포넌트고, 여기서는 가로로 길게 늘이고 싶으므로 Horizontal Fit 항목을 Min Size로 바꿔줍니다.

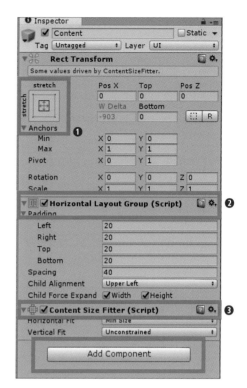

이제 콘텐츠 오브젝트의 하위에 들어갈 아이템 리스트들을 만들 차례입니다. 이것은 매우 다양하게 나올 수 있습니다만 우선 여기서는 이 각 아이템은 유저가 살 수 있는 항목이므로 아이템을 선택할 수 있는 버튼으로 만들어 보겠습니다. 보통 아이템의 이미지를 두고, 그 밑에 살 수 있는 Buy 버튼을 두는 등 방법은 여러 가지입니다.

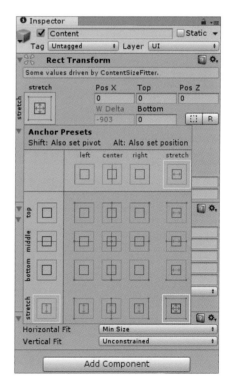

먼저 버튼을 하나 생성시키고 이름을 바꾸고 Content 오브젝트의 하위로 옮깁니다.

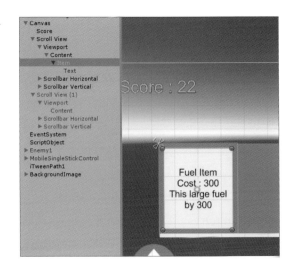

그리고 인스펙터에서 다음과 같이 세팅합니다. 즉 Rect Transform을 조금 바꾸고, 하위에 Layout Element 스크립트를 붙였습니다. 부모물체인 Content 에 Horizontal Layout Group 컴포넌트를 붙였으므로 그 하위에 오는 여러 개의 자식물체엔 Layout Element를 붙여야 합니다. 그리고 Min Width값을 설정 했습니다. 이렇게 하면 아이템이 생성되었을 때 일정한 좌우 넓이를 유지합니다.

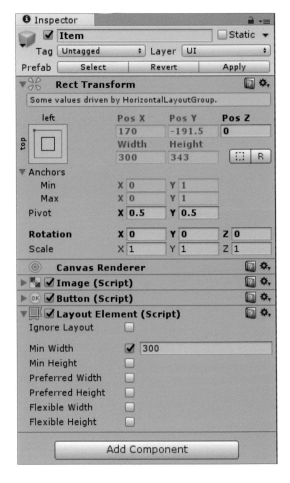

이제 이 Item 항목을 선택 후 `Ctrl` + `D` 키를 눌러서 여러 개 복사합니다.

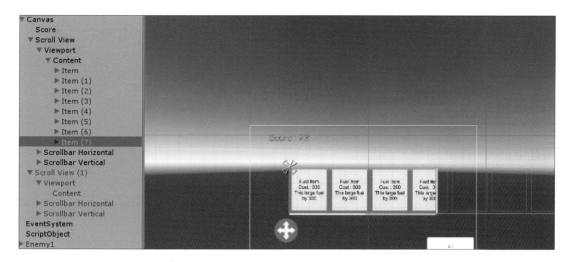

그리고 게임을 실행시켜서 좌우로 스크롤이 잘 되는지 확인합니다. 이제 기본 틀은 갖춰졌습니다. 이제 이 안에 들어가는 아이템을 스크립트로 게임상에서 호출해주면 됩니다. 이를 위해 우선 이 Item 오브젝트를 프리팹으로 만들어 둡니다. 그리고 우선 동적으로 아이템을 늘리는 코드를 테스트 용도로 짜 보겠습니다. UIManager 스크립트에서 다음과 같이 추가합니다.

### ✔ 상점 인터페이스 만들기 #1

```
using UnityEngine;
using UnityEngine.UI;

public class UIManager : MonoBehaviour
{
    public static UIManager Instance;
    public Text scoreText;
    public Transform scrollTrans;
    public GameObject buttonItem;

    void Awake()
    {
        Instance = this;
    }
    void Start () {

    }

    public void UpdateScore(int score)
    {
        scoreText.text = "Score : " + score;
    }
```

```
    void Update()
    {
        if (Input.GetKeyDown("d"))
        {
            GameObject go = (GameObject) Instantiate(buttonItem,
scrollTrans.position, Quaternion.identity);
            go.transform.SetParent(scrollTrans);
        }
    }
}
```

scrollTrans와 buttonItem 오브젝트를 추가했습니다.
그리고 D 키를 누를 때마다 아이템이 생성되어서 스
크롤 되어야 하는 물체의 하위에 들어기도록 SetPar-
ent를 호출해주면 됩니다. 이제 UIManager 스크립
트에서 스크롤과 아이템을 등록해 줍니다.

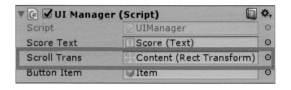

Scroll Trans 항목에는 하이어아키에 Content 오브젝트를, Button Item에서는 프리팹으로 만들어둔 아이
템을 등록해 줍니다. 이제 게임을 실행하고 D 키를 눌러보면 아이템이 생성되어서 스크롤뷰 안에 들어가 있
는 모습을 볼 수 있습니다. D 키를 여러 번 눌러서 아이템을 여러 개 생성시킨 후 스크롤이 잘 움직이는지도
확인합니다. 이제 완성입니다.

마지막으로 스크립트에서는 상점용 아이템의 이름, 가격, 설명문 등을 별도의 클래스로 만들어 관리하는 것이
보통입니다. 이 클래스의 속성을 for문으로 전부 위에서 만든 스크롤뷰 안에 아이템을 생성시킬 때 그 아이템
의 Text에 접근하여 Text.text식으로 수정해주면 상점 구현은 완료입니다. 예제로 코드를 짜보면,

### ✔ 상점 인터페이스 만들기 #2

```
using System.Collections.Generic;
using UnityEngine;
using UnityEngine.UI;

[System.Serializable]
public class SellItem
{
    public string name;
    public string cost;
    public string description;
}
public class UIManager : MonoBehaviour
{
```

```
        public static UIManager Instance;
        public Text scoreText;
        public Transform scrollTrans;
        public GameObject buttonItem;
        public List<SellItem> itemList = new List<SellItem>();

        void Awake()
        {
            Instance = this;
        }
        void Start ()
        {
            SetItem();
        }

        void SetItem()
        {
            for (int i = 0; i < itemList.Count; i++)
            {
                GameObject go = (GameObject)Instantiate(buttonItem,
scrollTrans.position, Quaternion.identity);
                go.transform.SetParent(scrollTrans);
                go.GetComponentInChildren<Text>().text = itemList[i].
name + "\n" + itemList[i].cost + "\n"
                    + itemList[i].description;
            }
        }

        public void UpdateScore(int score)
        {
            scoreText.text = "Score : " + score;
        }

        void Update()
        {
            if (Input.GetKeyDown("d"))
            {
                GameObject go = (GameObject) Instantiate(buttonItem,
scrollTrans.position, Quaternion.identity);
                go.transform.SetParent(scrollTrans);
            }
        }
    }
```

UIManager를 이렇게 짜볼 수 있습니다. 즉 임시로 SellItem의 각종 속성, 이름, 가격, 설명 등을 가지는 클래스를 만들고, 이것을 UIManager에서 List 변수로 할당할 준비를 합니다. 그리고 SetItem 함수에서 아이템을 생성시킬 때 하위의 Text 컴포넌트에 접근해서 위의 이름, 가격, 설명 등으로 텍스트를 써주는 것입니다. 텍스트를 할당할 때 위의 코드에서 "\n"으로 표시된 부분은 한 줄을 띄우는 명령어입니다.

그리고 인스펙터에서 itemList 변수를 예시로 다음
과 같이 값을 정해줍니다.

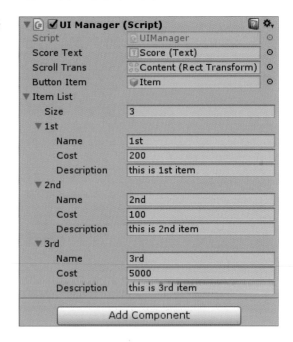

그리고 게임을 실행해보면 다음과 같이 우리가 의도한 대로 나오는 것을 볼 수 있습니다.

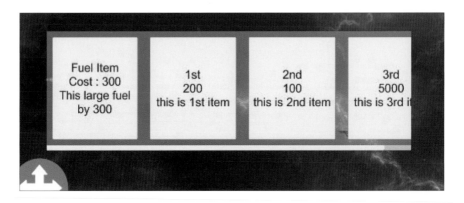

여기까지 알면 이제 얼마든지 상점을 꾸미거나 다른 식으로 상점 UI와 그 안에
들어가는 아이템을 만들 수 있을 것입니다. 다음으로는 이 상점 메뉴 자체를 켜
고 끄는 것을 만들어야 합니다. 보통 많이 쓰이는 방법은, 메뉴창의 오른쪽 위
나 아래에  마크 버튼을 둬서 창이 열린 상태에서 이 버튼을 누르면 닫히게 하
는 방법입니다. 그리고 다시 열 때는, 게임화면의 특정부분에 상점을 여는 버튼
을 두는 식으로 처리합니다. 먼저 인터넷에서 구글링하여 ❌ 마크 이미지를 하
나 구합니다.

그리고 버튼을 하나 생성하여 (GameObject → UI → Button) Scroll View 오브젝트의 자식으로 만듭니다.

위 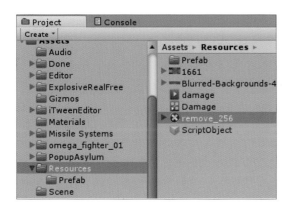이미지를 임포트 한 후 Sprite로 텍스쳐 타입을 바꿔줍니다.

그리고 Scroll View와 Button의 이름을 의미가 있게끔 바꾸고 클로즈 버튼의 위치와 크기를 조정합니다.
Image 컴포넌트에서 Source Image도 임포트 한 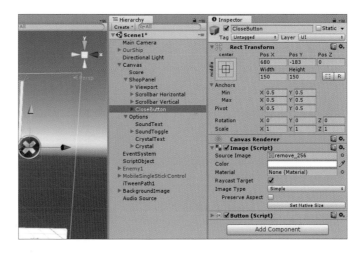이미지로 바꿔줍니다.

그리고 CloseButton 밑에 자식물체로 있는 Text에 서는 Button이라는 글자를 지워줍니다. 여기서는 이미지로 누구나 무슨 기능을 하는 버튼인지 직관적으로 알 수 있으므로 글자가 필요 없기 때문입니다. 아예 Text 오브젝트를 삭제해도 무방합니다.

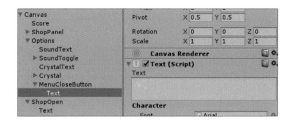

이제 닫는 버튼의 보이는 부분은 만들었으니 이 버튼을 눌렀을 때 실제로 상점 UI가 닫히도록 기능을 만들어 주어야 합니다. 먼저 UIManager 스크립트에서 닫는 함수를 추가합니다.

### ✅ 상점 인터페이스 만들기 #3

```
public GameObject shopObj;
public void ToggleShopUI(bool open)
    {
        shopObj.SetActive(open);
    }
```

shop UI 오브젝트의 레퍼런스를 위해 변수를 추가해주고, public void 형태의 함수를 추가합니다. 그래야 클로즈 버튼을 눌렀을 때 호출될 함수로 할당할 수 있습니다. SetActive 명령어로 상점 UI를 키고 끌 수 있게 했습니다.

이제 등록해봅니다. 먼저 클로즈 버튼의 버튼 컴포넌트의 하단에 On Click 부분에서 밑에 있는 작은 플러스 ➕ 아이콘을 누릅니다.

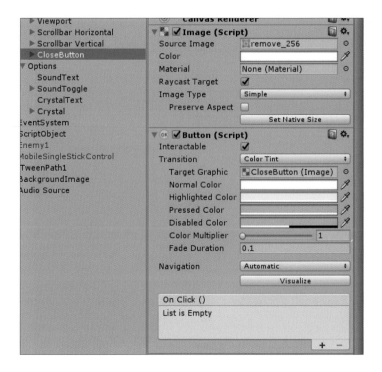

 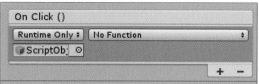

그리고 Runtime Only 밑에 있는 None (Object) 부분에 하이어아키에 있는 ScriptObject를 끌어다가 놓습니다.

그럼 No Function 부분이 활성화가 됩니다. 클릭하여 UIManager에서 아까 우리가 만들어 둔 함수명을 선택해 줍니다.

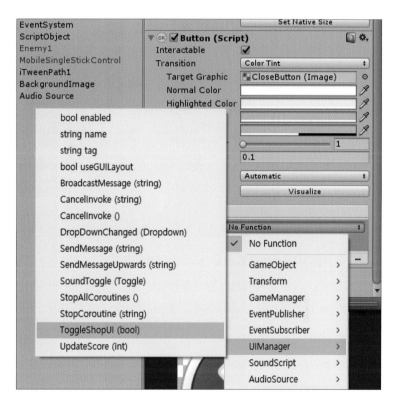

그럼 위와 같이 나타납니다. 함수명 밑에 체크박스가 있는 것을 볼 수 있습니다. 그것은 ToggleShopUI 함수에 파라미터로 bool 타입을 설정했기 때문에 나타나는 것입니다. 여기서는 X버튼을 눌렀을 때의 함수이므로 상점 패널이 닫혀야 합니다. 즉 꺼져야 하므로 파라미터로 false를 넘겨야 합니다. 따라서 이 체크박스는 그대로 두면 됩니다. 체크를 하면 true값, 체크를 하지 않고 빈 칸으로 두면 false값을 넘긴다는 의미가 됩니다. 이제 UIManager의 인스펙터에 상점 오브젝트를 등록합니다.

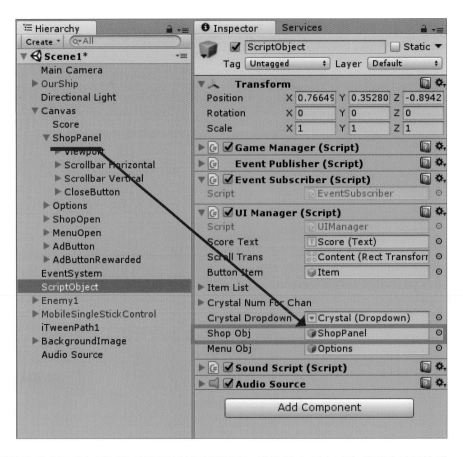

그리고 게임을 실행한 후 ⊗ 버튼을 눌러보면 상점 UI 자체가 없어지는 것을 볼 수 있습니다. 우리가 의도한 대로 된 것입니다. 그럼 이제 상점이 없는 상황에서 특정 버튼을 누르면 다시 상점 UI가 나오도록 해야 할 것입니다. 그 버튼도 만들어 보겠습니다. 먼저 구글링으로 상점 이미지 혹은 버튼용 둥근 이미지를 구합니다.

그리고 앞서 한 것처럼 버튼을 생성시키고, 이미지를 할당하며 크기와 위치를 조절합니다. 텍스트도 Shop으로 바꿔주었고 폰트크기와 컬러를 조절했습니다.

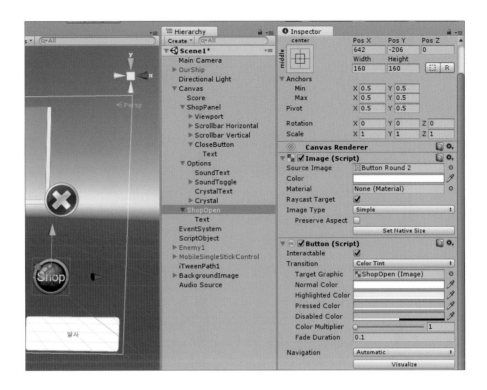

자식물체인 Text의 인스펙터는 다음과 같습니다.

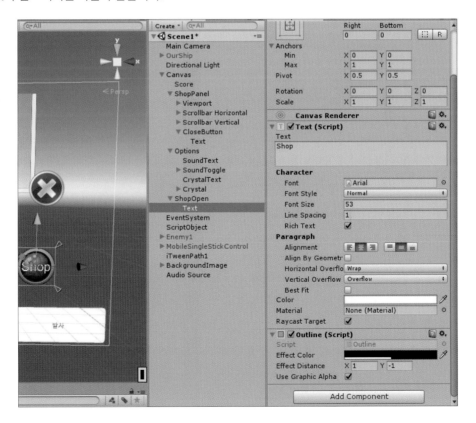

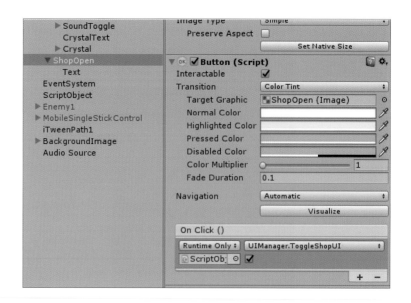

이제 ShopOpen 버튼의 On Click 부분을 할당해줄 차례입니다. 앞서 한 것처럼 ToggleShopUI 함수를 할당해주고, 밑의 체크박스에서 체크를 해줍니다. 이 버튼은 상점을 열어야 하므로 true, 즉 참 값을 넘겨야 하기 때문입니다.

이제 게임을 실행해보고 상점을 닫는 버튼과 여는 버튼이 각각 잘 동작하는지 체크해봅니다. 이제 상점 UI는 완료입니다.

# SECTION 04 │ 게임 메뉴 UI 만들기

UI를 만들 때는 UI에 쓰이는 다양한 이미지들을 먼저 구하거나 만들어내야 합니다. 이런 이미지는 유저가 직접 그리기 보다는 에셋 스토어에서 사서 쓰는 경우가 많습니다. UI는 디자인이 매우 중요한데 본인이 그래픽 디자이너라면 직접 만들어서 쓸 수도 있으나 그렇지 않다면 사는 것이 퀄리티 면에서 훨씬 더 낫기 때문입니다.

보통 게임 메뉴에서 많이 쓰이는 것으로 Toggle과 Dropdown이 있습니다. 토글은 여러 개 중의 하나만 선택하는 용도 혹은 On/Off 중의 하나를 선택하는 용도이며, 드롭다운은 위의 스크롤뷰처럼 여러 개 중에서 하나를 선택할 때 많이 쓰입니다.

실제 게임에 쓰이는 예를 만들면서 설명하는 것이 이해가 빠릅니다. 보통 게임에서 보면 각종 설정을 하는 메뉴가 있습니다. 옵션에 해당하는 메뉴입니다. 여기에서 사운드를 키거나 끌 수 있고, 언어를 변경하는 등의 설정을 할 수 있습니다.

## 1. TOGGLE (토글) 만들기

먼저 패널을 만듭니다. 그리고 그 안에 텍스트와 토글을 만듭니다. 토글은 먼저 토글그룹 컴포넌트를 가진 오브젝트를 만들고 그 하위에 토글을 만들고 이것을 복사해서 하나 더 만듭니다. 각각의 인스펙터 세팅값은 다음과 같습니다.

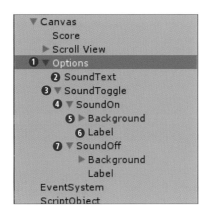

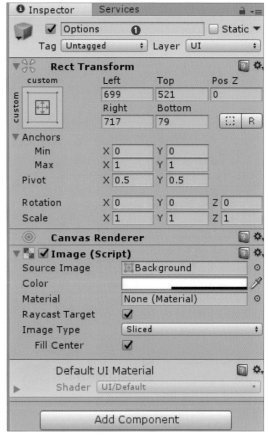

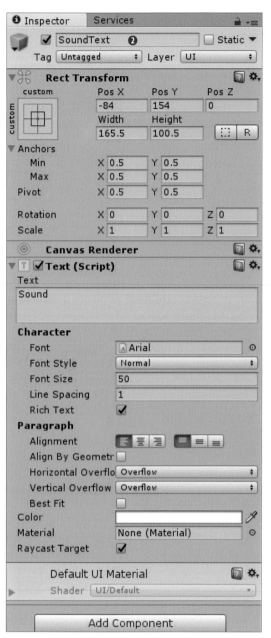

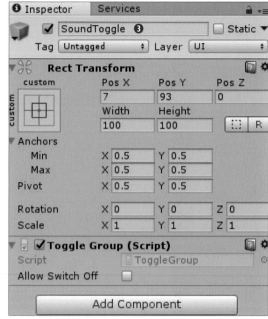

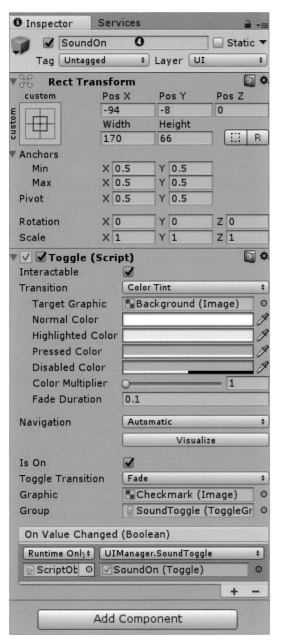

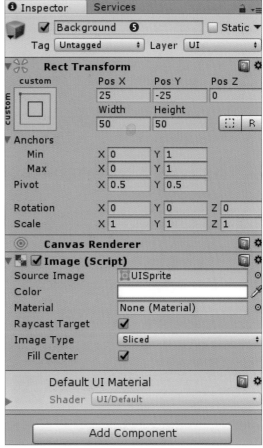

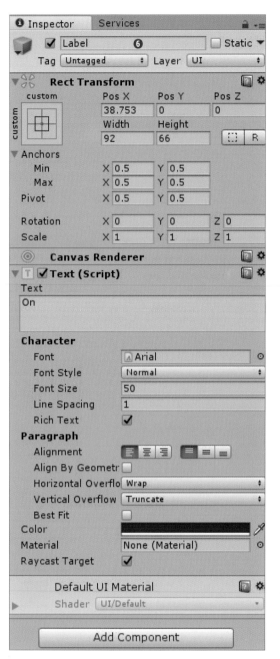

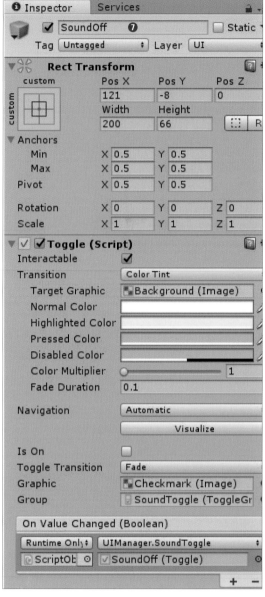

다 합치면 아래와 같은 이미지가 됩니다.

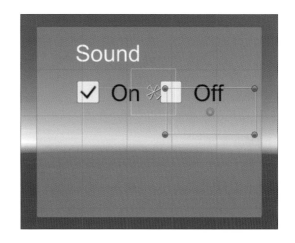

중요한 것은 SoundOn과 SoundOff 토글에서 Group 항목에 SoundToggle 부모물체를 등록해줘야 한다는 점입니다. 이렇게 같은 그룹에 속한 토글끼리는 서로 배타적인 관계가 되므로, 어느 하나가 켜지면, 즉 true 상태가 되면 같은 그룹에 속한 나머지 토글들은 별도로 신경 쓰지 않아도 자동으로 off, 즉 false 상태가 되게 됩니다. 여기서는 유저가 사운드를 키고 끄는 것을 직관적으로 선택할 수 있도록 하기 위해서 토글을 2개 만들고 그것들을 그룹으로 묶은 것입니다. 그리고 SoundOff 토글의 Is On 항목은 체크해제가 되어 있는 것에도 주목해 주세요. 즉 이것은 게임시작 시의 초기상태를 나타내는 것으로서, 시작하자마자 켜고 싶으면 체크를 하고, 끄고 싶으면 체크 해제를 해줘야 합니다. 이제 게임을 실행해서 On, Off 토글을 각각 눌러보면서 시험해 봅니다. 어느 한쪽을 누르면 다른 쪽이 꺼지는 상태가 되어 있는 것을 확인했다면 의도대로 된 것입니다.

그럼 다음으로 해야 할 작업은 이 토글을 눌렀을 때 실제로 사운드가 켜지거나 꺼지도록 코드를 짜는 일입니다. 먼저 UIManager에 다음 코드를 추가합니다.

### ✅ UI 만들기 #1

```
public void SoundToggle(Toggle tog)
    {
        if (tog.isOn)
        {
            if (tog.name == "SoundOn")
            {
                // SoundManager 사운드 켜기
                Debug.Log("Sound on");
            }
            else
            {
                // SoundManager 사운드 끄기
                Debug.Log("Sound off");
            }
        }
    }
```

Toggle 타입을 파라미터로 받아서, 이것이 켜져 있으면 즉 Is On이 참이면, 토글 오브젝트의 이름을 검사해서 이름이 SoundOn이면, 앞으로 만들 사운드를 관장하는 스크립트에서 사운드를 키는 코드를 호출하고, 아니면 SoundOff가 참이라는 소리이므로 사운드를 끄는 코드를 호출하라는 의미의 코드입니다. Debug.Log는 테스트 용도의 임시코드입니다. 그럼

토글의 값이 변할 때마다, 즉 유저가 토글을 건드릴 때마다 이 코드를 호출하도록 등록해줘야 합니다. SoundOn 토글의 밑에 있는 On Value Changed 부분에 이 메써드를 등록해야 합니다.

위와 같이 맨 먼저 밑에 있는 ➕ 아이콘을 누른 후 Runtime Only라고 되어 있는 항목 밑에 ScriptObject를 등록합니다. 그리고 오른쪽 위의 드롭다운 메뉴에서 UIManager.SoundToggle 메써드를 선택합니다. 그리고 그 밑에 파라미터 항목에서 자기 자신(SoundOn)을 하이어아키에서 끌어와서 등록하면 완료입니다. 마찬가지로 SoundOff 토글 항목도 이와 같이 등록해 줍니다. 게임을 실행한 후 스크립트가 호출되는지 콘솔창에서 확인해 봅니다. 원래 On Value Changed 에 등록한 메써드는 이 토글이 참으로 바뀌든 거짓으로 바뀌든 모두 호출됩니다. 그래서 스크립트에서 isOn이 참일 때만, 즉 토글이 켜질 때만 호출되도록 한 것입니다. 토글을 누를 때 터치 혹은 입력을 인식하는 범위를 조절하려면, Toggle 컴포넌트가 달린 물체(여기서는 SoundOn 등)나 그 밑의 Label 의 트랜스폼 사이즈를 조절하면 됩니다. 둘 다 합쳐져서 인식범위를 이룹니다. 이제 토글에 대해서는 핵심적인 것을 알아보았으므로 다음으로 드롭다운에 대해 다루겠습니다.

## 2. DROPDOWN (드롭다운) 만들기

이제 옵션 메뉴에서 여러 개의 값을 담고 있는 드롭다운 메뉴를 만들어 보겠습니다. 가령 본 게임에 자원 A와 자원 B가 있는데, A를 B로 환산할 수 있게 한다고 해보겠습니다. 요즘 거의 모든 모바일 게임에서는 실제 현금으로만 살 수 있는 자원과 게임 내에서 게임을 통해 얻을 수 있는 자원 등 자원이 분리되어 있습니다. 그리고 어떤 게임에서는 이 둘을 서로 바꿀 수 있는 기능을 제공하고 있습니다. 보통 현금으로만 살 수 있는 자원에서 공짜로 얻을 수 있는 자원으로 바꿀 수 있고 반대는 불가능 합니다.

지금 만드는 게임에서는 가령 현금으로만 살 수 있는 자원을 크리스탈이라고 하고, 이것을 게임 내의 골드로 바꿀 수 있게 하고 싶다고 가정하겠습니다. 그럼 얼마의 크리스탈을 골드로 바꿀 것인지 선택할 수 있어야 합니다. 이것을 드롭다운 메뉴를 통해 구현해 보겠습니다. 먼저 상단메뉴 GameObject → UI → Dropdown으로 드롭다운을 하나 만듭니다. 그리고 적당히 크기를 조정하고 하위의 Label 메뉴를 조정해서 다음과 같이 세팅했습니다. 또 드롭다운 메뉴의 이름을 Crystal 로 표시하기 위한 텍스트 오브젝트도 별도로 만들었습니다.

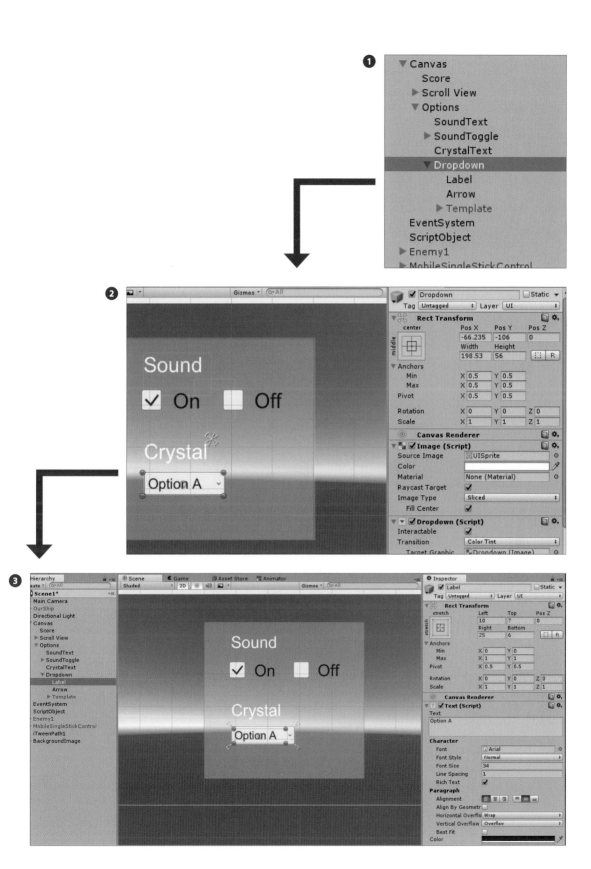

드롭다운 컴포넌트를 자세히 보면, 중요한 것은 Value와 Options입니다. Value는 지금 현재 선택되어 있는 항목의 넘버입니다. 0부터 시작하고, 드롭다운 항목을 클릭했을 때 가장 가까이에 위치합니다. 아래나 위로 멀리 떨어진 항목일수록 1, 2, 3, 이런 식으로 Value값이 증가합니다. 시험 삼아 게임을 실행한 후 드롭다운 메뉴를 클릭하여 항목을 선택하면서 Value값이 변하는 것을 보면 알 수 있을 것입니다. 그리고 Option은 드롭다운 메뉴의 밑에 오는 항목들입니다. 항목의 이름을 나타내는 스트링값과 별도로 이미지를 지정할 수 있는 Sprite값으로 이루어져 있습니다. 이 옵션 항목은 스크립트로 게임이 돌아가고 있는 와중에 수정, 증감이 가능합니다.

이어서 계속 드롭다운 오브젝트를 수정해 보겠습니다. 현재 상태에서 게임을 실행해서 드롭다운을 눌러보면 안에 있는 항목이 너무 작게 나옴을 알 수 있습니다. 이것을 좀 더 크게 키워보겠습니다. 드롭다운의 밑에 있는 항목들의 Height 등을 수정해서 할 수 있습니다. 아래의 Template 항목은 지금은 비활성화되어 있어 안보이지만 게임 실행 후 드롭다운을 클릭하면 나타나는 항목입니다.

다음의 이미지는 각각의 드롭다운 오브젝트의 하위의 오브젝트들의 구체적인 인스펙터 설정값을 보여주기 위한 것입니다. 참고하셔서 우선은 똑같이 만들어 놓고 따라해 보시기 바랍니다.

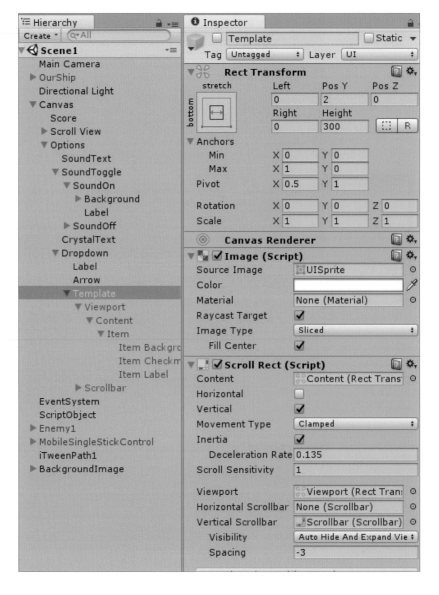

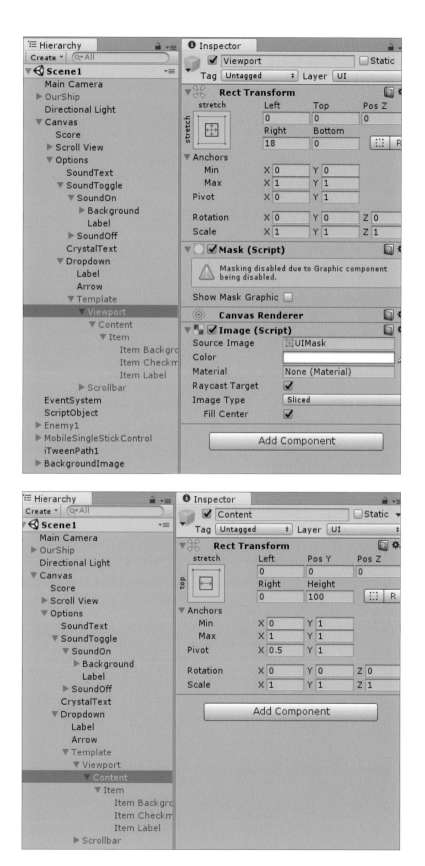

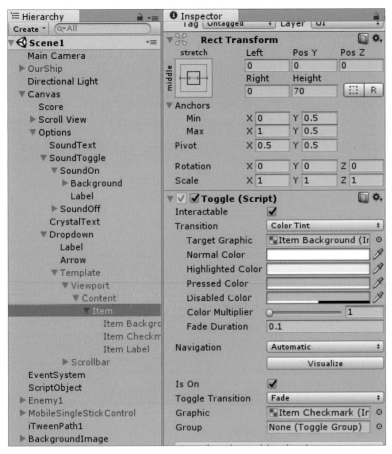

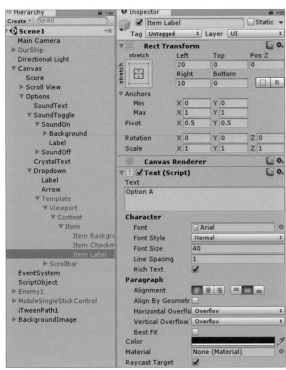

이제 드롭다운의 옵션의 수를 늘려놓고 게임을 실행하여 하위의 항목들이 적당한 크기로 나오는지, 스크롤바가 작동하는지 점검해 봅니다.

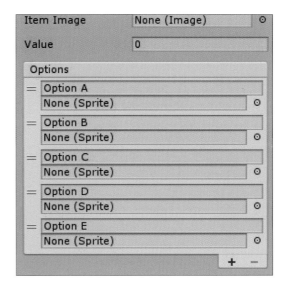

게임을 실행 후 드롭다운 항목을 켜보면 항목이 위로 표시되는 것을 볼 수 있습니다. 이것은 밑으로 표시되면 전체 길이 (Template 오브젝트의 Height인 300)를 다 표시할 수 없으므로 유니티에서 자동적으로 위로 표시되게 해 준 것입니다. 씬 화면에서 드롭다운을 좀 위로 올려서 다시 게임을 실행해보면 항목이 밑으로 나오는 것을 볼 수 있습니다.

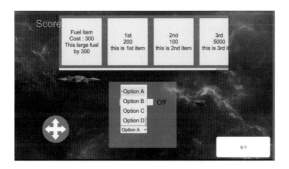
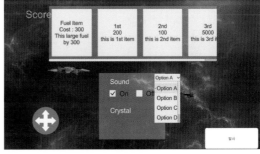

상황에 맞게 드롭다운의 위치를 정해주면 아래나 위로의 표시방향은 유니티가 알아서 정해줍니다. 그럼 이제 이 드롭다운의 각 항목을 우리가 원하는 대로 바꾸는 방법을 알아보아야 할 차례입니다. 교환할 크리스탈의 개수 목록을 드롭다운 항목에 넣어볼까요? 1, 5, 10, 50, 100, 500, 1000 등의 수치를 드롭다운 메뉴로 표시하고 싶다고 해봅시다. 그럼 먼저 이 수치들을 가진 변수를 설정해야 합니다. public int[] crystalNumForChan; 이런 식으로 int값의 배열을 가지는 변수를 UIManager에 설정합니다. 그리고 저장 후 인스펙터에서 값을 넣습니다.

위와 같이 임시로 사이즈를 7로 설정해서 7개의 칸을 만들어주고 각각 위의 수치를 넣었습니다. 그리고 드롭다운 레퍼런스를 위한 변수를 설정하고 드롭다운을 등록합니다.

```csharp
public class UIManager : MonoBehaviour
{
    public static UIManager Instance;
    public Text scoreText;
    public Transform scrollTrans;
    public GameObject buttonItem;
    public List<SellItem> itemList = new List<SellItem>();
    public int[] crystalNumForChan;
    public Dropdown CrystalDropdown;


    void Awake()
    {
        Instance = this;
```

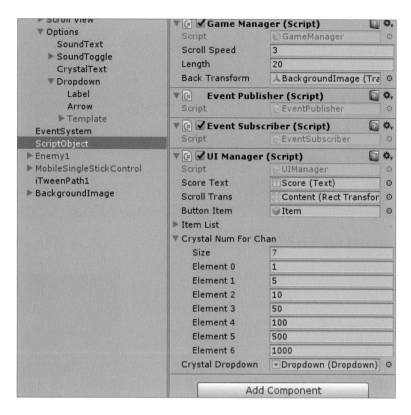

그리고 드롭다운의 하위항목을 우리가 원하는 값으로 바꿔주는 코드를 짭니다. 다음과 같이 작성합니다.

### ✅ 드롭다운 #1

```
void SetDropDown()
    {
        CrystalDropdown.options.Clear();
        for (int i = 0; i < crystalNumForChan.Length; i++)
        {
            Dropdown.OptionData data = new Dropdown.OptionData {
text = crystalNumForChan[i].ToString() };
            CrystalDropdown.options.Add(data);
        }
    }
```

먼저 Dropdown.option.Clear() 명령어로 해당 드롭다운에 있던 기존의 옵션들을 없애줍니다. 그리고 드롭다운의 값(표시되는 텍스트의 string 값과 이미지 sprite 값)을 변수로 가지는 Dropdown.OptionData라는 클래스가 있습니다. 이것을 써서 우리가 원하는 값으로 바꿔주는 것이 위 코드의 핵심내용입니다. 이제 저장하고 게임을 실행해보면 숫자 1, 5, 10 등의 값이 항목에 들어있는 것을 볼 수 있습니다. 드롭다운의 처음에 표시되는 이름도 Label에서 바꿨습니다.

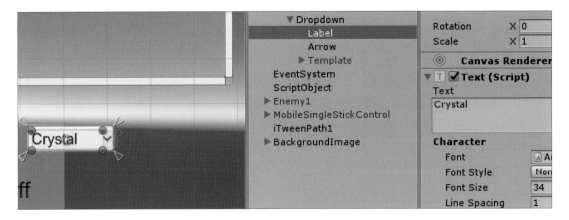

게임 실행 시 다음과 같이 나오면 성공입니다.

항목에서 아래위로 마우스(모바일 시에는 터치로 가능)로 드래그헤서 이레위로 스크롤 할 수도 있습니다. 이제 드롭다운도 거의 완료입니다.

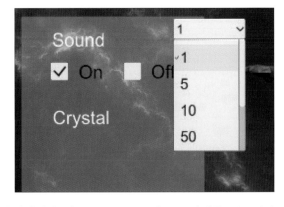

마지막으로 드롭다운에서 특정항목을 선택할 시에, 현재 선택된 값은 이미 드롭다운의 Value 항목에 저장되어 있으므로, 그것을 참조하여 자신이 원하는 값으로 바뀌도록 해봅시다. 가령 이 드롭다운의 값이 바뀔 때마다 호출될 함수를 하나 두고, 거기서 Drop-down을 파라미터로 받게하여 .value 로 검출해내는 방법입니다. 바로 UIManager의 코드 전체를 보는 것이 이해가 빠를 것입니다.

### ✔ 드롭다운 #2

```
using System.Collections.Generic;
using UnityEngine;
using UnityEngine.UI;

[System.Serializable]
public class SellItem
{
    public string name;
    public string cost;
    public string description;
}
public class UIManager : MonoBehaviour
{
    public static UIManager Instance;
    public Text scoreText;
```

```csharp
    public Transform scrollTrans;
    public GameObject buttonItem;
    public List<SellItem> itemList = new List<SellItem>();
    public int[] crystalNumForChan;
    public Dropdown CrystalDropdown;

    void Awake()
    {
        Instance = this;
    }
      void Start ()
      {
          SetItem();
          SetDropDown();
      }


    void SetItem()
    {
        for (int i = 0; i < itemList.Count; i++)
        {
            GameObject go = (GameObject)Instantiate(buttonItem,
scrollTrans.position, Quaternion.identity);
            go.transform.SetParent(scrollTrans);
            go.GetComponentInChildren<Text>().text = itemList[i].
name + "\n" + itemList[i].cost + "\n"
                + itemList[i].description;
        }
    }


    void SetDropDown()
    {
        CrystalDropdown.options.Clear();
        for (int i = 0; i < crystalNumForChan.Length; i++)
        {
            Dropdown.OptionData data = new Dropdown.OptionData {
text = crystalNumForChan[i].ToString() };
            CrystalDropdown.options.Add(data);
        }
    }

    ❶ public void DropDownChanged(Dropdown drop)
    {
        Debug.Log("Selected value is "+crystalNumForChan[drop.
value]);
    }
    public void UpdateScore(int score)
    {
        scoreText.text = "Score : " + score;
    }
```

```
    void Update()
    {
        if (Input.GetKeyDown("d"))
        {
            GameObject go = (GameObject) Instantiate(buttonItem,
scrollTrans.position, Quaternion.identity);
            go.transform.SetParent(scrollTrans);
        }
    }

    public void SoundToggle(Toggle tog)
    {
        if (tog.isOn)
        {
            if (tog.name == "SoundOn")
            {
                // SoundManager 사운드 켜기
                Debug.Log("Sound on");
            }
            else
            {
                // SoundManager 사운드 끄기
                Debug.Log("Sound off");
            }
        }
    }
}
```

다른 부분은 앞서 설명했으므로 반복할 필요는 없고, 여기서는 추가된 ❶ DropDownChanged 함수를 보면
됩니다. 값이 바뀔 때마다 호출될 함수입니다. 그리고 이 함수를 드롭다운에서 등록해 줍니다. 등록하는 방법
은 앞서 나왔던 것과 동일합니다. ➕ 아이콘을 눌러 등록하면 됩니다.

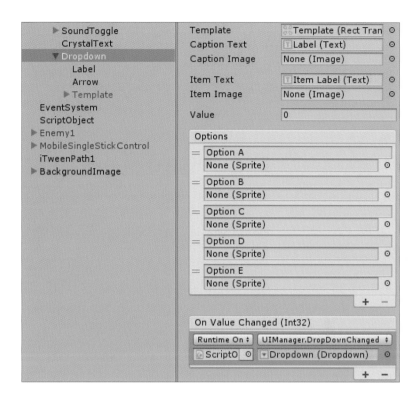

이제 게임 실행 후 드롭다운의 값을 바꿔보면 콘솔창
에 다음과 같은 메시지가 찍히는 것을 확인할 수 있
습니다.

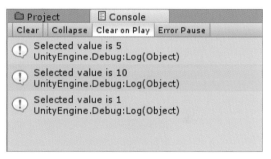

마지막으로 게임을 실행하면 드롭다운의 제일 처음에 보이는 값은 인스펙터에서 첫 번째 옵션에 설정해둔 값

이 보이게 됩니다.

가령 게임 시작 전에 옵션을 이렇게 설정해
두면,

게임을 실행한 후에 여기에서 첫 번째 옵션의 값이 1로 바뀌더라도, 드롭다운 메뉴에서 첫 번째로 보이는 글자
는 여전히 Option A로 남아있다는 말입니다.

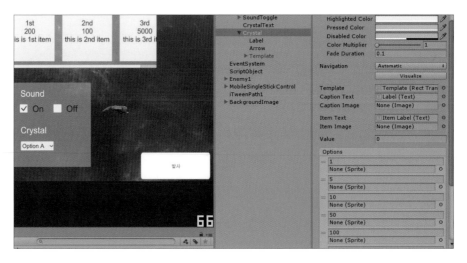

따라서 이것이 싫다면, 옵션의 첫 번째 값, 즉 1이 표시되도록 바꿔줘야 합니다. 이것도 코드로 할 수 있습니다.
SetDropDown 함수의 마지막에 한 줄을 추가하여 이렇게 작성합니다.

## ✔ 드롭다운 #3

```
void SetDropDown()
{
    CrystalDropdown.options.Clear();
    for (int i = 0; i < crystalNumForChan.Length; i++)
    {
        Dropdown.OptionData data = new Dropdown.OptionData { text
= crystalNumForChan[i].ToString() };
        CrystalDropdown.options.Add(data);
    }
    CrystalDropdown.captionText.text = crystalNumForChan[0].To-
String();
}
```

Dropdown.captionText라는 명령어로 맨 처음에 보이는 문자열 값을 조정할 수 있습니다. 여기서는 crystal-NumForChan 배열의 첫 번째 값인 1이 표시되도록 한 것입니다.

다음으로 이 옵션 창 자체도 켜고 끌 수 있도록 버튼을 2개 마련해야 합니다. 방법은 앞서 나왔던 상점 UI에서와 동일합니다. UIManager 스크립트에 변수와 함수를 추가로 설정합니다.

## ✔ 드롭다운 #4

```
public GameObject menuObj;
public void ToggleMenuUI(bool open)
    {
        menuObj.SetActive(open);
    }
```

상점 UI의 클로즈 버튼과 Shop 버튼을 복사해서 적당한 위치에 가져다 놓습니다.

각 버튼의 이름을 적당히 바꿔주고 Shop 버튼을 Menu로 텍스트를 바꿉니다. 그리고 새로 만든 클로즈 버튼과 메뉴 버튼은 각각 메뉴를 열고 닫는 기능을 해야 하므로 할당된 함수도 ToggleMenuUI로 바꿔줘야 합니다.

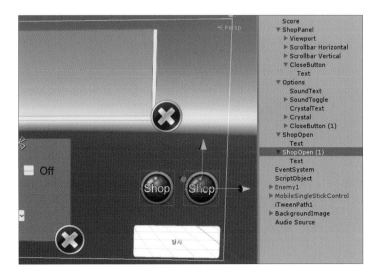

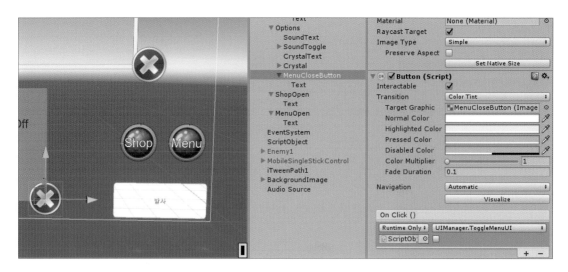

마지막으로 UIManager 에 옵션메뉴 오브젝트를 Menu Obj 변수에 할당하고 게임을 실행한 후 테스트를 해 봅니다. 각 버튼이 잘 작동하면 완료입니다.

이제 UI를 어떻게 만들고 또 스크립트로 우리가 원하는 대로 동작하게 하는지에 대해서 어느 정도 감이 잡혔 으리라 생각합니다. UI를 만드는 일은 소위 노가다 성이 짙고 자잘하게 알아야 될 사항이 많습니다. UI도 복잡 하거나 페이지가 많으면 시간도 많이 걸립니다. 게임 기획도 그렇지만 UI에서도 개발여력에 맞게 정말 필수적 인 것만 해야 합니다.

# CHAPTER 12

# 게임 사운드 넣기

이제 게임 사운드에 대해서 이야기해 보겠습니다. 게임에서 아무런 사운드도 없다고 가정하면 매우 어색하고 심심해집니다. 사운드는 게임의 매우 큰 부분을 차지하며 게임성에까지 영향을 미치기도 합니다. 유니티에서 사운드를 임포트하고 게임상에 적용하는 부분을 살펴보겠습니다.

# 12 게임 사운드 넣기

## SECTION 01 | 사운드 에셋 구하기 ▼

먼저 사운드 파일을 구해야 합니다. 보통 사운드 파일은 에셋 스토어나 혹은 게임음악 등을 파는 사이트에서 구합니다. 본인이 음악실력이 있다면 직접 작곡해서 쓸 수도 있습니다. 하지만 그림의 경우와 마찬가지로 이런 경우는 흔하지 않으며 퀄리티 문제도 있으므로 외부의 리소스를 사서 하는 경우가 많습니다. 사운드에도 2종류가 있습니다. 배경음악과 효과음입니다. 배경음악은 대개 1분~3분 정도의 음악이며 게임의 분위기에 맞는 것을 구해야 합니다. 타이틀화면, 게임 장면, 기타 다양한 장면에서 배경음악이 바뀌는 게 좋습니다. 따라서 여러 개의 배경음악이 필요합니다. 효과음은 게임상에서 이펙트가 발생했을 때, 물리적인 충돌이 일어났을 때, 폭발효과, 달리는 소리, 기타 메뉴 등을 열고 닫는 소리도 포함됩니다.

이런 사운드 이펙트를 구입하는 곳은 앞서도 소개했지만, 대표적으로 엔바토 마켓 산하의 오디오정글이나 유니티 에셋 스토어 등이 있습니다.

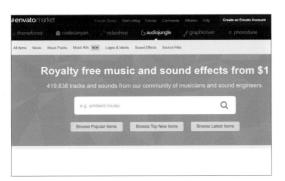 

여기서 샘플을 들어보고 마음에 드는 것으로 구하면 됩니다. 게임에서 사운드가 차지하는 비중이 생각보다 크기 때문에, 여력이 된다면 전문가에게 제작을 맡기는 것이 좋습니다. 분위기에 맞는 음악도 종류가 너무 많아서 적절한 것을 고르는 일도 매우 시간이 많이 걸리는 일입니다. 효과음으로 가면 더욱 심해집니다. 보통 한 게임에서 적게는 효과음 수십 종, 많게는 수백, 수천 종의 효과음이 필요한데 일일이 적절한 것을 찾는 일은 상당히 힘들고 노가다이기 때문에 전문가가 자신이 보유하고 있는 수많은 소스를 수정해서 쓰거나 아니면 아예 직접 제작하는 것이 빠르기 때문입니다. 물론 이것도 비용이 꽤 드는 일입니다.

# SECTION 02 | 사운드 에셋 유니티에 적용하기 ▾

## 1. 사운드 에셋 임포트하기

그럼 이렇게 구한 사운드 파일을 유니티에서 활용하는 방법을 알아보겠습니다. 사운드 파일의 확장자로 보통 많이 쓰이는 것이 .mp3, .ogg, .wav 등이 있습니다. wav파일은 용량이 크므로 가급적 피해야 합니다. 물론 용량에 신경 쓰지 않아도 되는 콘솔게임의 경우에는 큰 용량의 파일이 음질면에서 더 좋으므로 넣어도 무방하지만 용량이 작은 mp3나 ogg 파일의 경우에도 모바일 게임에서는 충분하므로 mp3나 ogg가 많이 쓰이고 있습니다. 사운드를 유니티로 임포트하는 방법은 쉽습니다. 컴퓨터에 있는 사운드 파일을 파일탐색기에서 끌어다가 유니티이 프로젝트란에 놓으면 됩니다.

가져온 오디오 파일을 클릭해서 인스펙터를 보면 아래와 같습니다.

중요한 옵션들만 설명해보면, ❶ Force to Mono는
스테레오 채널의 오디오 파일을 강제로 싱글 채널로
변환합니다. 그래서 용량을 줄일 수 있습니다. 대신 스
테레오처럼 음의 좌우분리는 됩니다.

그리고 ❷ Load Type에서 Compressed In Memo-
ry 항목은 메모리에 사운드를 압축하여 저장하고 있
다가 플레이 할 때 압축을 푸는 것으로서 용량이 큰 파
일에만 쓰는 것이 좋습니다. Decompress On Load
항목은 씬을 로드 할때 사운드 파일이 로드 되자마자
압축을 푸는 것으로 작은 크기의 압축된 사운드에 쓰
는 것이 좋습니다.

다음으로 ❸ Compression Format에서 PCM은 가
장 파일 사이즈가 크게 되지만 음질도 가장 좋습니다.
Vorbis/MP3는 파일 사이즈를 우선시할 때 좋습니다.
이 포맷이 용량과 음질을 적절히 타협한 것으로 추천할 만 합니다. Vorbis를 선택하면 Quality를 정할 수 있는
바가 나옵니다.(100이 최고 음질이지만 용량도 가장 많이 차지) ADPCM은 노이즈가 좀 섞여 있지만 파일 사이
즈도 PCM보다 적고 CPU사용량도 Vorbis 보다 적습니다. 따라서 대량으로 플레이 되어야 하고 음질이 크게
중요하지 않은 폭발음, 발소리, 무기소리 등에 적합합니다.

## 2. AUDIO LISTENER (오디오 리스너)

사운드 파일을 유니티 안으로 가져왔다면 이제 실제로 게임 안에서 그 사운드를 재생시켜야 합니다. 그 전에 생
각해봐야 할 것으로, 사운드가 게임 안에서 플레이 되면 그것은 누가 듣습니까? 즉 유저의 귀 역할을 대신해서
사운드를 듣는 주체가 있어야 합니다. 이것을 유니티에서 오디오 리스너(Audio Listener)라고 합니다. 이것이
필요한 이유는 3D 사운드 때문입니다. 3D 사운드, 즉 게임 안의 어디에서 사운드가 플레이 되는지 중요한 경
우, 그 사운드를 듣는 물체의 위치에 따라 그 사운드가 다르게 들릴 수 있기 때문입니다. 거리에 따라, 소리가 반
사되는 주변환경 등에 따라 어디서 그것을 듣느냐도 중요할 수 있기 때문에 오디오 리스너를 어디에 있는 어떤
물체에 붙이느냐도 중요할 수 있습니다.

보통 유니티에서 새로운 씬을 만들거나 시작하면, Main Camera가 있는데 이 물체의 하단에 기본적으로 오디
오 리스너가 붙어있습니다.

이 오디오 리스너는 하나의 씬 안에는 한 개만 존재해야 합니다. 듣는 주체는 즉 게임을 플레이하는 유저와 마찬가지이므로 하나밖에 존재할 수 없는 것입니다. 만약 둘 이상의 오디오 리스너가 존재하면 게임 실행 시 다음과 같은 에러 메시지가 계속 콘솔창에 출력됩니다.

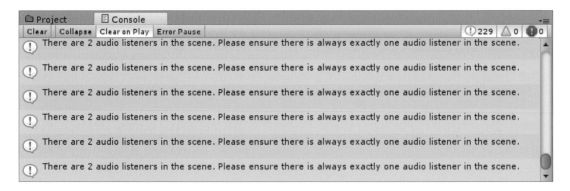

그럼 이 오디오 리스너를 어디에 두어야 할까요. 듣는 사람은 결국 유저입니다. 그리고 유저는 카메라를 통해 게임을 보고 체험합니다. 따라서 메인카메라에 오디오 리스너가 있는 것이 자연스럽습니다. 만약 게임 안에서 2개 이상의 카메라를 쓰고 경우에 따라 그것들 사이를 왔다 갔다 한다면, 오디오 리스너도 그때마다 옮겨주거나 아니면 현재 유저가 보고 있는 카메라의 오디오 리스너는 활성화 해주고 나머지 카메라의 오디오 리스너는 비활성화하는 식으로 해야 합니다. 컴포넌트의 활성화/비활성화는 각 컴포넌트의 왼쪽 위에 달린 체크박스를 체크/해제 하는 것으로 가능합니다.

이것은 스크립트로 게임을 실행하는 와중에도 할 수 있습니다. 가령 오디오 리스너를 활성화/비활성화 하려면, 다음과 같이 하면 됩니다.

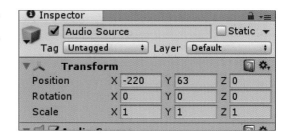

✔ 오디오 리스너 #1

```
private AudioListener audioListen;
    void Start ()
    {
        audioListen = GetComponent<AudioListener>();
        audioListen.enabled = false;
    }
```

즉 AudioListener 타입의 변수를 하나 설정해주고, 같은 물체에 있는 오디오 리스너를 이 변수에 등록시켜 준 후 .enabled = true 혹은 .enabled = false와 같은 식으로 true면 활성화, false면 비활성화해 줄 수 있습니다. 혹은 이 오디오 리스너 참조변수를 계속 쓸 일이 없고 단발성으로 비활성화만 하고 끝날 것 같으면 그냥 GetComponent<AudioListener>().enabled = true;와 같이 바로 .enabled를 쓸 수도 있습니다.

게임 안에서 사운드의 3D효과를 쓸 예정이 없다면, 그냥 오디오 리스너는 어떤 물체에든지 붙여서 최소 하나 만 존재하도록 하면 됩니다. 2D 사운드는 어디서 플레이 되는 소리이든 간에 모두 다 거리에 상관없이 잘 들 릴 것입니다.

## 3. AUDIO SOURCE (오디오 소스)

그럼 이제 오디오를 듣는 주체에 대한 문제는 어느 정도 알았으니, 이제 오디오 자체를 게임 상에서 등장시 켜 플레이 하는 것에 대해 알아볼 차례입니다. 앞서 유니티로 오디오 파일을 가져온 것을 오디오 클립 (Audio Clip)이라고 하는데, 이것을 게임 위에 등장시킬 때 여러 가지 처리를 하는 게임 오브젝트를 오디오 소스라고 부릅니다.

상단 메뉴 GameObject → Audio → Audio Source를 선택해서 오디오 소스를 하나 만듭니다.

역시 많이 쓰이고 중요한 옵션만 설명하겠습니다. 가장 위의 ❶ AudioClip에 플레이 할 음악파일을 유니티로 가져와서 그것을 여기에 등록할 수 있습니다. 게임이 멈춘 상태에서 씬 화면에서 직접 등록할 수도 있고, 게임을 플레이 하는 와중에 스크립트로 등록되도록 할 수도 있습니다. 그리고 ❷ Mute는 켜면 음소거를 하는 것이고, ❸ Play On Awake는 게임을 시작하자마자, 혹은 이 오디오 소스를 가진 게임 오브젝트가 게임 내에 등장하자마자 재생을 시작하는 기능을 말합니다. 그리고 ❹ Loop는 체크되어 있을 경우 이 오디오 소스에 등록된 AudioClip을 계속 반복 재생합니다. ❺ 볼륨은 말 그대로 음악의 크기 입니다. 1이 최대치입니다. ❻ Pitch는 음악이 플레이 되는 속도로서, 이 피치에 극히 미세한 수치 (0.03~0.05 정도)의 변화를 랜덤하게 주어서 플레이하면, 같은 음악을 들어도 질리는 느낌이 덜하게 됩니다. ❼ Spatial Blend는 2D와 3D사이의 값을 조절할 수 있는데 기본적으로 0, 즉 2D사운드로 설정되어 있습니다. 2D 사운드는 오디오 리스너가 게임 상에 어디에 있든, 오디오 소스랑 얼마의 거리가 떨어져 있든 상관없이 항상 일정하게 오디오 소스의 원본 음악 그대로 재생되게 됩니다. 반면 3D쪽으로 갈수록 음악에 3D의 효과가 부여되게 됩니다. 즉 거리감, 원근감 등이 생깁니다. 오디오 리스너와의 거리가 너무 멀면 소리가 아예 들리지 않을 수도 있습니다. 이 수치를 3D쪽으로 줬을 경우, 하단의 3D Sound Settings 항목에서 각종 3D 사운드 관련 설정을 할 수 있습니다.

오디오 소스는 스크립트로 컨트롤 하는 경우가 많습니다. 배경음은 계속 플레이 되고 있어야 하고 효과음은 생성되었다가 효과음 플레이가 끝나면 사라져야 합니다. 그리고 유저의 재생음악 변경, 볼륨조작, 사운드 켜기/끄기 등을 적용해야 하는 등의 일 처리를 해야 하기 때문입니다. 따라서 다음에서 저자가 개발하면서 많이 썼던 사운드 스크립트를 하나 공개합니다. 이것을 보면서 설명을 계속 하겠습니다.

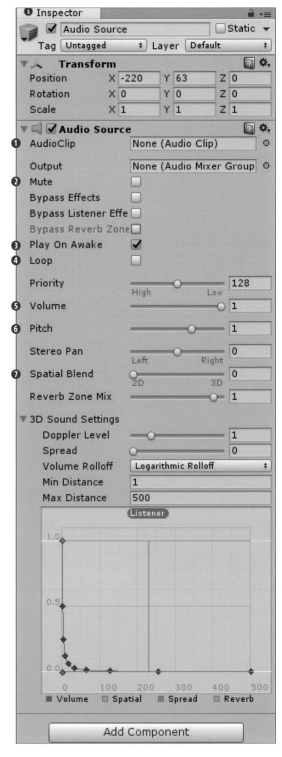

# SECTION 03 | 사운드 매니저 스크립팅

이것은 배경음악을 플레이하고, 효과음을 생성시키며, 볼륨을 조절하고, 배경음악을 바꾸는 등 사운드를 처리하는 스크립트 입니다

### ✅ 사운드 매니저 스크립팅 #1

```csharp
using UnityEngine;
using System.Collections;

public class SoundScript : MonoBehaviour
{
    public static SoundScript Instance;
❶ void Awake()
    {
        Instance = this;
        DontDestroyOnLoad(this.GameObject);
        thisAudio = GetComponent<AudioSource>();
    }

❸   public float globalBasicVol = 0.8f;
    public AudioClip[] stageBGM;
    public AudioClip titleBGM;
    public AudioClip interBGM;
    public AudioClip levelUpClip;
    public float termBetweenMusic = 0.5f;
    public float fadeOutTime = 0.7f;
    public bool EffectSoundOn = true;
    public bool BGMOn = true;
❷ public AudioSource thisAudio;

    private bool playbool;

    void Start()
    {
        thisAudio.volume = globalBasicVol;
    }

❹   public AudioClip GetAudio()
    {
        switch (GameManager.Instance.ChangeScene)
        {
            case GameScene.Title:
                return titleBGM;
            case GameScene.InterMission:
                return interBGM;
            case GameScene.Stage:
```

```
                        return stageBGM[Random.Range(0, stageBGM.
Length)];
            }
            return stageBGM[0];
    }
    ❺ public void SoundTurnOnOff(bool on)
    {
        thisAudio.mute = !on;
        BGMOn = on;
        EffectSoundOn = on;
    }
public void ChangeVolume(float vol)
    {
        globalBasicVol = vol;
        thisAudio.volume = vol;
    }
    public void PlayMusic(AudioClip clip, bool loop)
    {
        StartCoroutine(PlayNextBGM(clip, loop));
    }
    public void StopMusic()
    {
        StartCoroutine(StopPlay());
    }
    public void PlayProperMusic()        // 각 장면에 맞는 음악을 알아서 재
생하도록 할 때
    {
        StartCoroutine(PlayNextBGM(GetAudio(), true));
    }
    IEnumerator StopPlay()
    {
        if (thisAudio.isPlaying)
            yield return StartCoroutine(FadeOutSound(fadeOut-
Time));
        thisAudio.Stop();
        thisAudio.volume = globalBasicVol;
        playbool = true;
    }

    public IEnumerator PlayNextBGM(AudioClip clipReceived, bool
loo)
    {
        if (thisAudio.clip == clipReceived)
        {
            yield return null;
        }
        else
        {
            thisAudio.clip = clipReceived;
```

```
            yield return new WaitForSeconds(termBetweenMusic);
            if (thisAudio.isPlaying)
                yield return StartCoroutine(FadeOutSound(fadeOut-
Time));
            thisAudio.Stop();
            thisAudio.volume = globalBasicVol;
            thisAudio.loop = loo;
            thisAudio.Play();
            playbool = false;
        }
    }

 ❻ void Update()
    {

        if (!GetComponent<AudioSource>().isPlaying && !playbool
&& GetAudio() != null)
        {
            playbool = true;
            StartCoroutine(PlayNextBGM(GetAudio(), true));
        }
    }


 ❼ IEnumerator FadeOutSound(float seconds)
    {
        float vol = GetComponent<AudioSource>().volume;
        float startTime = Time.time;
        float endTime = Time.time + seconds;
        while (thisAudio.volume >= 0.1f)
        {
            thisAudio.volume = Mathf.Lerp(vol, 0.0f, (Time.time -
startTime) / (endTime - startTime));
            yield return null;
        }
    }
    public void Play(AudioClip a)
    {
        if (EffectSoundOn)
        {
            SoundSource S = new SoundSource(a);
        }
    }
}

 ❽ public class SoundSource
{

    public GameObject gameObj;
```

```
    public SoundSource(AudioClip a)
    {
        gameObj = new GameObject("SoundSource");
        gameObj.tag = "AddedSound";
        gameObj.AddComponent<AudioSource>();
        gameObj.GetComponent<AudioSource>().clip = a;
        gameObj.GetComponent<AudioSource>().mute = SoundScript.
 Instance.EffectSoundOn;
        gameObj.AddComponent<DestroySound>();
        gameObj.GetComponent<DestroySound>().Set(a.length);
        gameObj.GetComponent<AudioSource>().Play();
    }
}
```

어떤 게임에서든 사운드 관련해서 처리해야 할 일이 비슷하기 때문에 이런 스크립트 하나만 작성해 놓으면 모든 게임에 거의 그대로 쓸 수 있으므로 매우 편합니다. 사운드 스크립트의 내용이 길기 때문에 하나씩 살펴보겠습니다. 먼저 ❶ Awake부분입니다. 앞서 나온 바와 같이, SoundScript.Instance. 이런 형식으로 다른 스크립트에서 사운드 스크립트로 접근하기 위해서 Instance 변수를 선언하고 할당해 주었습니다. 그리고 DontDestroyOnLoad 명령어를 붙여서 씬이 바뀌어도 이 사운드 스크립트는 계속 유지되도록 했습니다. 씬이 하나뿐인 게임이라면 필요 없는 명령어입니다.

그리고 ❷ thisAudio라는 변수를 두어서 본 스크립트와 같은 게임 오브젝트에 붙인 AudioSource 컴포넌트에 접근할 수 있게 레퍼런스를 마련했습니다. 매번 GetComponent로 접근하는 것보다 이런 식으로 변수에 할당해두고 계속 사용하는 쪽이 퍼포먼스 측면에서 조금이나마 낫기 때문에 다른 컴포넌트도 만약 접근할 일이 많다면 이런 식으로 구성하는 것이 좋습니다.

다음으로 ❸ globalBasicVol라는 변수는 볼륨을 설정하고 사운드를 재생할 때 이 볼륨을 적용하도록 하는 용도입니다. 그리고 AudioClip 부분은 각종 배경음악 및 효과음을 변수로 할당해두는 목적입니다. stageBGM은 AudioClip[ ]으로, 즉 배열로 선언한 바, 스테이즈 배경음은 여러 개를 두고 돌아가면서 혹은 랜덤으로 쓰는 경우가 많기 때문에 배열타입으로 선언했습니다. termBetweenMusic은 말 그대로 다른 음악을 재생시킬 때 중간에 약간의 시간간격을 두기 위한 것이며 fadeOutTime은 음악을 중단시키거나 다른 것으로 바꿀 때, 갑자기 끄면 어색하므로 서서히 볼륨을 줄이도록 하기 위해서 둔 변수입니다. 그리고 EffectSoundOn은 효과음 재생을 키거나 끈 상태를, BGMOn은 배경음악 재생을 키거나 끈 상태를 나타내기 위한 변수입니다.

그리고 ❹ GetAudio 함수는 현재 게임의 상태에 따라 맞는 배경음악을 리턴하여 플레이 하기 위한 함수입니다. 지금 게임이 타이틀 화면일 때, 미션중간일 때, 스테이지를 플레이 하는 중일 때, 등에 맞춰서 게임음악을 골라서 정해주는 기능을 합니다.

❺ SoundTurnOnOff는 모든 사운드를 키고 끄는 함수입니다. !on은 bool값인 on의 반대를 받는다는 의미입니다. 즉 on이 참이면 !on은 거짓을 나타냅니다. ChangeVolume 함수는 말 그대로 볼륨을 조절하는 함수이

고 PlayMusic은 특정한 오디오 클립을 받아서 그 클립을 플레이하는 함수입니다. StopMusic은 말 그대로 음악 재생을 멈추는 함수이며 PlayProperMusic은 알아서 현재 게임의 장면에 맞는 음악을 플레이 하는 함수입니다. PlayNextBGM은 다음 배경음악을 재생하는 핵심적인 함수입니다. 스크립트 내용을 살펴보면, 먼저 현재 플레이 되고 있는 음악을 서서히 멈춥니다. 이 서서히 멈추는, 즉 볼륨을 일정시간 안에 서서히 줄여서 0으로 만드는 함수가 FadeOutSound입니다. 이것은 일정시간 동안 실행되어야 하므로 코루틴으로 만들었습니다. 그리고 호출은 yield return StartCoroutine식으로 하여 이것이 실행될 동안 그 다음 코드, 즉 thisAudio. Stop();이 호출되지 않습니다. 다시 말해 FadeOutSound문이 완전히 다 실행된 다음, 즉 볼륨이 거의 0에 가깝게 줄어든 다음에 오디오를 멈추고, 다시 새로 받은 음악을 재생시키는 것입니다.

그리고 ❻ 6Update 안에 있는 코드의 의미는, 음악이 재생되지 않는 순간을 없애기 위한 것입니다. 상황에 맞는 음악이 만약 loop, 즉 반복 설정이 되어 있지 않다면 한 번 플레이가 끝난 뒤에는 멈추고 다른 음악이 자동으로 재생되지 않습니다. 이런 상황을 막기 위해 둔 것입니다. 항상 상황에 맞는 음악이 나오도록 하는 코드입니다.

❼ FadeOutSound는 앞서도 나왔듯이 주어진 시간 안에 볼륨을 최대로 낮추는 코루틴입니다. 그리고 Play 함수는 효과음을 플레이 하기 위한 함수입니다. 게임상에서 효과음은 배경음악과 동시에 나오게 됩니다. 즉 배경음악은 배경음악대로 나오고 있고, 그것과 별도로 각종 효과음은 플레이 되는 것입니다. 이 함수 안에서 Sound-Source라는 클래스의 인스턴스를 생성합니다. SoundSource S = new SoundSource(a, loop) 부분입니다.

그리고 그 밑에서 ❼ SoundSource 클래스를 정의하고 있습니다. 여기에 public SoundSource(AudioClip a) 부분, 즉 생성자라고 하는 것이 나왔습니다. 클래스 명과 같은 이름의 함수이고, 앞에 void 등의 반환형식이 없습니다. 이것은 new SoundSource라는 형식으로 클래스의 인스턴스가 만들어질 때 자동적으로 한 번 호출되는 함수입니다.

먼저 SoundSource라는 이름의 게임 오브젝트를 만듭니다. 그리고 AddedSound라는 이름의 태그를 붙입니다. 이것은 혹시 나중에 현재 생성되어 있는 효과음들을 모두 찾아내서 파괴시키거나 혹은 다른 어떤 작업을 하기 위한 용도로 미리 만들어두는 것입니다. 그리고 효과음을 재생하기 위해서 AddComponent로 오디오 소스를 붙입니다. 이 오디오 소스에 각종 주요한 설정을 해주고, 또 별도로 DestroySound 스크립트를 붙입니다. 그리고 이 스크립트에 Set이라는 함수를 설정해주고 오디오 클립의 길이를 파라미터로 넘겨줍니다. Set(a. length) 부분입니다. 이 디스트로이 스크립트는 다음과 같습니다.

### ✅ 사운드 매니저 스크립팅 #2

```
using UnityEngine;

public class DestroySound : MonoBehaviour {
public void Set(float time)
    {
        Destroy(GameObject, time);
    }
}
```

Set라는 함수만 가지고 있는 아주 심플한 코드입니다. time으로 받은 float값만큼의 시간이 흐른 후에 이 스크립트가 붙은 게임 오브젝트, 즉 여기서는 생성된 효과음을 파괴시키는 내용입니다.

이제 이 사운드 스크립트를 ScriptObject에 붙이고 또 Audio Source 컴포넌트를 붙여주면 준비는 완료입니다. 그리고 각 AudioClip 변수부분에 음악파일을 할당해주면 됩니다. 오디오 소스의 Play On Awake는 껐습니다. 상황에 맞게 플레이 타이밍을 조절할 경우도 있으므로 Play On Awake를 켜놓으면 스크립트에서 콘트롤 하기 전에 바로 할당된 오디오 클립을 재생하기 때문입니다.

이제 다른 스크립트에서 사운드를 재생하려면, 특히 배경음악을 재생하려면 PlayMusic 혹은 PlayProperMusic 함수를 호출하면 되고, 효과음을 재생하려면 Play 함수를 호출하면 됩니다.

테스트 해보기 위해서 GameManager에 다음코드를 추가합니다. 먼저 Start에서 ChangeScene = GameScene. Title로 처음에 씬을 타이틀로 바꿔주고, 다음으로

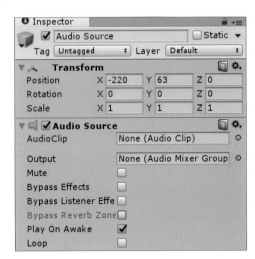

#### ✔️ 사운드 매니저 스크립팅 #3

```
public void GameSceneChanged(GameScene scene)
    {
        Debug.Log("Game scene changed to "+scene);
        SoundScript.Instance.PlayProperMusic();
    }
```

위와 같이 씬이 바뀔 때마다 적절한 배경음악을 재생하도록 하는 코드를 한 줄 추가합니다. 이제 사운드 스크립트에서 각 씬 별로 플레이 될 음악을 인스펙터에 할당해두고 게임을 실행하면 게임타이틀 음악이 먼저 플레이 되는 것을 들을 수 있습니다.

그리고 효과음을 플레이하고 싶다면, 먼저 효과음 오디오클립을 변수로 어느 스크립트에서든 등록한 후 SoundScript.Instance.Play(등록한 효과음 변수명) 이렇게 호출하면 됩니다.

이제 사운드 및 이를 관리하는 스크립트에 대해서 알아보았으므로, 다음 주제로 넘어가겠습니다.

CHAPTER **13**

# 게임 이벤트 넣기

# 13
# 게임 이벤트 넣기

## SECTION 01 | 게임의 정지 및 재개 구현

게임 상에서 어떤 이벤트나 혹은 컷씬(Cut Scene) 등이 등장할 필요가 있는 경우가 많습니다.

아무리 단순한 게임이라 하더라도 이벤트가 없는 게임은 성립할 수 없기 때문입니다. 그래서 게임 기획자는 사용자들의 흥미를 이끌어낼 수 있는 이벤트를 만들기 위해 며칠씩 골머리를 썩어가며 기획에 몰투할 수밖에 없는 것입니다. 실제로는 아주 잠깐 지나가는 장면에 불과하지만, 이벤트가 게임의 재미를 결정하는 아주 중요한 요소가 되기도 합니다. 그렇다면 이런 이벤트는 어떻게 구현해야 할까요?

이때 게임을 잠시 멈추거나 혹은 플레이 하는 와중에 이벤트를 보여주거나 유저의 입력을 받은 후 다시 게임을 재개하는 식으로 구현해야 합니다. 이벤트를 보여주는 것은 보통 현재 진행중인 코루틴 안에 다시 별도의 코루틴을 넣는 방식으로 구현할 수 있습니다. 또 게임을 멈추는 것은 Time.timeScale = 0;으로 타임스케일 값을 0으로 설정하면 게임이 멈춥니다. 반면 1로 하면 다시 진행되며, 0과 1사이의 값을 주면 느려지게 됩니다. 물론 1보다 큰 값을 주면 그 비례만큼 빨라지게 됩니다. 이것을 실제 코드로 테스트 해보겠습니다. 게임매니저 스크립트를 다음과 같이 수정, 추가합니다.

### ✅ 게임의 정지 및 재개 구현 #2

```
void Start ()
    {
        StartCoroutine(MoveBackground());
        StartCoroutine("MainGameLoop");
        ChangeScene = GameScene.Title;
        StartCoroutine(TestCo());
    }

    private bool testBool;
    IEnumerator TestCo()
    {
        float val = 0;
        while (val < 2)
        {
            Debug.Log(Time.time);
            val += Time.deltaTime;
            if (!testBool && val > 1)
            {
                Time.timeScale = 0;
                yield return StartCoroutine(Test2());
            }
            Time.timeScale = 1;
            yield return null;
        }
    }

    IEnumerator Test2()
    {
        testBool = true;
        yield return new WaitForSecondsRealtime(1);
    }
```

먼저 TestCo라는 코루틴을 실행합니다. 이것이 지금 스테이지를 진행하는 메인 격의 코루틴에 해당하고, 이 코루틴은 2초동안 실행될 것을 가정하고 있습니다. 그런데 1초 후에 어떤 이벤트를 발생시키고 또 그 동안 게임을 멈추고 싶다고 한다면, 코드가 위에 나와있습니다. Time.timeScale = 0으로 게임을 멈출 수 있습니다. 그리고 Test2라는 코루틴을 다시 시작합니다. 앞에 yield return을 붙였으므로 이 코루틴이 완료될 때까지 그 하위의 코드(Time.timeScale = 1;)는 실행되지 않고 대기할 것입니다. 그럼 Test2 코루틴에서 이벤트 컷씬을 등장시킨다든지, 유저가 선택할 수 있는 대화창 UI를 띄운다든지, 기타 스토리 진행 등을 UI를 통해서 나오게 하고, 그 시간에 걸릴법한 수치를 정한 후에 WaitForSecondsRealtime 명령어로 일정시간 동안 대기하게 할 수 있습니다. 혹은 유저의 입력을 받게 설정하고 그 입력을 받은 후에 코루틴이 진행되게 할 수도 있습니다. 보통 코루틴 안에서 일정시간을 대기시킬 경우 yield return new WaitForSeconds를 쓰면 됩니다. 여기서 뒤에 Realtime을 붙인 명령어를 쓴 이유는, 앞서 Time.timeScale로 시간이 멈춘 상태이기 때문에, 이에 영향 받는 WaitForSeconds 는 무한정 대기시키게 되므로, Realtime을 붙여서 실제의 시간대로 계측하기 위해서입니다.

## SECTION 02 | 이벤트 처리 구현 ▼

게임의 이벤트도 역시 위처럼 코루틴 안에 또 다른 코루틴을 넣는 식으로 별도로 실행시킬 수 있습니다. yield return을 붙이지 않고 그냥 StartCoroutine을 쓰면 게임진행과 동시에 어떤 일을 일어나게 할 수도 있습니다. 게임 이벤트로 많이 쓰이는 것 중에 화면의 양쪽에 캐릭터들의 초상화가 나오고, 화면 가운데 밑에서 스토리 진행, 혹은 이야기를 해나가는 식의 진행이 있습니다.

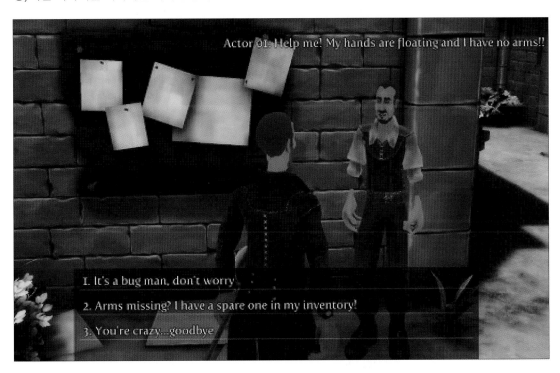

이것을 어떻게 만들지 생각해봅시다. 일단 겉보기에는 단순합니다. 그냥 캐릭터 그림 2개는 이미지를 갖다 놓으면 되고 가운데 대화창은 사각형 박스 UI에 글자를 타이핑 해주는 효과만 넣으면 됩니다. 캐릭터로 누구를 넣을지, 대화창에 어떤 대화를 넣을지, 어떤 타이밍에 대화를 바꾸고, 캐릭터를 바꿀지 등은 게임을 개발하는 와중에 수시로 달라질 수 있는 문제이므로 변경이 쉽게 되도록 하려면 단순히 보이는 부분만 만들어서는 안 됩니다. 즉 일종의 다이얼로그 엔진과 같은 것을 만들어서, 자신이 쓸 때 언제든지 대화를 쉽게 추가, 변경할 수 있는 툴이 필요하게 됩니다. 사실 이런 대화나 컷씬 부분은 게임에서 매우 자주 쓰이는 기능이므로 다른 개발자들도 겪었던 상황일 확률이 높고, 따라서 이런 에셋을 개발하여 스토어에 올려둔 사람들도 꽤 있습니다. 그 것을 그대로 사서 쓴다면 비용과 노력이 절감될 수 있습니다. 하지만 주의해야 할 것은 이런 대화창 엔진이라고 해도 자신의 게임에 필요한 요구사항과는 좀 다를 수 있으며 그럴 경우 그 툴을 익히는데 또 노력이 들어가

게 된다는 것입니다. 의문사항이 생길 때마다 그 툴을 만든 개발자에게(해외 개발자인 경우가 대부분입니다) 영문으로 질의해야 한다는 점도 있습니다. 이런 부담들을 고려하면 차라리 처음부터 자신이 원하는 대로 만드는 것이 더 나을 경우도 있습니다.

구체적인 이벤트 처리는 앞서 나온 코루틴 등을 응용하면 잘 풀어나갈 수 있으므로 여기서는 이 정도로 넘어가겠습니다.

# CHAPTER 14

# 게임의 저장

게임은 플레이하는 동안 다양한 데이터의 변경이 유저에 의해서 이루어집니다. 이것들을 저장하지 않는다면 유저는 그 동안 플레이했던 것들이 모두 없어져 버리므로 게임의 저장 필수 기능이라고 할 수 있습니다. 유니티에서 게임을 저장하는 방법은 크게 3가지로 나눌 수 있습니다. 이하에서 차례로 알아보겠습니다.

# 14
# 게임의 저장

## SECTION 01 | PLAYERPREFS (플레이어프렙스) ▼

먼저 플레이어프렙스는 유니티 자체에서 제공하는 가장 간단한 저장방법입니다. 유니티 공식 문서(http://docs.unity3d.com/ScriptReference/PlayerPrefs.html)에 자세한 설명이 나와있습니다. 플레이어프렙스는 윈도우든 모바일 폰이든 디바이스 자체 내에 데이터를 저장합니다. 그렇기 때문에 보안에 취약합니다. 유저가 마음대로 해당 파일을 조작하여 다른 수치로 바꿀 수 있다는 얘기가 됩니다. 따라서 보안이 별로 필요하지 않은 데이터들, 가령 옵션설정 데이터 등을 저장하는데 주로 쓰입니다. 그리고 저장할 수 있는 값의 타입 또한 string, int, float 등만 제공되고 있습니다. 추가적인 타입은 에셋 스토어에서 다른 개발자들이 개발하여 판매하고 있는 것을 구매해야 활용할 수 있는 것들이 많습니다. 대표적인 활용코드를 보면,

✔ 플레이프렙스 #1

```
public class ExampleClass : MonoBehaviour {
    void Example() {
        PlayerPrefs.SetInt("Player Score", 10);
    }
}
```

이런 식으로 SetInt 다음에 키값이 앞에 오고, 그 다음에 이 키값에 저장할 값을 설정하게 됩니다. 그러면 Player Score라는 문자열 키값을 설정하고 저장하게 됩니다. 나중에 이 값을 불러오려면, int playerScore = PlayerPrefs.GetInt("Player Score");와 같은 식으로 GetInt를 호출하면 됩니다. 다른 string 이나 float 값도 이와 같은 식으로 하게끔 되어 있습니다. 간단하게 저장해야 될 것들이나 유저가 해킹하더라도 크게 상관이 없는 값들은 이 플레이어프렙스를 쓰면 됩니다. 그러나 이것은 유저가 만든 클래스를 그대로 저장할 수 없습니다. 또 지원하는 값의 타입도 3가지밖에 없어서 매우 제한적입니다.

# SECTION 02 | SERIALIZATION (시리얼라이제이션) ▼

개념이 좀 복잡합니다만 시리얼라이제이션이란 어떤 데이터를 메모리나 파일로 저장할 수 있는 다른 형식으로 바꾸는 것을 의미합니다. 수학에서 소인수 분해하듯이 데이터를 잘게 분해해서 저장했다가 나중에 다시 역으로 원래의 데이터 형태로 복원할 수 있는 기능을 말합니다. 바로 코드 예제를 보는 것이 이해가 빠를 것입니다. 대개 저장할 필요가 있는 데이터로는, 유저의 정보를 모아놓은 클래스가 있습니다. 유저의 게임점수, 부분유료 아이템 보유 개수 등입니다. 유저정보를 모아놓은 클래스를 만들겠습니다. 실제로는 자신의 게임에 맞게 다양한 값들이 들어갈 수 있습니다만 여기서는 핵심원리만 보여주는 목적이므로 간단하게 만듭니다.

Classes 스크립트에 다음을 추가합니다.

### ✅ 시리얼라이제이션 #1

```
[System.Serializable]
public class UserInfo
{
    public int score;
    public int crystal;
}
```

그리고 GameManager 스크립트에 다음 코드를 추가, 수정합니다. 나머지 부분은 기존과 같습니다.

### ✅ 시리얼라이제이션 #2

```
using System;
using System.Collections;
using System.IO;
using System.Runtime.Serialization.Formatters.Binary;
using UnityEngine;

public UserInfo userInfoVar;

void Start ()
    {
        StartCoroutine(MoveBackground());
        StartCoroutine("MainGameLoop");
        ChangeScene = GameScene.Title;
        StartCoroutine(TestCo());
        LoadGame();
    }
public void SaveGame()
    {
        ❶ BinaryFormatter bf = new BinaryFormatter();
```

```
        FileStream file = File.Create(Application.persistentDataP-
    ath + "/playerInfo.dat");
        userInfoVar.score = AllyShip.Instance.thisShipScore;
        bf.Serialize(file, userInfoVar);
        file.Close();
    }

  ❷ public void LoadGame()
    {
        if (File.Exists(Application.persistentDataPath + "/play-
    erInfo.dat"))
        {
            BinaryFormatter bf = new BinaryFormatter();
            FileStream file = File.Open(Application.persistentDat-
    aPath + "/playerInfo.dat", FileMode.Open);
            UserInfo data  = (UserInfo) bf.Deserialize(file);
            file.Close();
            userInfoVar = data;
            AllyShip.Instance.thisShipScore = data.score;
        }
    }
❸ public void AddScore(int amount)
    {
        AllyShip.Instance.thisShipScore = AllyShip.Instance.
    thisShipScore + amount;
        SaveGame();
    }
```

먼저 게임을 시작하면서 저장된 유저클래스의 값을 불러와서 적용시키기 위해 LoadGame을 호출합니다. ❶ SaveGame() 함수의 BinaryFormatter는 Serialize를 쓰기 위해서 가져온 클래스입니다. 그리고 데이터를 파일로 쓰기 위해 FileStream 클래스를 생성하여 파일을 생성시킵니다. 이때 persistentDataPath는 각 디바이스마다 제공되는 각 게임 특유의 폴더 경로를 말합니다. 이 경로에 playerInfo.dat라는 파일명으로 데이터를 저장하라는 명령입니다. 이 파일명은 임의로 지어도 됩니다. 그리고 userInfoVar의 score 변수에 스코어를 저장하는 등 필요한 처리를 한 다음 bf.Serialize 부분에서 파일에 userInfoVar 데이터를 저장하여 씁니다. crystal 변수는 userInfoVar에 직접 엑세스하여 조작하므로 여기서 굳이 다른 처리를 할 필요는 없습니다. 그리고 file.Close 명령어로 파일을 닫아주면 SaveGame이 완료됩니다.

❷ LoadGame 함수는 이것의 역순입니다. 먼저 파일이 존재하는지 File.Extsts로 검사합니다. 그리고 그 데이터를 Deserialize 명령어로 읽어온 후, userInfoVar 변수를 읽어온 값(data)으로 할당합니다. 그럼 완료입니다.

❸ AddScore 함수에는 스코어를 더할 때마다 SaveGame 함수를 호출하여 저장하도록 했습니다. UserInfo에 변동이 생길 때마다 저장하도록 하면 됩니다. 여기서는 크리스탈이 바뀌거나 혹은 스코어가 바뀔 때가 그 때이므로 해당 부분에 SaveGame을 추가하면 됩니다. 크리스탈이 바뀌는 부분은 UIManager의 Drop-DownChanged 함수 부분입니다. 여기에도 끝에 SaveGame을 추가해 줍니다.

```
public void DropDownChanged(Dropdown drop)
    {
        Debug.Log("Selected value is "+crystalNumForChan[drop.
value]);
        GameManager.Instance.userInfoVar.crystal = crystalNum-
ForChan[drop.value];
        GameManager.Instance.SaveGame();
    }
```

이제 테스트를 위한 준비는 다 끝났으니 실제로 게임을 실행합니다. 크리스탈 드롭다운을 선택해서 GameM-anager 스크립트의 User Info Var의 크리스탈 값이 바뀌는지 체크합니다. 그리고 ⓢ 키를 눌러서 스코어를 5점씩 더해봅니다. AllyShip의 Update 안에 테스트를 위한 코드가 있었습니다.

✅ **시리얼라이제이션 #4**

```
void Update()
    {
        if (Input.GetKeyDown("a"))
        {
            DealDamage(3);
        }
        if (Input.GetKeyDown("s"))
        {
            GameManager.Instance.AddScore(5);
        }
    }
```

그에 따라서 User Info Var의 스코어 값이 바뀌는지 확인합니다. 그리고 게임을 끈 후, 다시 실행시켜봅니다. 그러면 LoadGame의 호출에 의해 User Info Var의 값들이 게임을 끈 시점의 상태로 다시 돌아가 있음을 확인할 수 있습니다. 즉 우리의 의도대로 게임이 저장되었고, 불러온 것이므로 성공입니다. 이것을 활용하여 필요한 다른 자료를 저장할 수 있을 것입니다.

# SECTION 03 ｜ XML, JSON 시리얼라이저　▼

위와 같은 시리얼라이제이션은 사실 여러 가지 종류가 있습니다. XML 시리얼라이저도 있고 JSON 시리얼라이저도 있습니다. XML이나 제이슨은 시리얼라이즈를 저장하려고 하는 값(클래스 등)을 문자열 값으로 치환하여 이것을 playerprefs나 별도로 게임제작자가 마련해놓은 mysql 등 데이터베이스에 저장할 수 있다는 점이 장점입니다. 이 데이터베이스(Database, DB라고 약칭)로의 저장이 사실 가장 안전하고 관리할 수 있는 방법입니다. 유저의 로컬 디바이스로의 저장은 항상 해킹과 데이터변조, 조작의 위험이 있지만 서버는 그런 위험이 없기 때문입니다. 그러나 이 방식은 항상 온라인으로 연결되어야 게임을 할 수 있으므로 이 점은 단점입니다. 이하에서는 XML과 JSON의 간략한 예제코드만 소개하고 넘어가도록 하겠습니다.

### ✅ XML 시리얼라이즈 예제

```
public static string SerializeToXml(object value)
{
  StringWriter writer = new StringWriter(CultureInfo.Invariant-
Culture);
  XmlSerializer serializer = new XmlSerializer(value.GetType());
  serializer.Serialize(writer, value);
  return writer.ToString();
}
```

### ✅ JSON 시리얼라이즈 예제

이 코드는 Newtonsoft의 JSON 미들웨어를 임포트 한 상태에서 쓸 수 있는 코드입니다.[9] 제이슨 코드는 에셋 스토어에서 JSON으로 검색하면 이 외에도 다른 것들도 나오므로 그쪽을 사용해도 됩니다. 단 그러면 미들웨어마다 코드 예제는 다를 수 있으므로 그쪽의 설명문을 참조해야 합니다

```
using Newtonsoft.Json;

public User userInfo;
private string savedUserString;
public void SaveUser()
    {
        userInfo.units = AllyManager.Instance.allies;
        var settings = new JsonSerializerSettings();
        settings.TypeNameHandling = TypeNameHandling.Auto;
        var json = JsonConvert.SerializeObject(userInfo, Format-
ting.None, settings);
        savedUserString = json;
        PlayerPrefs.SetString("User Info", savedUserString);
    }
```

이렇게 추출된 문자열 string값을 playerprefs로 로컬 디바이스에 저장하든, 아니면 게임제작자가 별도로 마련한 서버 쪽 DB에 저장하면 됩니다. 이 문자열 값은 xfjruheoir238rfhruwehr3 이런 식으로 무의미하게 암호화된 값이므로 노출되더라도 해킹이나 조작하기 어렵습니다.

---

9 https://www.assetstore.unity3d.com/kr/#!/content/11347

# SECTION 04 | 게임서버 (MYSQL, PHP) 및 보안 ▼

## 1. 게임 서버

게임의 저장과 밀접하게 연관된 주제가 게임 서버입니다. 이것은 거창한 것이 아니고, 별도의 컴퓨터에 마련된 하드드라이브, 즉 공간입니다. 일반 컴퓨터와 다를 바가 없습니다. 단지 24시간 켜져 있다는 점이 다를 뿐입니다. 그리고 DB, 즉 데이터베이스를 만들어주는 프로그램이 깔려있고, 그것을 관리할 수 있는 별도의 프로그램이 깔려있는 점이 다릅니다. 개발자 자신이나 회사의 컴퓨터 하나를 24시간 켜놓으면서 이런 작업을 할 수 있다면 해도 되고, 24시간 컴퓨터 한 대를 계속 켜놓으면서 서버로 관리하기가 부담된다면 웹호스팅 업체에서 게임서버 용으로 별도로 공간을 유료로 빌리는 경우도 많습니다.

그리고 DB솔루션으로는 주로 무료인 Mysql이 많이 쓰이고, 그 DB와 게임 클라이언트를 서로 연결시켜주고 통신하는 프로그램 언어로는 PHP가 많이 쓰입니다. 예전부터 많은 개발자들이 사용하였기 때문에 구글링 해보면 이미 수많은 문답과 코드 예제가 널려있어서 막혔을 때 자료를 찾기가 상대적으로 수월하기 때문이기도 합니다.

그래서 이렇게 마련한 자신의 DB에 자신이 만든 게임의 유저들의 동일성확보 ID및 그 유저의 각종 중요정보, 구매한 아이템의 개수, 구매한 날짜, 구매금액, 그 유료 아이템의 현재 보유 개수 등의 정보를 저장할 필요가 있습니다. 이것이 필요한 이유는, 구글을 예로 들면 현재 구글 스토어에 올라와 있는 모바일 게임에서 게임앱 자체가 유료인 경우, 유저가 구매를 하면 구글서버에 기록이 남고 유저가 나중에 다른 폰에, 혹은 게임을 지웠다가 다시 깔아도 그 구매내역이 자동으로 복구되어 다운로드 받을 수 있습니다. 하지만 부분유료 아이템을 구매한 경우, 그 구매 일시, 구매금액 등의 정보는 구글 서버에 남아있지만, 그 아이템을 얼마나 사용했고, 현재 얼마나 가지고 있는지 등의 정보는 어디에도 남아있지 않습니다. 따라서 이 정부들을 별도로 게임제작사 측에서 별두의 자기들만의 서버에 기록해두고 관리하지 않으면, 만약 나중에 유저가 게임 재설치나 폰 변경 시, 구매한 아이템을 복구시켜달라고 요청할 경우, 복구해줄 방법이 없기 때문입니다. 얼마를 구매한지는 구글 서버에 남아있으므로 알 수 있지만, 그 중에서 얼마를 썼는지는 모릅니다. 기록이 없으므로 유저가 이것을 악용해도 알 수가 없습니다. 또 복구해줄 수도 없습니다. 모든 정보를 유저의 디바이스에만 남겨둘 경우, 그 정보가 지워지면 그냥 유료 아이템도 같이 날아가버리는 것입니다. 따라서 제작사가 마련한 게임서버에 이런 중요정보를 남겨두고 게임 실행 시 이런 정보를 받아와서 처리하도록 코드를 짜놓으면 항상 기록할 수 있고 복구해 줄 수도 있는 것입니다.

이것을 구축하는 방법은 크게 복잡하지 않지만 여러 가지 알아야 할 점이 많습니다. 우선 웹호스팅 등 업체에서 서버 공간을 빌리고, 거기에 자신의 게임만의 DB를 세팅 해야 합니다. 테이블, 컬럼 등을 설정하는 일입니다. 그리고 PHP코드를 짜서 올려두어야 합니다. 이 PHP코드의 역할은, 게임 클라이언트로부터 오는 데이터를 받아서, Mysql DB에 그 데이터들을 해당하는 테이블에 저장해주는 것입니다. 다음으로 게임 클라이언트에서 각종 저장할 필요가 있는 이벤트가 발생할 때마다 그 정보를 인터넷 통신을 통해 자신이 마련해둔 게임서버에 접속해서 그 서버에 올려둔 PHP 파일의 함수를 호출하는 코드를 유니티 및 C#에서 작성해야 합니다. 유저의 동일성을 어떻게 확보하는가 하는 문제도 있습니다. 즉 지금 게임을 하고 있는 유저가 누구인지 그만의 고유계정이 필요하다는 말입니다. 이를 위해서는 별도로 가입절차를 둬서 ID와 비밀번호 등을 입력 받는 방법이 있고, 그렇지 않고 그냥 현재 쓰고 있는 폰의 구글 계정을 알아내어 그것을 그대로 유저의 ID로 자동으로 정하는 방법이 있습니다. 후자가 간편하고 유저에게 불편한 가입절차를 하게끔 하지 않는다는 측면에서 좋습니다.

## 2. 보안문제

이 게임서버를 조작하는 일은 중간에 누구라도 그 게임서버의 웹주소와 PHP 파일이름을 알면 권한 없이 접속하여 DB의 데이터를 조작할 수도 있으므로 이런 부분에 대한 보안대책도 세워야 합니다. 그냥 보안코드 몇 줄을 추가하면 되는 문제이긴 합니다.

부분유료 아이템 결제 부분에 있어서 돈이 나가는 것을 불법적으로 회피하기 위한 많은 유저들의 노력과 그것을 도와주는 툴, 앱들이 존재합니다. 그리고 많은 모바일 게임 유저들이 그것들을 씁니다(약 3~10%로 추정). 돈을 지불하기는 싫지만 게임의 아이템을 공짜로 획득해서 게임을 즐기고는 싶기 때문입니다. 불법이지만 그런 유저들이 분명히 존재하는 것은 사실이고 따라서 그것들을 막기 위한 보안대책도 여러 가지 측면에서 이루어 놓아야 합니다.

따라서 돈과 관련된 게임정보는 가급적 로컬 디바이스, 즉 유저의 손안에 있는 폰에는 저장하지 말고 항상 게임사에서, 즉 제작하는 여러분이 직접 마련한 서버에 저장해야합니다. 그리고 구글 결제를 절대로 회피하지 못하도록 구글 영수증을 체크하는 코드도 결제를 처리하는 부분 전후에 넣어 놓아야 합니다. 현재 많은 모바일 결제 우회, 해킹방법 등이 존재하지만 아직까지 완벽하게 구글 결제를 무력화시킬 수 있는 방법은 없습니다. 그것은 구글이 결제 시에 사용하는 알고리즘, 즉 결제정보를 암호화하는 키값을 알아야 하는데 그것을 알려면 구글 본사의 모바일 결제를 관리하는 관리주체가 정해놓은 그 키값을 알아야 한다는 말입니다. 그 구글 관리자를 포섭하거나 구글 시스템 자체에 물리적으로든 디지털 적으로든 접근하여 알아내거나 하지 않는 이상 그것을 알 방법은 없습니다. 즉 상대적으로 안전하게 보관되어 있는 정보입니다.

구글 결제는 못 뚫더라도, 게임 자체를 뚫어버리면 또 해킹이 가능한 문제이기도 합니다. 게임 자체의 소스를 다 파헤쳐서 코드를 다 알아내면 어느 부분에서 유료아이템을 플러스 시켜주는지, 즉 추가시켜주는지 알아내서 그것을 해커가 원하는 대로 수정해버리면 됩니다. 그러니 이 게임소스, 즉 자신이 짠 코드를 난독화해서 소스를 풀어헤쳐도 볼 수 없도록 하는 작업도 있습니다. 또 메모리 자체를 해킹하는 방법도 있습니다. 모든 정보는 메모리에 올라가고 읽혀집니다. 그 부분을 해킹해서 자신이 원하는 값으로 바꿔 버리는 것입니다. 아직 이 부분에 대한 완벽한 해결책은 없는 것으로 알고 있습니다. 다만 그것을 최대한 힘들게 하는 간접적인 대책은 많습니다.

아무튼 이와 같이 게임에 결제를 하지 않고, 즉 돈을 쓰지 않고 공짜로 즐기려는 측과 그것을 방지하고 게임사의 수익을 지키려는 측은 끊임없이 싸워왔고 지금도 싸우고 있습니다. 양측은 다양한 방법으로 싸워왔으며 어느 쪽이 새로운 방법을 개발하면 다른 쪽은 그것을 무력화하거나 우회하는 방법을 개발해 왔습니다. 게임을 개발하려는 여러분은 싫든 좋든 이 싸움에 뛰어들 수밖에 없는 입장이긴 합니다만 여기에 너무 많은 에너지와 여력을 쏟을 필요는 없습니다. 그렇게 하더라도 완벽하게 해결하기 힘들 뿐더러, 매우 전문적인 지식과 노하우가 필요하기 때문입니다. 그쪽으로 깊게 들어가면 게임개발자가 아니라 보안전문가가 되어 버립니다. 차라리 그 시간에 재미있고 인기를 끌 수 있는 게임을 만드는 것이 더 낫습니다. 해킹도 인기 있는 게임에서나 하지 인기 없는 게임은 해커들도 거들떠보지도 않습니다. 내 게임이 해킹을 당하면 영광이라고 생각하는 개발자도 있으며 그것이 사실이기도 합니다. 게임이 인기를 끌고 해킹의 표적이 된다는 말은 그만큼 그 방법을 모르는 다른 일반적인 유저들로부터는 많은 수익을 올리고 있다는 말이므로 게임이 일단 성공을 했다는 말이기 때문입니다.

이런 것들을 다 구현하려면 어느 정도 지식과 노하우가 있어야 합니다. 그렇지 않으면 일일이 구글링해서 자료를 찾아야 하기 때문입니다. 본서에서는 부분유료 결제까지는 다루지 않을 것이므로 게임서버 구현 및 이런 보안에 관한 문제는 깊이 들어가지 않습니다. 그리고 부분유료 아이템의 판매를 구현하려면 이런 복잡한 문제도 같이 따라오는 것이어서 부분유료 아이템은 없고 게임앱 자체를 유료로 설정해서 구글이 관리하도록 하면 이런 문제는 전혀 없습니다. 구글이 해킹을 당할 일은 없다고 봐야 하니까요. 그리고 자체적으로 서버를 구축할 필요도 없습니다. 개발자는 전혀 이쪽을 신경 쓸 필요가 없고 모든 것을 구글에서 자동으로 관리해 줍니다. 따라서 게임앱 자체를 유료화하고, 게임 속에 광고를 붙이는 등으로 수익화를 생각하는 것도 나름의 장점은 있습니다.

CHAPTER **15**

# 안드로이드 빌드
## 만들기

게임을 구글 플레이 스토어에 게임을 올리는 작업을 위해서는 우선 빌드파일을 만들어야 합니다. 빌드파일이란 타겟 디바이스에서(PC, 안드로이드, iOS 스마트폰 등) 게임을 실행할 수 있는 최종적인 파일을 말합니다. 확장자가 apk로 된 파일을 만들면 그 파일을 안드로이드폰에 직접 옮겨서 실행할 수 있고, 구글 서버에 올리면 그것이 구글 스토어에 나타나고 사람들이 검색하고 다운받을 수 있는 상태로 되는 것입니다. 이 apk 파일을 유니티에서 만드는 과정을 살펴보겠습니다.

# 15
# 안드로이드 빌드
## 만들기

## SECTION 01 | 유니티 빌드 세팅 설정하기 ▼

먼저 상단메뉴 File → Build Settings를 클릭합니다.

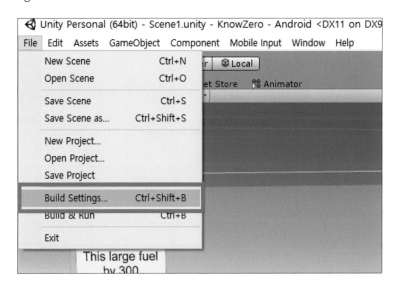

그러면 다음과 같은 창이 나오는데, 여기서 Add Open Scenes 버튼으로 현재 열려 있는 씬을 등록해줍니다. 여기서 등록된 씬이 실제 게임에서 등장하는 씬이며, 그 중에서 가장 위에 있는 씬이 게임시작 후 첫 번째로 나오게 됩니다.

여기에 만약 2개 이상의 씬을 등록시켜 놓았다면, 그 씬 사이를 게임 중에 서로 오갈 수 있는 수단도 존재합니다. 스크립트에서,

## ✔ 유니티 빌드 세팅 설정하기 #1

```
using UnityEngine.SceneManagement;

SceneManager.LoadScene(0);
SceneManager.LoadScene("Scene1");
```

이와 같이 상단에 네임스페이스 선언을 하고, 클래스의 함수 안에서 SceneManager.로 시작하는 각종 명령어로 씬 관련 조작을 할 수 있습니다. LoadScene은 그 대표적인 메써드로, 빌드세팅에서 등록한 씬의 이름(string 값) 이나 씬의 번호(위의 화면에서 좌측의 씬 이름 우측의 숫자)로 씬을 불러올 수 있습니다.

그리고 하단의 플랫폼 선택화면에서 빌드를 만들려고 하는 타겟 플랫폼을 선택합니다.

우측에 유니티 마크가 있는 것이 현재 선택된 플랫폼입니다. 위 사진에는 Android가 현재 선택되어 있습니다. 다른 것을 선택하고 싶으면 선택 후 하단의 Switch Platform 버튼을 누르면 됩니다. 이때 프로젝트 폴더에 있는 텍스쳐들을 다시 임포트하는 경우도 있습니다. 만약 그 양이 많으면 여기에도 시간이 매우 많이 걸릴 수 있으므로 가급적 게임을 만들 때는 처음 시작할 때부터 주로 메인 타겟으로 삼고 있는 플랫폼으로 바꿔 놓고 작업에 들어가기를 추천합니다.

그리고 위의 창에서 Player Settings 버튼을 누르면 이제 여러 가지 빌드 관련 설정을 할 수 있습니다. 중요하거나 자주 쓰이는 옵션들만 설명해 보겠습니다.

먼저 ❶ Company Name에서는 자신의 회사 혹은 조직 이름을 씁니다. 없으면 아무것이나 지어서 해도 상관없습니다. 그리고 ❷ Product Name은 게임의 이름입니다. 만약 스마트폰으로 게임을 만든다면, 유저의 폰에서 깔려있을 때 게임아이콘과 그 아이콘 밑에 위치하는 게임의 이름으로 사용되기도 합니다. Default Icon은 기본적으로 사용될 아이콘을 등록할 수 있습니다.

그리고 ❸ Default Orientation은 게임이 실행될 때 가로화면으로 나오게 하느냐 세로화면으로 나오게 하느냐입니다.

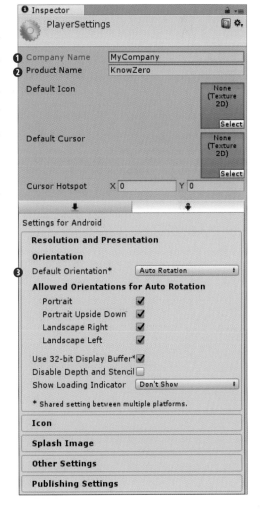

Portrait는 폰을 세로로 세운 형태로 플레이 하는 것을 말하고, Landscape는 가로로 눕힌 것을 의미합니다. Landscape Left는 폰의 홈 버튼이 오른쪽으로 간 상태이고, Right는 반대로 홈 버튼이 왼쪽으로 간 상태를 말합니다. 여기서는 슈팅게임인데 폰을 가로로 눕혀서 플레이 하는 것을 가정하고 만들었으므로 Landscape Left를 선택하겠습니다. Use 32-bit Display Buffer는 32비트 컬러를 쓸지 여부인데 이미지에 알파값(투명도)을 쓰는 경우 체크를 하는 것이 좋습니다. Show Loading Indicator는 게임을 로딩할 때 동그랗게 돌아가는 표시기를 표시할지 여부입니다.

그리고 여기서는 Override for Android 에 체크하면 크기 별로 아이콘을 등록할 수 있습니다. 디폴트 아이콘보다 여기에 등록하면 이쪽을 우선하게 됩니다.

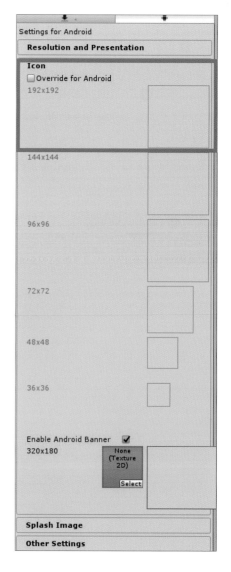

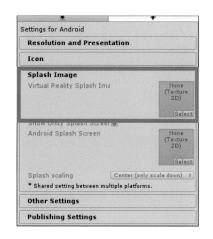

스플래쉬 이미지는 게임 실행 시 맨 처음에 나오는 회사로고 등입니다. 유니티 유료버전이 아니면 이것을 자기 마음대로 수정할 수 없습니다. 무료버전에서는 무조건 게임 실행 시 Unity 엔진 로고가 맨 처음에 나오게 되어 있습니다.

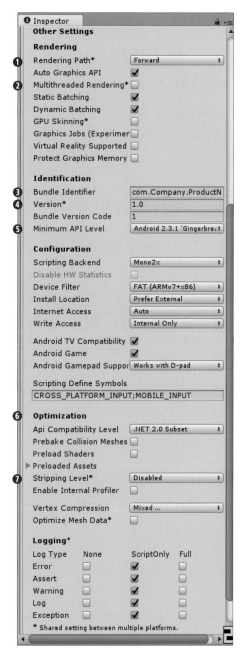

❶ Rendering Path는 그대로 Forward로 두면 됩니다. 이 렌더링 패스에 대해서 자세한 정보는 유니티 홈페이지에 나와 있습니다만[10] 핵심적으로는 Deferred가 좀 더 고급 그래픽 기능을 지원합니다. 그러나 그만큼 하드웨어에서 지원해줘야 되는 부분이 있어서 호환성은 좀 떨어집니다. 안정적으로 어디서든 돌릴 수 있도록 하려면 Forward로 두면 됩니다.

Automatic Graphics API는 어떤 그래픽 API를 사용할지 자동으로 선택해주는 것으로서 특별한 이유가 없으면 그대로 체크된 대로 두면 됩니다.

❷ Multithreaded Rendering은 최신 디바이스의 경우 CPU가 멀티코어인 경우가 많은데 그것들을 다 사용해서 렌더링을 한다는 것입니다. 따라서 싱글코어 CPU밖에 없는 구형 폰을 타겟으로 하지 않는 한 체크해주면 성능상에 도움이 됩니다.

❸ Bundle Identifier는 구글의 수많은 앱들이 가지는 고유의 넘버입니다. 보통 이것은 com.(회사명).(게임명) 이렇게 써야 합니다. 인터넷의 주소가 www.(주소).com 과 같은 식인 것과 비슷합니다.

그리고 ❹ Version은 말 그대로 이 게임의 몇 번째 버전인가 하는 것입니다. 숫자와 점의 형태로 되어야 합니다. 즉 1.0, 1.3, 2.4.3와 같은 식입니다.

---

10 http://docs.unity3d.com/Manual/RenderingPaths.html

Bundle Version Code는 내부적으로 사용하는 버전 넘버입니다. 즉 유저한테 보이는 넘버는 위의 Version이고, 이 버전코드는 유저한테는 감추어지고 개발자끼리나 구글에 제출할 때 사용되는 넘버입니다. int값이어야 하고, 원하는 대로 설정할 수 있지만 최초 출시할 때의 버전코드 이후에 뭔가 수정하거나 새로운 빌드를 만들었다면 구글 스토어에 올리기 위해서는 이 버전코드를 이전 것보다는 높여야 합니다.

❺ Minimum API Level은 안드로이드 OS의 버전넘버 중 최소 요구치를 설정할 수 있습니다. 여기서 설정한 버전넘버 이하의 폰에서는 아예 구글 스토어에서 보이지 않게 됩니다. 높은 API레벨에서만 지원되는 기능을 넣었다면 이 버전을 맞춰줘야 합니다.

Scripting Backend는 컴파일러로 Mono나 IL2CPP를 선택할 수 있습니다. Device Filter는 그대로 두면 되는데 FAT (ARMv7+x86)입니다. 즉 디바이스의 CPU 아키텍쳐가 ARM이냐 X86이냐 맞춰주는 것인데 둘 다 지원되도록 하는 것이 호환성 면에서 낫습니다. Install Location은 게임이 설치될 장소를, 인터넷 액세스는 인터넷 접속여부, Write Access는 외부SD 저장장치에 데이터를 쓸 것인지를 선택할 수 있습니다.

기타 나머지 항목은 그대로 두면 되고, ❻ Optimization에서 Api Compatibility Level은 .Net 2.0으로 하면 용량이 커지지만 닷넷 코드 호환성도 최대로 됩니다. Subset은 용량을 절약할 수 있습니다. 기본적으로 Subset으로 됐다가 호환 안 되는 코드를 사용했다면 그냥 .Net 2.0으로 바꾸면 됩니다.

❼ Stripping Level은 웬만하면 그냥 Disabled 로 그냥 두는 것이 예기치 않은 에러를 방지하기 위해 좋습니다.

# SECTION 02 | 빌드 암호 설정하기

그리고 마지막으로 Publishing Settings에서 암호를 설정해야 합니다. 왜냐하면 만약 암호를 설정하지 않으면 프로젝트의 전체 파일을 어떤 권한 없는 사람이 가져가서 자신이 빌드를 만들어서 배포할 수두 이기 때무입니다. 그러나 암호를 설정해두면 이 암호를 모르면 빌드를 만들어도 구글에 배포할 수가 없습니다. 구글은 맨 처음에 올릴 때 권한 있는 사용자가 설정한 암호와 다르기 때문입니다.

먼저 맨 처음에는 암호를 설정해야 합니다. 이를 위해서 위에서 Create New Keystore를 누릅니다.

그리고  키를 누릅니다.

그러면 키스토어 파일을 저장할 수 있는 폴더가 나옵니다. 원하는 폴더위치를 선택한 후 저장을 누릅니다. 빌드를 만들 때는 이 파일에 엑세스 할 수 있어야 합니다.

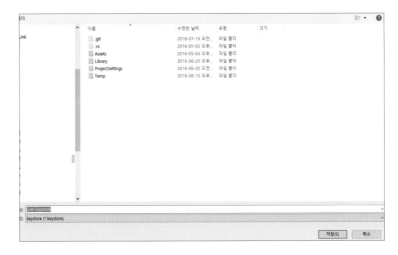

그리고 밑에 Key 항목에서 Alias 메뉴를 눌러보면 Create a new key 버튼이 생긴 것을 볼 수 있습니다. 이것을 누릅니다.

그러면 다음과 같은 창이 나타납니다.

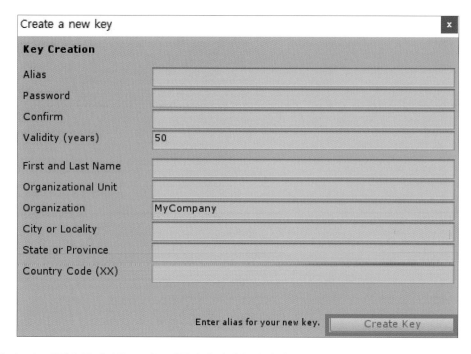

여기서 Alias는 게임을 특정지을 수 있는 이름이나 별명을 지어 넣으면 됩니다. 그리고 패스워드란과 Confirm 란에 패스워드를 한 번 더 반복해서 넣어주면 됩니다. 그러면 하단의 Create Key 버튼이 활성화되고 만들 수 있게 됩니다. 다른 항목은 부차적인 것인데 채워도 되고 비워 놓아도 됩니다. Create Key 버튼으로 키스토어 파일을 만들었으면 이제 앞으로는 Use Existing Keystore를 선택하고 Keystore password 에 패스워드를 입력한 상태에서 Key 항목의 Alias를 Unsigned (debug)를 선택해서 빌드를 만들면 디버그용, 즉 테스트용 빌드를 만들 수 있고, 드롭다운 메뉴에서 위의 키스토어 만들기 상에서 만들어둔 게임 이름을 선택하고 밑에 패스워드를 넣으면 출시용 빌드, 즉 구글 스토어에 올릴 수 있는 빌드를 만들 수 있게 됩니다.

Split Application Binary는 게임 빌드의 용량이 50 메가 이상일 때 게임 빌드 파일을 분할해서 나눠주는 기능입니다. 만약 용량이 많아서 스토어에 올릴 수 없다면 체크를 하여 나누고, 그렇지 않고 잘 업로드 된다면 나눌 필요는 없습니다.

# SECTION 03 │ 최종 빌드 만들기

이제 빌드 만들기에 대한 설명은 어느 정도 끝났습니다. 기본적으로 스크립트에 아무런 오류도 없어야 합니다. 하나라도 빨간색 느낌표가 나오는 에러가 있으면 안 됩니다. 각종 세팅이 끝났다면 빌드 세팅 대화창에서 Build 버튼을 눌러 apk 파일이 저장될 폴더를 지정해주고 빌드 파일의 이름을 정해주면 됩니다. 이름은 보통 나중에 알아보기 쉽도록 게임이름+버전넘버 형식으로 쓰는 게 좋습니다. 그럼 자동으로 빌드를 만들어 파일을 생성해주는데, 중간에 안드로이드 SDK와 자바 JDK가 설치된 폴더의 경로를 지정하라는 메시지가 나올 것입니다. 이것을 미리 설정해두면 더 편합니다.

유니티 상단 메뉴에서 Edit → Preferences를 누릅니다.

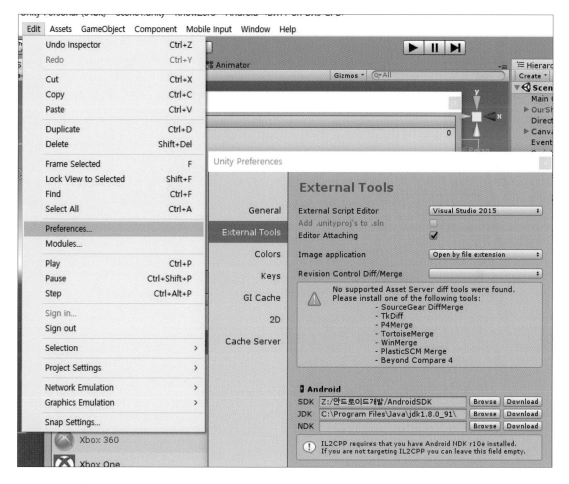

나오는 대화 창에서 왼쪽 메뉴 중 External Tools를 선택합니다. 그럼 하단에 안드로이드 SDK와 JDK를 설치 위치를 지정하는 항목이 나옵니다. 이 부분은 앞에서 이미 다루었으므로 여기서 반복하지 않습니다. 앞에서 설명한대로 안드로이드 SDK, JDK 등을 다운받고 설치한 후 그 설치된 폴더를 유니티에서 지정해 주면 됩니다.

여기까지 하면 빌드 하는데 특별히 문제될 것은 없습니다. 빌드세팅 대화창에서 빌드버튼을 누르면 알아서 유니티가 최종 실행빌드 파일을 만들어 줍니다. 만약 중간에 에러나 오류가 생긴다면 해당 오류내용이 콘솔창에 찍히므로 그 오류내용을 보고 판단해야 합니다. 경우에 따라서는 해당 문구를 구글링하여 해답을 찾아야 할 때도 있습니다. 위의 안드로이드 SDK와 자바 JDK는 수시로 업데이트 되므로 가급적 자주 확인하여 최신버전의 것으로 업데이트하거나 재설치 해주는 것이 좋습니다.

# CHAPTER 16

# 게임을 구글 스토어에 올리기

이제 만들어진 게임을 구글 스토어에 올려야 됩니다. 궁극적으로 이것을 하기 위해서 지금까지 게임을 만들어온 것입니다.

# 16
# 게임을 구글 스토어에
## 올리기

## SECTION 01 | 구글 개발자 계정 만들기

먼저 구글 개발자 계정을 만들어야 합니다. 구글에서 google developer console로 검색합니다.

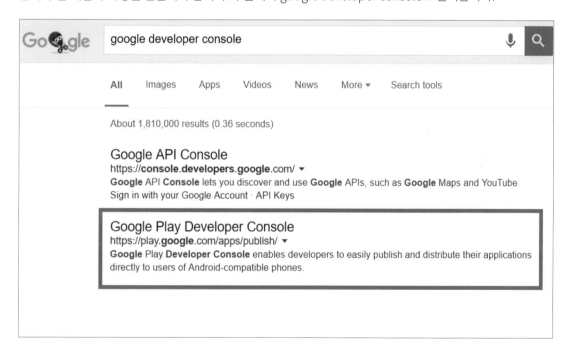

그럼 위와 같은 검색결과에서 위에서 두 번째입니다. google play developer console을 클릭합니다. 먼저 구글계정이 없으면 구글계정부터 만드는 화면이 나올 것입니다. 구글계정으로 로그인한 상태에서 위 링크를 클릭하면,

위와 같이 개발자로 등록할 수 있는 절차가 나옵니다. 개발자 등록 수수료는 $25이고 한 번만 결제하면 됩니다. 참고로 애플은 애플 앱스토어에 앱을 올리기 위해서 애플 개발자로 등록해야 하고 그 비용은 매년 지불해야 하고 1년에 $99 입니다.

# SECTION 02 │ 구글 콘솔 앱 셋업하기 ▼

구글 개발자로 등록을 완료한 후 다시 구글 개발자 콘솔로 접속하면 다음과 같은 화면으로 갑니다.

여기서 이제 우측 상단 녹색 버튼을 눌러 새 애플리케이션을 추가를 시작하면 됩니다.

그럼 기본언어와 게임의 이름을 지정할 수 있는 창이 나옵니다. 여기서 이름이 굉장히 중요합니다. 유저들은 보통 스토어에 들어가서 자신이 원하는 게임이나 앱을 검색하는 것으로 이용합니다. 검색 시에 게임의 이름이 뜨지 않는다면 대부분의 유저들은 그것이 있는지도 모르고 지나칩니다.

다음으로 APK업로드는 앞서 만든 유니티 빌드 파일을 업로드 할 수 있는 곳이고 스토어 등록정보 작성은 말 그대로 게임설명, 스크린샷 등을 작성할 수 있는 곳입니다. 어차피 나중에 다 골라서 할 수 있으며 여기서는 그냥 먼저 하고 싶은 작업을 선택하면 됩니다.

APK 항목을 누르면 크게 프로덕션, 베타 테스트, 알파 테스트로 3가지 탭이 나옵니다. 여기서 알파, 베타 테스트는 말 그대로 실제로 출시하기 전에 소수의 사람들에게만 먼저 파일을 배포하고 버그확인, 테스트 등을 진행할 수 있는 단계입니다. 보통 알파 → 베타 → 출시 이런 식으로 갑니다. 우선 테스트로 베타테스트 항목을 클릭하고 가운데 큰 APK업로드 버튼을 누릅니다.

대화창의 설명 그대로 APK파일을 업로드 합니다. 완료되면 다음과 같은 화면으로 바뀝니다.

**테스트 참여 대상 목록 만들기**

| 목록 이름 | |
| --- | --- |
| 테스트 참여 대상 이메일 | 목록에 추가하려면 이메일 주소를 쉼표로 구분하여 입력 |
| | 새로운 CSV 파일 업로드 |

저장  취소

그럼 여기서 테스트 그룹의 이름, 테스터들의 이메일을 적을 수 있습니다. 그리고 앱을 게시하고 테스트 참여 URL을 테스터들에게 주면 해당 테스터들은 앱을 구글 스토어에서 다운받아서 자신의 폰에 설치할 수 있습니다. 이렇게 테스트를 시켜보고 테스터들로부터 의견을 받아서 게임을 수정할 수 있습니다. 모든 기능들이 문제 없이 작동하는지, 결제 과정에 오류는 없는지 등이 필수적으로 점검해야 될 부분입니다.

테스트 결과 문제가 없다면 이제 본격적으로 출시를 하면 됩니다. 프로덕션 탭을 클릭 후에 APK파일을 업로드 합니다.

**프로덕션으로 새 APK 업로드**

**com.MyCompany.KnowZero**

| 버전 코드 | 버전 이름 | 크기 |
| --- | --- | --- |
| **1** | **1.0** | **22.31MB** |

**APK 세부정보** 표시
확장 파일 사용 ⑦

확장 파일 없음 ▼

이 버전의 새로운 기능 ⑦

한국어(대한민국) – ko-KR ▼

0/500자 남음

현재 베타 APK가 삭제됩니다.

**1 (1.0)**          **2016. 8. 11.**에 업로드됨

저장  취소

버전코드, 버전이름, 용량 등의 정보가 나오고, 50메가 이상의 용량이면 확장파일도 사용할 수 있습니다. 이 버전의 새로운 기능 항목에 설명문을 써넣으면 유저가 그 내용을 볼 수 있습니다.

저장을 완료하면 다음과 같은 화면이 나옵니다.

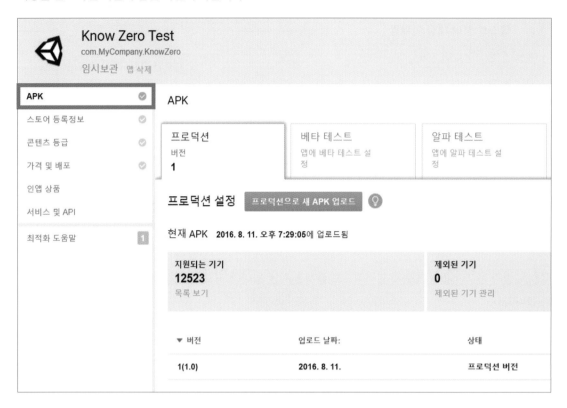

왼쪽의 항목 중에 APK에 녹색 체크표시가 된 것을 볼 수 있습니다. 실제 출시를 하려면 저기 있는 모든 항목에서 녹색 체크표시가 되어야 합니다. 그리고 프로덕션으로 새 APK를 업로드 하려면 버전코드가 기존에 이미 올라와 있는 것과 비교해서 같거나 높아야 합니다. 이 버전코드는 앞서 나온 대로 유니티 빌드 세팅에서 설정할 수 있습니다. 테스트로 버전코드를 2로 바꾸고 APK를 만든 후 다시 업로드 합니다. 이후에 다시 버전코드 1의 APK파일을 업로드 시도하면 다음과 같은 에러메시지가 나오는 것을 볼 수 있습니다.

이제 APK가 됐으면 다음 항목으로 넘어가 보겠습니다.

개발자 콘솔 페이지 왼쪽의 항목에서 스토어 등록정보를 클릭합니다. 제목, 설명, 스크린샷 등을 넣는 항목들이 나옵니다. 설명에 맞춰서 해당내용을 작성해 넣으면 큰 어려움은 없습니다. 항목의 오른쪽 위에 별표 표시가 있는 것들은 필수적으로 입력해야 하는 항목들입니다.

그리고 콘텐츠 등급으로 파란색으로 되어 있는 부분을 클릭해서 콘텐츠 등급 자동산출을 위한 설문을 시작합니다. 일단 여기서 최대한 실제에 가깝게 사실대로 작성해야 합니다. 처음에 앱이나 게임을 올리는 것은 자동이고 시스템적으로 이루어지지만 나중에 구글측 관리자가 콘텐츠 등급과 게임의 내용이 맞지 않다고 판단하면 게임이 삭제되거나 정지될 수 있습니다. 일반 유저도 신고할 수 있기 때문에 조심해야 합니다.

기타 사항은 항목 내용대로 작성하면 큰 문제가 없고 개인정보 보호정책도 웹페이지를 마련해 둔 게 아니라면 하단의 🔲 지금 개인정보취급방침 URL을 제출하지 않습니다. 란에 체크를 하면 넘어갈 수 있습니다.

## SECTION 03 | 가격 설정 및 출시하기 ▼

## 1. 가격 설정

콘솔창의 왼쪽 항목에서 가격 및 배포를 클릭하면 크게 유료냐 무료냐를 결정할 수 있습니다. 유료는 말 그대로 이 앱게임을 유저가 다운로드 받기 위해서는 여기서 설정한 가격을 지불해야 된다는 의미입니다. 이 유료앱의 결제기록은 개발자가 상세내용을 모두 볼 수 있습니다. 그리고 구글이 관리하므로 유저의 게임 재설치, 폰 교체 등에 따른 이슈에 신경 쓸 필요가 없다는 장점이 있습니다.

무료로 설정하면 누구나 공짜로 게임을 다운로드 받을 수 있습니다. 주로 이 경우는 개발자가 유료게임의 체험판을 배포하거나 다른 게임을 홍보하는 등의 용도로 많이 쓰입니다. 또 무료판에도 광고를 삽입하면 간접적으로 수익화가 됩니다. 유저가 개발자가 만든 게임을 하다가 나오는 광고를 클릭해서 시청하면 일정 금액이 개발자에게 지급되기 때문입니다. 또 요즘 많은 게임은 무료 플레이 & 부분유료화 아이템 판매의 형태를 취하고 있습니다. 일단 무료로 게임을 출시해서 부담 없는 다운로드를 유도하고, 게임에 흥미를 느끼는 유저들은 그 무료게임 안의 상점을 이용해서 개발자가 사전에 마련해둔 유료아이템을 구매하는 식입니다.

가격설정에서 가격추가를 클릭하고 원화가격을 써넣으면 나머지 국가들에 대해서 자동으로 환율이 적용된 그 나라의 가격으로 환산되어 표시됩니다. 그리고 밑의 국가 항목에서 특별히 출시 제외하고 싶은 국가는 체크를 해제하면 되고, 그렇지 않으면 모든 국가 선택에 체크하여 모든 국가에 출시하면 됩니다. 나머지 항목은 크게 어려운 것이 없으므로 설명을 읽어보고 알아서 체크를 하면 됩니다. 항목 옆에 별표가 붙은 것은 필수로 설정을 해야 하는 항목들이므로 그 부분만 체크하면 됩니다.

## 2. 출시하기

구글 콘솔 화면에서 왼쪽에 있는 항목 중 체크표시가 된 항목들을 각각 클릭하여 모든 필수항목들을 다 설정하면 체크표시가 전부 녹색으로 바뀔 것입니다. 이 상태가 되게 하면 출시를 할 수 있게 됩니다.

본문에서 설명하지 않은 부분들은 충분히 구글 콘솔 화면의 해당 항목의 설명만으로도 할 수 있으므로 직접 해보는 것을 추천합니다. 모두 완료되면 우측 상단의 [앱 게시] 버튼이 활성화 될 것입니다. 이 부분에서 [출시할 수 없는 이유가 무엇인가요?] 링크를 누르면 구체적으로 필수항목 중 무엇이 빠졌는지 알려줄 것입니다.

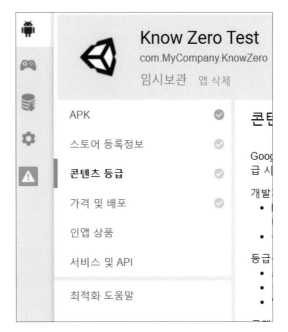

이 [앱 게시] 버튼을 누르면 이제 출시가 완료된 것입니다. 이제 우리가 할 일은 없고 기다리기만 하면 됩니다. 구글 서버에서 이 업데이트 및 출시를 처리하는 데 시간이 걸릴 수 있습니다. 보통 약 1시간 이내에 대부분 자동적으로 구글 스토어에 업로드 됩니다. 그럼

즉 폰에서 구글스토어에 들어간 후에 방금 출시한 앱의 이름으로 검색하면 찾을 수 있게 됩니다. 이 말은 즉 배포를 선택한 모든 국가의 다른 사람들도 이 앱을 볼 수 있고 다운로드 받을 수 있는 상태가 되었음을 의미합니다. 출시가 완료되었습니다. 이제 게임을 업데이트 하고 싶으면 APK 항목에 새로운 업데이트된 APK를 업로드 하고 [앱 게시] 버튼을 누르면 끝입니다. 그럼 일정시간 후(수십 분~2시간) 구글 스토어에 업데이트가 되고 기존의 게임 보유자들은 자동적으로 업데이트 되거나 혹은 그 사용자가 스토어의 게임 페이지에 접속하면 업데이트 버튼이 뜨게 됩니다.

애플과 달리 이렇게 구글은 심리나 심사를 거치지 않고 바로 시스템적으로 자동으로 출시가 완료되는 점이 개발자로서는 굉장히 매력적인 부분입니다. 모든 것을 자신이 알아서 자율적으로 컨트롤할 수 있기 때문입니다. 애플 아이폰의 앱스토어에 출시를 하려면, 먼저 개발 완료된 앱을 심사신청을 해야 하고, 그러면 애플측 담당자가 앱의 각종 항목에 대해서 잘못된 점이 없는지 심사합니다. 여기에만 며칠이 소요되며 만약 잘못된 점이 있거나 하면 뭐가 잘못됐는지 알려주는데 그것을 고친 후 다시 제출하여 또 심사 받아야 합니다. 이 과정은 완벽해질 때까지 계속됩니다. 보통 처음 하는 경우라면 4~5회 정도는 반복되며 이 말은 즉 여기에만 10일정도 추가로 소요된다는 말입니다. 나중에 익숙해져서 한번에 통과되더라도 어쨌든 처음 한번은 심사를 거치게 되므로 며칠은 걸리는 것입니다.

이런 까다로운 애플의 시스템은 득과 실이 있는데 득보다는 실이 많아 보이는 게 사실입니다. 구글이 개발자에게 출시관련 모든 것을 맡겨 놓았다고 해도 만약 이상한 내용(일반 상식적으로 규제를 받을 수 있는 내용들)을 넣거나 하면 바로 사용자가 구글 측에 신고할 수 있고 그럼 앱은 차단되거나 하고 구글을 그 개발자를 제재할 수 있습니다. 이렇게 충분히 자율적으로 정화되고 걸러질 수 있는 부분입니다. 애플은 그것을 사전에 하려고 하는 반면 구글은 사후적으로 하는 것입니다.

# SECTION 04 | 유니티 광고 붙이기 ▼

사실 유료게임으로 만들기가 굉장히 어렵습니다. 유저가 돈을 지불하도록 만드는 게 웬만큼 게임을 잘 만들지 않고서는 힘든 일이기 때문입니다. 아예 처음부터 유료인 게임이든, 무료게임이면서 게임 내에 유료 결제 아이템을 두는 형식이든 마찬가지입니다. 게임의 퀄리티도 높고 또 재미도 있어야 무료로 체험해본 유저들 중 일정 비율의 유저가 실제로 결제를 합니다. 그 비율은 대략 0.001% ~ 25% 정도로 알려져 있습니다. 이 비율은 게임에 따라서 천차만별입니다. 그 적은 수의 다운로드 가운데에서 실제로 결제를 하는 유저는 극소수입니다. 게임이 홍수처럼 쏟아지는 요즘 다른 대기업들이 만든 퀄리티 높은 게임에 익숙한 유저들이 작은 게임에 관심을 가지게 하기가 굉장히 힘듭니다.

하지만 게임 개발을 계속하려면 수익은 필수입니다. 결제를 되도록 하지 않으려는 유저와 돈이 필요한 개발자 입장이 충돌할 수 밖에 없습니다. 따라서 예전부터 많이 사용됐던 방법으로, 무료로 게임을 출시하고 거기에 광고를 붙이는 방법이 있습니다. 수익구조는 이렇습니다. 먼저 광고주는 자신의 게임, 앱, 상품 등을 홍보하는 광고를 만들어서 구글에 광고비와 함께 제공합니다. 그럼 구글의 자동화된 시스템에서는 광고를 출력하는데 동의한 게임, 앱에 그 광고들을 규칙에 맞게 내보냅니다. 그래서 만약 유저가 그 광고를 클릭해서 보면, 광고주가 구글에 지불한 금액에서 일정비율을 떼서 그 광고를 출력한 게임, 앱의 개발자에게 지급하는 것입니다. 요즘 많이 하고 있는 유투브 광고와 동일한 구조입니다.

이 방법은 유저 입장에서는 굳이 자기 돈을 쓰지 않고 광고를 보는 것만으로 게임을 계속할 수 있거나 게임내의 유용한 아이템을 얻을 수 있으므로 이득이고, 개발자 입장에서도 부담 없이 수익을 얻을 수 있습니다. 따라서 서로 윈윈 할 수 있는 방법이고 광고를 보기 싫어하는 유저를 위해서는 별도로 결제아이템을 만들어서 결제를 하면 그 유저에게는 광고가 출력되지 않게 하면 됩니다.

예전에는 이 광고를 자신이 만드는 게임에 붙이려면 별도의 제3의 회사에서 개발한 플러그인을 임포트하고 통합하는 과정이 필요했습니다만 이제 유니티 자체적으로도 지원하는 서비스가 생겼습니다. 이 유니티 광고를 게임 내에 붙이는 방법을 알아보겠습니다.

먼저 유니티 상단 메뉴, Window → Services를 클릭합니다.

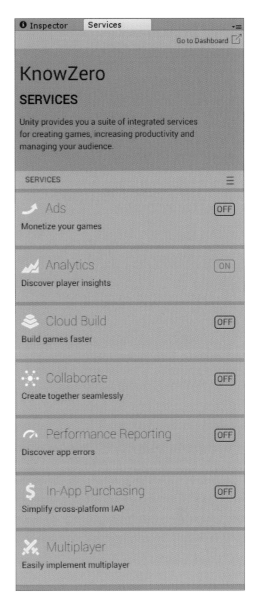

그럼 위와 같은 항목이 나오는데 여러 가지 서비스가 있음을 알 수 있습니다. 이 중 많이 쓰이는 게 Ads, In-App Purchasing 등입니다. 여기서는 광고를 알아보려고 하므로 Ads를 클릭합니다.

우측 상단의 아이콘을 클릭하여 활성화 시키는 것만으로 이제 광고를 사용할 수 있습니다. 만약 유니티 서비스에 아직 가입하지 않았다면 먼저 유니티 계정을 만들어야 이 화면을 볼 수 있습니다. 여기서 중요한 건 GameID입니다. 저 숫자를 코드에 집어넣어야 합니다. 우선 본 서비스 윈도우 우상단의 📝를 클릭합니다. 그러면 각종 유니티 서비스를 관리 및 모니터링 할 수 있는 페이지로 연결됩니다.

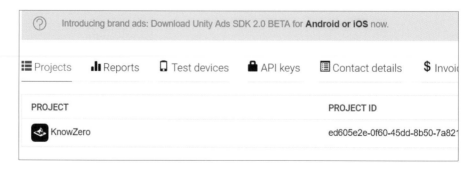

여기서 프로젝트 이름을 클릭합니다. 여기서는 KnowZero입니다.

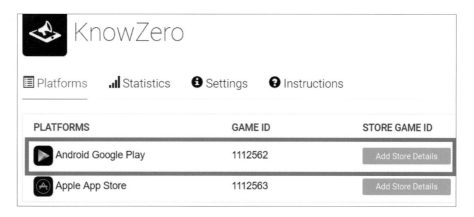

그러면 다음과 같은 화면을 볼 수 있습니다. 각 플랫폼 별로 관리할 수 있습니다. 여기서는 우선 위쪽의 An-droid Google Play를 누릅니다.

여기서 기본적으로 2가지가 생성되어 있는 것을 볼 수 있습니다. Video와 Rewarded Video입니다. 둘 다 영상 형태로 나오는 광고입니다. 차이점은 리워디드 비디오는 유저가 이 광고를 스킵할 수 없다는 겁니다. 즉 광고를 끝까지 다 봐야 합니다. 반면에 그냥 Video는 5초 후에 스킵할 수 있습니다. 즉 유저는 5초만 보면 된다는 겁니다. 적절하게 양쪽을 넣을 필요가 있습니다. 즉 스킵할 수 있는 광고는 유저가 스킵해버리면 끝까지 보지 않은 것으로 처리되어 개발자가 광고로 수익을 얻는데 힘들어지는 면이 있고, 스킵할 수 없는 광고는 반대로 유저가 광고를 다 보아야 하므로 힘들어하는 면이 있습니다. 따라서 보통 스킵할 수 없는 광고를 다 보고 나면 게임 내에서 도움이 되는 아이템을 일정 개수 지급하는 방법으로 개발자나 유저나 서로 윈윈하는 방식이 많이 활용되고 있습니다.

Add new placement 버튼을 눌러서 새로운 광고형태를 만들어낼 수도 있습니다.

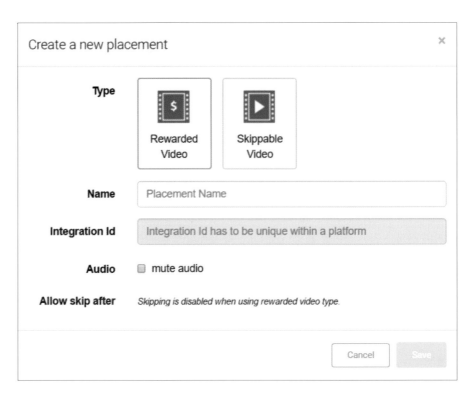

어차피 2종류밖에 선택할 수 없는데다가 유저가 컨트롤할 수 있는 부분은 오디오를 끄는지 여부와 몇 초 후에 스킵할 수 있는지 등에 그치므로 새로 만들 필요성은 낮습니다.

아무튼 기본적으로 생성되어 있는 2가지의 광고를 보면, DEFAULT 항목은 첫 번째 비디오 광고로서 5초 후에 스킵할 수 있는 광고입니다. 옆의 Edit 버튼으로 조금 수정할 수도 있습니다. 어떤 광고를 내보내고 싶은지 코드에서 선택해야 할 때 아무것도 지정하지 않으면 이 디폴트 광고가 나가게 됩니다.

그리고 바로 밑의 두 번째 광고를 보면, Integration ID로 rewardedVideo라고 되어 있습니다. 이것을 기억해 둡니다. 추후 광고관련 코드를 작성할 때 이름은 그대로 적어야 하기 때문입니다.

이제 본격적으로 유니티와 통합해 봅시다. 자세한 것은 이 문서에 나와 있습니다.[11]

여기서는 핵심적인 것만 설명합니다. 먼저 광고관련 코드를 초기화해야 합니다. GameManager 스크립트에 다음을 추가합니다.

### ✔ 유니티 광고 붙이기 #1

```
using UnityEngine.Advertisements;

private string androidGameId = "1112562";
```

---

11 https://unityads.unity3d.com/help/monetization/integration-guide-unity#scripting-api-reference

```
void Start ()
    {
        StartCoroutine(MoveBackground());
        StartCoroutine("MainGameLoop");
        ChangeScene = GameScene.Title;
        //StartCoroutine(TestCo());
        LoadGame();
        if (Advertisement.isSupported && !Advertisement.isIni-
tialized)
        {
            Advertisement.Initialize(androidGameId, false);
        }
    }
```

맨 위에 광고관련 코드를 쓴다고 선언하고, Start에서 광고 초기화를 합니다. 그리고 Initialize 명령어로 초기화를 해주는데 첫 번째 변수는 Game ID입니다. 이것은 위에서 이미 나왔던 것인데 여러분 게임의 ID를 넣어주면 됩니다. 그리고 그 다음의 bool값은 테스트 모드를 쓰는지 여부입니다. 테스트 모드를 true로 하면 광고가 나오기는 하지만 실제로 그것을 클릭해도 유효한 클릭으로 판정되지는 않습니다. 즉 테스트할 때 쓰는 것입니다. 유효한 클릭으로 판정되지 않으면 유저가 광고를 봐도 개발자에게 들어오는 돈도 없을 것이므로 실제 게임 출시 시에는 반드시 저 값을 false로 해야 합니다.

그리고 언제 광고가 출력될지 정해야 합니다. 이것은 게임 기획의 문제로서, 맨 처음 게임 실행 시 한 번 출력하고, 그 다음에는 스테이지가 바뀔 때마다 출력하는 등의 궁리가 필요합니다. 그리고 유저가 원할 때 광고를 시청하고 보상을 받을 수 있도록 버튼형식으로 할 수도 있습니다. 즉 버튼을 마련하여 그것을 누르면 광고가 나오게 하는 것입니다. 여기서는 버튼을 만들어 보겠습니다.

Ads 버튼과 Reward 버튼을 만들었습니다. Ads버튼을 누르면 기본적인 광고(5초후 스킵 가능한 광고)가 나

오게끔 하고, Reward 버튼을 누르면 스킵이 불가능한 광고를 나오게끔 해보겠습니다. 위와 같이 인터페이스를 먼저 만든 후에, 펑션을 등록합니다.

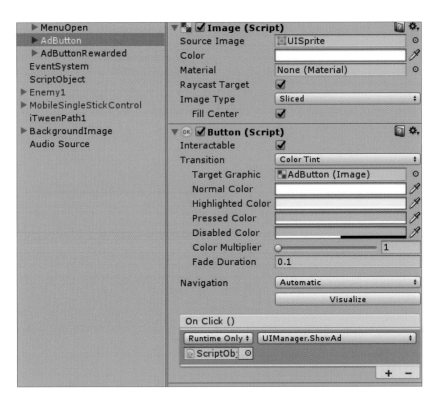

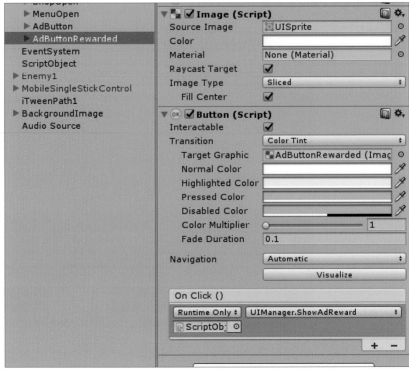

그리고 UIManager에서 다음 코드를 추가합니다.

#### ✅ 유니티 광고 붙이기 #2

```
❶ public void ShowAd()
  {
      if (Advertisement.IsReady())
      {
          Advertisement.Show();
      }
  }
❷ public void ShowAdReward()
  {
      ShowOptions options = new ShowOptions();
      options.resultCallback = HandleShowResult;
      if (Advertisement.IsReady("rewardedVideo"))
      {
          Advertisement.Show("rewardedVideo", options);
      }
  }

❸ void HandleShowResult(ShowResult result)
  {
      switch (result)
      {
          case ShowResult.Failed:
              Debug.Log("Failed");
              break;
          case ShowResult.Finished:
              Debug.Log("finished");
              break;
          case ShowResult.Skipped:
              Debug.Log("skipped");
              break;
      }
  }
```

❶ ShowAd 함수는 Advertisement.Show의 괄호 안에 아무것도 없습니다. 이것은 디폴트로 설정된 광고를 출력하겠다는 의미입니다. 유니티 서비스 관리페이지에서는 첫번째 광고가 디폴트로 설정되어 있었습니다.

그리고 ❷ ShowAdReward 함수는 이제 리워드형 광고를 위한 함수입니다. 여기서는 Show 명령어에 rewardedVideo라는 문자열 값이 처음에 들어갔습니다. 이것이 바로 유니티 서비스 페이지에서의 Integration ID와 같은 값입니다. 즉 두 번째 광고를 출력하겠다고 지정해주는 것입니다. 그리고 옵션으로 별도의 ShowOptions 형식의 변수값을 할당해 줍니다. 이것은 유저가 스킵할 수 없는 광고를 다 보고 난 후에, 체크하여 실제로 광고가 다 플레이 되었다면 보상을 주기 위함입니다. 밑에서 ❸ HandleShowResult 함수가 이것을 담당합니다. ShowResult의 결과값은 3가지입니다. 유저가 광고를 중간에 스킵 했는지, 그냥 꺼버렸는지(이 경우는 Filed로 처리될 것입니다), 아니면 다 보았는지 등입니다. 다 보았다면 ShowResult.Finished로 넘어갑니다. 따라서 이때 Debug.Log("finished") 코드 대신에 유저에게 광고를 다 보았음을 확인하는 메시지를 출력해주고 또 유용한 게임 내 아이템 등을 지급하는 코드를 넣어주면 될 것입니다. 물론 이때 추가로 유저 데이터를 저장도 해주어야겠지요.

이제 다시 빌드파일을 만들고 자신의 안드로이드 폰에 apk 파일을 넣어 테스트 해봅니다. 광고가 각각 별도로 나오는 것을 볼 수 있습니다. 게임 ID와 Integration ID를 맞게 입력했다면 광고가 제대로 나올 것입니다. 실제 게임에서는, 버튼을 누를 때만이 아닌 다양한 상황에서 광고가 나올 필요가 있을 때, 위의 함수를 호출하면 될 것입니다. 이제 광고 붙이기도 완료입니다.

# SECTION 05 | 기타 스토어 관련 사항들 ▼

게임을 스토어에 올렸다면 가만히 둬도 시간이 지나면 조금씩 다운로드 수가 올라갈 것입니다. 즉 유저가 다운로드 받는다는 것입니다. 게임의 제목을 잘 지을수록, 광고를 많이 할수록, 게임의 아이콘, 그래픽이나 소개 동영상을 멋지게 만들수록, 실제 게임이 재미있을수록 이 수치는 올라갑니다. 인기 게임이나 대자본이 투입되고 대규모로 광고를 하는 경우 며칠만에 믿을 수 없을 만큼 엄청난 수의 다운로드가 발생하기도 합니다. 현재 전 지구적으로 스마트폰이 널리 퍼져있고 그 수는 수십억 대에 달하며 거기서 반 이상이 안드로이드 폰이기 때문입니다.

게임을 다운로드하고 플레이 해본 유저들이 평점을 남기거나 리뷰를 남기기도 합니다. 여기에도 공정하게 대처하는 것이 중요합니다. 버그리포트나 단점지적은 최대한 수용하며 결제오류 등 민원은 신속히 해결해주고 업데이트 요청에도 응하는 등 노력하면 평가가 점점 좋아지고 그에 따라서 다운로드 수도 늘어날 수 있습니다.

어떻게 보면 게임을 출시 후에 광고나 관리, 업데이트 등으로 개발 시보다 더 많은 시간이 소요될 수도 있습니다. 그 시기는 얼마 지속되지 않는 것이 보통이므로 최대한 빨리 수익화에도 신경 써서 수익을 내지 않으면 다음 게임을 만드는 일이 점점 더 힘들어질 것입니다.

CHAPTER 17

# 한 걸음 더 나아가기

# 17
# 한 걸음 더 나아가기

## SECTION 01 | 게임 수정, 추가하기 ▼

위에서 만든 게임을 돌려보면 여러 가지 수정할 점들이 눈에 띕니다. 우선, 상점메뉴와 옵션메뉴를 여는 버튼을 눌렀을 때 그 버튼을 다시 누르면 없어지지 않습니다. X버튼을 눌러야 창이 없어집니다. 물론 이것도 상관없습니다만 유저의 입장에서는 X버튼을 눌러도 꺼지고 메뉴를 여는 버튼을 한번 더 눌러도 꺼지도록 하는 게 조금 더 편하고 직관적이겠지요. 따라서 이렇게 되도록 만들어 봅시다.

그리고 적이 여러 마리가 나오면 좀 더 다양하고 좋습니다. 따라서 적군 기체의 종류를 늘리고, 각자 다른 경로를 따라서 등장하도록 해봅시다. 지금까지 배운 내용을 기반으로 각자 충분히 응용할 수 있으므로 여기서는 생략합니다.

또 안드로이드 폰의 뒤로 가기 버튼을 눌렀을 때 게임이 종료되도록 해봅시다. 이 기능은 많이 자주 쓰이는 기능입니다. 다음 코드를 아무 스크립트의 void Update 안에 넣으면 됩니다.

### ✅ 게임 수정, 추가하기 #1

```
void Update()
    {
        if (Input.GetKeyDown("escape"))
        {
            Application.Quit();
        }
    }
```

escape 키가 윈도우 상에서는 키보드의 좌측 상단의 Esc키를 가리키지만 안드로이드 폰에서는 뒤로가기 버튼을 가리킵니다. 이 키를 눌렀을 때, 게임을 종료하라는 명령어가 바로 위 코드입니다. Application에는 이것 말고도 다양한 명령어가 있으므로 유니티 API 문서에서 찾아보는 것을 추천합니다.

그리고 무기의 추가, 적의 추가, 무기별, 기체별 효과 및 사운드 추가 등 개발에는 끝이 없습니다. 적절한 선에서 끊는 것이 오히려 더 중요하다고 할 것입니다. 물론 수익화가 확실하게 된다면 전력을 다해서 추가하여 개발해야 할 것입니다.

# SECTION 02 | C# 고급문법을 마스터 하자　▼

C#에는 여기서 미처 자세히 다루지 못한 다양한 고급문법들이 많습니다. 비동기화, 리플렉션, 링크(Linq), 이벤트, 델리게이트, 일반화 프로그래밍, 등이 그 예들입니다. 이런 문법들의 기본적인 의미에서부터, 예제, 실제 게임제작에서의 활용 등등 연습하고 알아야 할 주제는 굉장히 많습니다. 이런 것들에 대해서 익숙해지고 많이 알아갈수록 게임 제작은 쉬워질 것이며 새로운 도전을 만났을 때 헤쳐 나갈 수 있는 힘이 강해질 것입니다.

이를 위해서는 항상 남이 짜놓은 코드를 봐야 합니다. 그것도 자기보다 실력이 좋은 사람이 짠 코드를 많이 보는 것이 중요합니다. 보통 코드는 민감한 부분이라 잘 공개하지 않으려는 경향이 있습니다. 프로그래머 자신만의 노하우라고도 볼 수 있기 때문입니다. 특히 국내는 그런 경향이 강합니다. 하지만 외국에서는 많은 부분이 공개되어 있으며, 스택오버플로우, 유니티포럼 등을 통해서 사실상 거의 모든 코드는 웹상에 다 있다고 해도 과언이 아닐 정도가 되었습니다. 유니티 에셋 스토어에서 플러그인이나 미들웨어 에셋을 산 경우에 그 소스까지 보통 다 제공되는 경우가 많으므로 그런 코드를 보는 것도 도움이 될 것입니다.

코드를 보다가 이해가 안 되는 문법이 있으면 반드시 구글링으로 검색하여 의문점을 해결하고 넘어가야 합니다. 외국어를 공부할 때와 학습방법이 유사한 면도 있습니다. 모르는 단어가 나왔다면 일단 사전부터 찾아봐야 하는 것입니다.

또 하나 좋은 방법은 좋은 선후배를 만나는 것입니다. 실력 있는 학교 혹은 회사 선후배를 만나서 서로 의문점들을 나누고 토론해보는 것은 코딩 스킬을 쌓는데 좋은 방법입니다.

그러나 결국 요즘 가장 좋은 방법은 구글링입니다. 이런 실력 있는 선후배의 범위가 전 세계로 넓어져서 정말 다양한 범위의 생각지도 못한 방법이나 조언, 해결책을 등을 얻을 수 있고 또 남의 질문과 해답에서 자신의 의문점도 해결할 수 있기 때문입니다. 그러나 영어라는 벽이 있기 때문에 영어가 약하면 영어공부와 병행해야 합니다.

프로그래밍 마스터의 길로 너무 많은 시간을 투자하는 것도 자신이 원하면 상관없으나 자신의 목적에 맞는 일인지는 냉철한 검토가 필요합니다. 전문 프로그래머가 될 목적이 아니라면, 이는 범위를 벗어나는 일이 될 수도 있습니다. 현재 자신이 만들 게임에 집중하고, 그것과 관계없는 프로그래밍 주제에는 너무 깊이 들어갈 필요는 없습니다. 모든 일은 시간을 요구하고 어떤 하나의 일을 하는 시간에는 다른 모든 일을 할 수 없으며 그 시간은 한정되어 있기 때문입니다. 따라서 자신의 현재 목적에 맞는 일을 해야 할 것입니다.

## SECTION 03 | 여러 가지 게임의 장르와 기획의 결정

게임에도 여러 가지 장르가 있다는 것은 이미 살펴보았고 주지의 사실입니다. 그 다양한 장르의 게임을 만드는 데 있어서도 당연히 다양하고 다른 종류의 프로그래밍 노하우가 요구됩니다. 구현해야 될 게임의 모습이 다르기 때문입니다. 한가지 장르나 비슷한 게임만 계속 만들다 보면 발전은 없고 새로운 지식을 쌓을 수도 없습니다. 계속 도전에 맞서고 새로운 과제를 자신만의 방법으로 풀어나가는 경험을 쌓는 것이 프로그래밍을 잘하기 위해서는 필수적인 일입니다.

여기서는 자신이 프로그래머가 될 것인가 게임 기획자가 될 것인가 아니면 자신의 목적이 무엇이냐에 따라 좀 견해가 달라질 수 있습니다. 자신의 목적에 맞지 않는다면 여러 가지 장르의 다양한 게임을 만드는 것은 오히려 피해야 될 일일 수도 있기 때문입니다. 따라서 자신이 원하는 게 무엇인지, 정확하게 알고 그에 맞춰서 해야 할 일을 정하는 것이 필요합니다. 일반적으로는 다양한 장르의 게임을 만들어보면 좋다고 할 수 있습니다.

그리고 게임의 장르에 따라 그것을 선호하는 고객층, 즉 게이머가 다르다는 것도 염두에 두어야 합니다.

자신이 타겟으로 할 고객층과 만들 게임을 정할 때 이런 기본적인 지식도 많이 알아둘수록 도움이 될 것입니다.


## SECTION 04 | 궁극의 분기점 - 프로그래머가 될 것인가 게임 기획자가 될 것인가

혼자 게임을 만들 요량이면 스스로 프로그래머와 게임 기획자 둘 다 되어야 합니다. 그러나 프로그래밍에 조금 더 힘을 쏟아야 합니다. 기획은 결국 순간적인 감으로도 커버할 수 있지만 프로그래밍을 모르면 절대로 자신이 구상한 게임이 형태조차 나오지 않기 때문입니다. 조직에 속할 것이면 어느 한쪽으로 전문화할 수 있습니다. 어느 한쪽에서만 계속 커리어를 쌓아도 사실 끊임없이 새로 배울 것이 나올 정도로 둘 다 만만치 않은 분야입니다.

### 1. 프로그래머

프로그래밍은 사실 해답이 있는 분야입니다. 막힐 때마다 질문을 하면 정답이 나오게 되어 있습니다. 그리고 100%를 지향하는 세계입니다. 코드 단 한 줄, 점 하나에 오류가 있어도 전체가 컴파일 되지 않고 게임을 완성할 수 없습니다. 완전한 무오류의 세계를 지향합니다. 현실의 변화무쌍하고 막대한 가능성의 세계를 코드로 구체화하는 것은 특별한 감이 없으면 힘듭니다. 기존에 알려진 것을 코드로 구현하는 것은 누구나 조금만 배우면 할 수 있습니다. 이미 남이 짜놓은 코드가 있고 확립된 법칙이 있기 때문입니다. 그러나 프로그래밍의 세계도 그렇게 만만치 않습니다. 누구도 해보지 않은 일이나 틈새분야라서 구글링을 해도 나오지 않거나 찾기 어려운 분야는 스스로 생각해서 해답을 찾아 나갈 수 밖에 없습니다. 가령 어떠한 게임 기획이나 요구사항을 어떻게 구현하는지 하는 부분은 만약 그 기획이나 요구가 완전 새로운 측면이 있다면, 전혀 새로운 프로그래밍 문제로 되어 버리기 때문입니다.

프로그래밍 경험이 많고 지식이 많을수록 이런 부분에 대처해서 구현해내는 힘이 강할 것입니다. 그러나 그런 부분으로도 커버되지 않는 특별히 타고난 감을 요구하는 부분도 분명 있습니다. 누구는 어려워서 포기한 부분을 누구는 분명 코드로 해결해 놓기 때문입니다.

프로그래밍은 연습과 숙달에 엄청난 시간을 요구하는 분야이기도 합니다. 언어 하나의 문법과 기본규칙이야 몇 주, 며칠 만에도 배울 수 있지만 그것을 활용하고 응용하는 것은 전혀 다른 차원의 문제입니다. 그리고 최근 소프트웨어의 발전에 따라 패턴과 같은 다양한 응용방법이 개발되고 있는 시기에는 더욱 그렇습니다. 정말 극히 단순한 문제 하나의 해결을 위해서 몇 날, 몇 주가 걸리는 경우도 허다하고, 심지어 그 사소한 문제 하나 때문에 개발 프로젝트 전체가 뒤집어 지거나 방향을 바꿔야 되는 경우도 생깁니다.

만들었다고, 구현했다고 일이 끝나는 것이 아닙니다. 그 뒤에는 끝없는 디버깅과 최적화의 괴물이 기다리고 있습니다. 버그를 찾고 수정하고 코드를 수십, 수백, 수천 번 돌려보고 수정하고 하는 지난한 작업이 남아있습니다.

## 2. 게임 기획자

게임 기획자는 곧 게임의 규칙을 만들어 내고 전체적인 방향을 결정하는 일입니다. 그리고 그 게임의 재미와 유저의 평가에 대해 책임을 지고 있습니다. 게임을 잘 만들어내기 위한 전략을 수립하고 실행해야 하는 일입니다. 본서의 초반에서도 수없이 강조했듯이 이 기획 하나에 한 개인의 운명이, 한 팀의 운명이, 한 회사의 운명이 걸린 정말 심각하고 중대한 일이기도 합니다.

이 일에는 정답도 없습니다. 과거의 모든 해답과 경험은 다 지금부터는 먹히지 않는다고 해도 좋을 정도입니다. 게이머들 즉 고객들의 취향은 변하는 부분도 있고 발전하는 부분도 있고 변하지 않는 부분도 있습니다. 이 변하고 발전하는 부분이 있다는 사실 때문에, 과거의 성공흥행 공식이 반드시 미래에도 통한다고 장담할 수 없는 것이고, 일을 어렵게 만드는 것입니다. 답이 없는 곳에서 답을 찾아내고 제시하고 다른 팀원들을 이끌고 가야 하는 일, 그것이 게임 기획입니다.

누구에게 배울 수 있다면 좋겠지만 그것도 힘듭니다. 앞으로 어떤 게임이 흥할지 안다는 말은 당첨될 로또 번호를 알고 있다는 말과 같은 것인데 그것을 과연 누가 가르쳐 줄까요. 그것을 알면 남에게 가르쳐 줄 것 없이 자신이 혹은 자신의 팀이 만들면 되지 않겠습니까. 그리고 그래서 결국 앞으로 무슨 게임을 만들어야 할지에 대한 지식이 아니라면 배워봤자 크게 도움은 못 되는 것입니다. 물론 여러모로 참고는 될 수 있습니다만 결국 게임 기획자로서 계속 맞닥뜨리는 핵심적인 문제, 앞으로 무슨 게임을 만들어야 할 것인가는 풀리지 않습니다.

이 문제만큼은 포럼에 올려도 크게 좋은 반응이나 대답은 기대하기 어렵습니다. 공개적으로 토론할 수 없는 주제이기도 하고, 안다고 해도 알려주는 것이 적절하지 않은, 더구나 공짜로 알려줄 수 있는 주제는 아니기 때문입니다.

결국 어떻게 해서든 스스로 해결하거나 자신이 속한 그룹에서 해결해나갈 수밖에 없습니다. 외롭고 고독하게 문제에 맞닥뜨려서 나름대로 정해서 수행해 나가고 그 결과에 대한 책임도 다 질 수밖에 없는 문제가 게임 기획입니다.

유일한 대안 혹은 희망은 고객의, 즉 게이머들의 목소리입니다. 그들이 원하는 대로 수정하거나 추가해주면 그것이 곧 바른 게임 기획인 경우가 많습니다. 그리고 불만을 가지는 부분을 해결해주면 됩니다. 물론 이는 이미 출시되었고, 또 기존의 팬들이 있는 게임의 경우이고 아예 새로 만드는 게임에는 이런 것조차 없겠지요. 이런 경우에는 우선 하나를 생각하고 그 핵심만 구현해서 프로토타입을 만들어서 내부에서 플레이 해보고 재미를 검증해보는 방법이 있습니다. 이것도 시간과 자원이 소모되는 일이고 소규모에서는 하기 힘든 일이기도 합니다.

또 욕을 많이 먹는 게 게임 기획자입니다. 실제로 게임을 만드는 일, 즉 코딩이나 그래픽 일에는 전혀 도움이 되지 않으면서, 그들 실제 작업자들에게 지시를 내리는 일이기 때문입니다. 게임만 하다가 할 줄 아는 게 없는 사람들이 그나마 만만해 보이는 일로 선택하는 게 게임 기획이란 말도 심심치 않게 들리는 데에는 그런 면이 실제로 있기 때문이기도 합니다.

게임 기획자의 유일한 역전가능성은, 어찌됐든 히트치는 게임을 기획해내는 일입니다. 오직 그때부터만이 프로그래머나 그래픽 디자이너 뿐만이 아닌 다른 모든 사람들이 자신을 대우해줄 것입니다. 그리고 그때부터는 업계에서 가장 중요한 사람으로 대접받을 수 있습니다. 기술자는 많지만 예언자는 극히 드물기 때문입니다.

혼자 게임을 만들려면 우선 훌륭한 게임 기획자, 즉 예언자부터 먼저 되고 볼 일이라고 할 수 있습니다.

## 3. 기타 다른 게임의 분야

사실 게임과 관련된 직업에 프로그래머나 게임 기획자만 있는 것은 아닙니다. 그래픽 디자이너도 있고 기타 게임사업과 관련된 일도 있습니다. 이런 분야로 진출할 수도 있으며 그에 따라서 요구되는 지식과 경험은 당연히 달라질 수밖에 없습니다.

## SECTION 05 | 이제부터 무엇을 할 것인가? ▼

이제 여러분은 유니티 엔진으로 게임을 어떻게 만드는가 하는 주제에 대해 아주 기본적인 통찰과 지식을 조금 알게 되었습니다. 여기서 다룬 것은 가장 기본적이고 핵심적인 것들로서 사실 어떤 게임을 만들려고 하느냐에 따라 알아야 할 것은 더더욱 많이 남아 있습니다.

게임의 세계는 무궁무진하며 만들 수 있는 것에도 한계가 없습니다. 그러나 한 사람이 만들 수 있는 것과 여러 사람이 만들 수 있는 것의 차이도 분명히 있습니다. 거기에는 절대로 극복할 수 없는 차이가 있습니다. 그렇다고 무조건 여러 사람이 만들어야 되는 것은 아닙니다. 상황에 따라 다른 문제입니다. 하지만 가능하다면 여러 사람이 제작에 참여하는 것이 좋은데 게임의 퀄리티는 사람수에 비례해서 올라가는 경향이 있는 것도 사실이기 때문입니다.

만들 수 있는 것에 한계가 없으므로 자신의 상상력을 마음껏 발휘할 수 있습니다. 그리고 그것이 유저들에게도 공감을 얻었을 때 수익은 자연스레 따라올 수밖에 없습니다. 그러니 먼저 어떤 게임을 만들 것인지 아이디어와 기획을 생각하고 또 다듬는 일이 무엇보다 중요하다고 할 것입니다. 게임의 성패는 사실상 이 단계에서 이미 갈린 것이나 다름없기 때문입니다.

여기서 주의해야 할 점은 앞서도 이미 수 차례 강조했지만, 정말 자신이 혹은 자신의 팀이 만들 수 있는지 그 여력도 동시에 생각해야 된다는 점입니다. 아무리 훌륭한 게임 기획이라도 자신의 팀의 능력 범위 내에서 만들 수 없다면 그것은 해서는 안 됩니다. 게임을 완성하지 못하면 그때까지 들어간 모든 노력과 시간과 돈은 버려지게 되기 때문입니다.

따라서 2가지 조건을 모두 만족하는 기획을 찾아내야 합니다. 자신의 팀이 만들 수 있는가? 시장에서 먹힐 만한가? 여기에 추가적으로, 자신이 그것을 진정으로 만들기 원하는지도 고려해야 합니다. 물론 남에게 돈을 받고 만들어주는 입장이라면 이 점은 고려해서는 안되겠지요.

그리고 항상 같은 길을 가고 있는 다른 전문가들에게 조언을 구해야 합니다. 이들은 각종 개발자들이 모여 있는 게시판, 포럼, 커뮤니티 등에 주로 있습니다. 게임 프로그래밍에서의 의문점 뿐만 아니라 게임 기획에 대한 문제, 게임업계에 대한 문제, 기타 일상생활에 대한 문제에 이르기까지, 혼자 힘으로는 해결할 수 없는 문제나 의문점들이 많이 생길 수 있습니다. 이런 점들에 대해 끊임없이 묻고 토론하는 것은 굉장히 중요합니다. 직접적으로 해결책을 바로 찾을 수도 있고, 해결이 없는 문제더라도 생각을 가다듬고 더 올바른 생각으로 무장할 수 있습니다. 자신의 한정된 경험에 기초한 것이 아니라, 수많은 사람들의 경험에서 우러나오는 조언과 의견들을 종합하면 집단지성의 힘으로 가장 올바른 해결책이나 생각을 찾아낼 수 있을 것입니다.

이제 본서는 여기서 끝을 맺고자 합니다. 아직 다루지 못한 많은 내용들이 있고 실제 게임업계는 굉장히 가혹하게 돌아가고 있습니다. 이런 경향은 점점 더 가속화될 것입니다. 거기서 살아남기 위해서는 진정한 운과 실력, 인맥, 누력, 돈, 시간 등 자신이 가진 모든 자원을 총동원해야 할 것입니다. 진정으로 땀을 흘리는, 문제를 찾고 해결하는 알찬 시간을 보냈는지 그렇지 않은지는 나중의 결과가 말해줄 것입니다. 어떤 사람이 맺은 열매를 보면 그 사람의 과거와 시간을 모두 되짚어서 다 알 수 있는 것이고 이것은 남이 자기 자신을 보고 평가할 때도 마찬가지인 것입니다.

그렇다고 해서 게임제작을 너무 어렵게 생각할 필요도 없습니다. 여건이 허락한다면, 돈 문제는 완전히 잊고, 자신이 만들고 싶은 것을 마음껏 만들어 보는 것이 좋습니다. 내가 즐길 수 있는 일이라면 일단 시작하고 볼 일입니다. 자신이 창조자가 되는 세계, 자신이 그 세계의 신이 되는 세계, 외부의 감각에 지배받는 것이 아닌 자신의 내면의 무언가를 끄집어낼 수 있는 일이 게임 기획이고 게임 프로그래밍 입니다.

1인 개발자를 위한 처음 시작하는

# 유니티

**1판 1쇄 인쇄** 2017년 2월 15일
**1판 1쇄 발행** 2017년 2월 20일
—
**지 은 이** 이동훈
**발 행 인** 이미옥
**발 행 처** 디지털북스
**정　　가** 25,000원
**등 록 일** 1999년 9월 3일
**등록번호** 220-90-18139
**주　　소** (04987)서울 광진구 능동로 32길 159
**전화번호** (02)447-3157~8
**팩스번호** (02)447-3159
—
ISBN 978-89-6088-200-3 (93000)
D-17-06